하나님의 감추어진 의도

제 1 권 **진리론**(眞理論)
진리를 어떻게 알 수 있는가?

꿈과의지

하나님의 감추어진 의도

제1권 진리론 … 진리를 어떻게 알 수 있는가?

지은이 | 백기찬
펴낸이 | 서웅찬
펴낸곳 | 도서출판 꿈과의지
초판발행 | 2007년 8월 23일
등록번호 | 제21-117 (1989. 10. 13)

137-879 서울특별시 서초구 서초1동 1628-14
Tel. 02-588-6441 Fax. 02-598-1371

ISBN 978-89-8301-101-5 04230
ISBN 978-89-8301-100-8 (세트)

본서의 판권은 저자와의 계약에 의해 도서출판 꿈과의지
에 있습니다. 저작권법에 의해 보호를 받는 저작물이므로
본서에 실린 글·그림의 무단 전재 및 복제를 금합니다.

Copyright (c) 2007 by Ki Chan Baik
All rights reserved

약어표

AMP	*The Amplified Bible* Grand Rapids: Zondervan, 1965.	
ASV	*American Standard Version* New York: Thomas Nelson Inc. Publishers, 1901.	
JB	*The Jerusalem Bible* Garden City, NY: Darton, Longman & Todd, Ltd., 1966.	
KJV	*King James Bible*	
Msg	*The Message* Colorado Springs: Navpress, 1993.	
NIV	*The Holy Bible: New International Version* Grand Rapids: Zondervan Publishing House, 1978.	
NLT	*The New Living Translation* Wheaton, Il.: Tyndale House Publishers, Inc., 1996.	
Phillips	*The New Testament in Modern English* New York: Macmillan Publishing Company, Inc., 1958.	
Rotherham	*The New Testament* London: Samual Bagster, 1890.	
RSV	*Revised Standard Version* New York: Thomas Nelson Inc. Publishers, 1953.	
TCNT	*The Twentieth Century New Testament* New York: Revell, 1900.	
Weymouth	*The New Testament in Modern Speech* London: James Clarke and Co. Ltd., 1908.	

일러두기

본서가 사용하고 있는 히브리어 성경본문은 흔히 BHS라 불려지는 Biblia Hebraica Stuttgartensia이다. 이는 히브리어 구약 원어성경의 편집 역사에 획기적인 기여를 한 Biblia Hebraica Kittel의 내용을 다소 수정한 최신판으로서 현재 가장 보편적으로 사용되고 최고의 권위를 지니는 히브리어 맛소라 본문(Masoretic Text)이다.

또한 본서에서 사용한 신약 헬라어 성경은 '표준 본문'(Textus Receptus)과 기타 사본들을 함께 비교하여 수록한 Textual Apparatus이다.

한편 본서의 한글 성경본문은 『성경전서 개역개정판』(4판)을 표준으로 삼았고, 간혹 독자들의 이해를 돕기 위해 『한글판 개역성경전서』(1996년/185판)를 사용했으며, 별도의 경우에는 따로 밝혀두었다.

간행사

11살 때 죽음보다 더 절망적인 인생무상(人生無常)의 허무감에 빠져 하루하루를 눈물과 탄식 속에서 힘겹게 살았던 시절이 있었습니다. 잠시라도 깊은 상념(想念)에 들어가면 절망적인 허무감이 온 마음을 엄습해오는 것이 두려웠기 때문에, 왜 살아야 하는지에 대한 근원적인 질문은 꾹꾹 눌러놓은 채 열심히 살았습니다. 그러나 시간이 갈수록 나는 왜 태어났는지, 인간이 왜 살아야 하는지, 반드시 삶의 목적을 깨닫고야 말겠다는 오기가 생겼습니다. 어릴 적부터 '깨달음'이 제 평생의 화두(話頭)가 된 것입니다.

무한한 우주 속에 끝없이 펼쳐진 수없이 많은 별들 중 지극히 작은 별인 지구에서 호흡을 하며 살아가는 수많은 생명체와 그것들을 다스리는 인간들, 생로병사(生老病死)의 굴레 속에서 기쁨은 잠깐이요 고통 투성이인 이 세상에 던져진 인간들은 도대체 어디서 왔다가 왜 살며 또 어디로 가는 것일까? '나'라는 존재는 도대체 무엇이며, 생명의 주체는 무엇인가?

하나님께서 온 우주만물과 인간을 창조하셨다고 주장하는 성경은 과연 믿을 수 있는 책인가? 창조주이며 심판자이신 하나님이란 도대체 어떤 존재이며, 시간과 공간의 지배를 받는 3차원의 세계에 머물러 있는 유한한 존재인 인간이 무한대 차원의 무한한 존재인 하나님을 어느 정도까지 인식할 수 있는가?

지금은 총신대 교수로 헌신하시는 목사님의 아내가 된, 수원여고 연대장이었던 누님의 전도로 예비중1때부터 수원제일교회에 다니기 시작했습니다. 중학교 시절은 이보다 더 철저하고 열정적인 신앙생활을 하기는 어려울 정도로 신앙의 절정기였습니다. 주일성수(토요철야 – 새벽기도 – 학생예배 – 주일대예배 – 성경공부 – 병원전도 – 찬양연습 – 저녁예배찬양대 – 심야기도)는 기본이고 부흥집회, 방학 중엔 기도원에서 산기도를 드리는 것은 당연한 일이었습니다. 중2 여름방학 때 광교산 임마누엘기도원에서 산기도를 드리면서 방언의 은사를 받기도 했습니다.

하나님에 대한 인식은 있었지만, 예수님을 통하여 하나님을 인격적으로 만나지 못했기 때문에 구원에 대한 확신과 그리스도인으로서의 성결한 삶의 필요성에 대한 지식이 없었고, 입시(入試)로 인한 중압감 때문에 기독교에 대한 의문과 의심을 해결하고자 하는 적극적인 노력을 하지 못한 채, 교회와 기독교인들의 부패한 모습만을 보면서 교회를 떠나게 되었고, 저의 귀중한 영혼을 방치했었습니다.

서울 법대 재학 중 단전호흡에 심취하면서 또다시 깨달음에 대한 갈증이 저의 영혼을 휘감아 왔습니다. 급기야 입산수도(入山修道)를 하기 위해 휴학계를 내고 전국의 명산대찰(민주지산~오도(悟道)산~

간행사

소백산~월악산~계룡산~속리산)과 한 소식 했다는 도사(導師)들을 찾아다니며 수행을 했습니다. 그러나 깨우치기는커녕 시간만 낭비하고 주량만 엄청 키우고 하산(下山)했습니다. 하산의 변(辯)은 '인생을 다 살아보지도 않고 어찌 인생을 논할 수 있겠는가, 결혼해서 애도 키워보고 돈도 벌어보고 고통과 쾌락도 맛보면서 그래도 60살 정도는 살아보고 인생이 뭔지 논해야 되지 않겠는가? 그러니 환갑 때까지 100억 짜리 빌딩 하나 지어서 처자식 먹고살게끔 해놓고 나는 히말라야 깊은 산속에 들어가 도(道) 닦는 요기가 돼야지'였습니다.

언제 죽을지 모르는데, 가장 시급하고 중요한 영혼의 문제는 성공한 뒤로 미뤄두고 세상적인 성공을 위해 불철주야 뛰어다니고 있을 때, 하나님은 저와 아내를 부르셨고 우리는 순종하여 드디어 15년 만에 톰슨성경 1회 통독을 마쳤으며, 내친김에 갈급한 마음으로 참된 진리를 좇아 여러 말씀 집회를 찾아다니며 공부를 하던 중 저의 오랜 의문과 영적 갈증을 시원하게 풀어주시는 귀한 목사님을 만났습니다.

삶의 근원적인 질문에 대한 정확한 답은 창조주이신 하나님께서 인간에게 주신 최고의 선물인 하나님의 말씀 '성경' 속에 감추어진 하나님의 마음 즉 하나님의 계획과 의도를 바르게 파악하지 않고서는 온전히 아는 것이 불가능한 신비라고 설파하시는 백기찬 목사님의 강의 자료와 말씀은 오염되지 않은 깊은 산속의 바위 속에서 솟아오르는 깨끗한 샘물과 같이 우리의 영혼을 적셨습니다.

《하나님의 감추어진 의도》는 백기찬 목사님의 10년간의 목회자로서의 삶과 20년간의 신학자로서의 삶, 실로 30여 년간의 각고(刻苦)와 인내(忍耐)의 세월이 빚은 결실로서 세계 기독교사에 길이 남을 기념비적인 저술임을 확신합니다.

하나님을 전혀 모르는 사람이나, 오랫동안 예수님을 믿어왔지만 성경 속에 감추어진 하나님의 진정한 의도와 계획을 정확히 몰랐기 때문에 하나님이 기뻐하시는 자녀로서의 삶을 살지 못하고 늘 세상 속에서 갈등하는 뭇 성도들에게 본서는 밝은 빛이 될 것입니다.

주님 오실 날이 임박한 이때에 본서를 통하여 천하보다 귀한 한 영혼, 한 사람이라도 구원을 상실하지 않고 천국 백성으로 생명책에 기록되기를 간절히 소망합니다.

"사람이 마음으로 자기의 길을 계획할지라도 그의 걸음을 인도하시는 이는 여호와시니라" (잠16:9)

발행인 서웅찬

추천의 글

"성경 전체에 내포되어 있는 하나님의 뜻을 역사적인 배경과 원어의 의미를 바탕으로 바르게 분별하여 삶에 적용하도록 도와줄 뿐만 아니라 신학만을 추구하다 간과하기 쉬운 영성에 대한 부분을 심도 있게 다루므로 영적 시야가 넓어지고 깊어지도록 돕는 배움과 훈련의 도구가 될 것입니다."
— 우경애 사모 (생명문 감리교회)

"비진리가 난무한 이 시대에 '바로 이것이다'라는 생각을 갖게 되었습니다. 보석과 보배를 발견하도록 허락하신 하나님께 감사드립니다."
— 김복순 목사

"여러 해 동안 신학을 공부했음에도 불구하고 바른 신학의 틀을 형성하지 못했습니다. 그런데 백기찬 목사님의 바른 신학 강의를 들으면서 조각난 퍼즐이 맞춰지듯이 명쾌하게 해석이 되며 이해가 되었습니다. 귀한 강의를 책으로 출판하게 됨을 하나님께 감사드립니다. 진심으로 많은 신학교에서 교재로 채택되었으면 합니다."
— 배연숙 전도사 (예수복된교회)

"참된 신앙과 신학의 진수를 찾아보기 어려운 이 시대에 바른 신학의 틀을 제시하시고 성경의 난해한 부분을 심도 있게 풀어주시며, 2천년 기독교회사 속에 점철된 하나님의 주도적인 역사와 섭리를 한 눈으로 볼 수 있는 안목을 주시고자 피땀으로 맺으신 결실인 《하나님의 감추어진 의도》가 참 신앙과 참 신학을 찾는 이들에게 최선의 책이 될 것을 믿어 의심치 않습니다. 하나님께 모든 영광과 찬송을……"
— 김옥순 목사 (아름다운 예수 선교교회)

"종교다원주의와 이단사설이 범람하는 이 시대에 《하나님의 감추어진 의도》를 통해 올바른 신앙관의 정립과 말씀 속에 감추어진 보화를 발견하게 되었습니다. 그동안 잘 이해하지 못했던 성경의 난해구절에 대해 명쾌한 답을 얻을 수 있었으며, 너무나 오묘하시고 신실하신 하나님을 만나게 되었습니다. 이 책을 읽는 이마다 생수와 같은 강한 은혜를 경험하실 것이고 온 인류를 향한 그리고 믿는 자를 향한 하나님의 의도를 발견하실 것입니다. 이 귀한 책을 통하여 한국교회가 다시금 바른 신학과 영적 성숙으로 인한 경건을 가지고 세계 속으로 전진해 나가는 뜨거운 부흥의 역사가 있어지길 소원합니다."
— 김임원 목사 (본향교회)

"성경의 첫 장부터 마지막 장까지를 하나님의 관점으로 꿰뚫는 살아있는 하나님의 음성으로서 예전엔 머리로 성경을 이해했다면 이젠 가슴으로 아니, 내 삶이 간증됨으로 하나님께 영광 돌릴 수밖에 없게 만드는 귀한 책입니다."
— 김종희 성도 (개포동교회)

추천의 글

"백 목사님의 신학사상은 이 시대의 문제와 해결책을 정확히 볼 수 있는 눈을 열어주며 교회가 나아가야 할 방향을 제시해줍니다. 《하나님의 감추어진 의도》를 정확하게 간파해 하나님이 원하시는 영적 성숙을 이루게 하며, 영적 분별력을 키워 잘못된 이단 사상을 분별하고 개인적으로 날마다 영적 싸움에서 승리할 수 있도록 해줍니다."
— 최은혜 목사

"백기찬 박사님은 신학대학원 강단에서 조직신학을 가르치면서 성경을 관통하여 하나님의 마음을 뚜렷하게 드러냄으로 학생들을 하나님의 임재 앞으로 이끄는 탁월한 영적 통찰력을 지닌 복음주의적 교수님입니다. 바로 이 책은 이러한 통찰력을 듬뿍 담고 있으며, 이 책을 통하여 한국 교회가 새롭게 되고 교회 설교단의 영성이 회복되는 계기가 될 것을 확신하여 적극 추천합니다."
— 여현숙 박사 (미국 California Central University 학감 Ph.D.)

"성경을 깊이 있고 알기 쉽게 설명하고 있어서 신학생이나 평신도 지도자라면 반드시 읽어야 할 책이라고 확신합니다."
— 박종섭 장로 (봉천교회)

"성경에 나타나는 하나님의 포괄적인 계획과 말씀의 세부적인 부분까지 다루고 있는 《하나님의 감추어진 의도》는 백기찬 목사님의 기도와 삶에서부터 우러나오고 있음을 엿볼 수 있습니다. 백 목사님의 바른 신학이 목회자들을 바른 진리로 무장시켜서 교회마다 하나님의 의도하시는 바른 진리가 선포되기를 소원합니다."
— 최해님 목사 (믿음교회)

"「바른 신학과 영적 성장 연구원」을 통하여 2005년 2월부터 《하나님의 감추어진 의도》를 먼저 배울 수 있는 복을 하나님께서 주셨습니다. 10년 가까이 신앙생활을 하면서 풀리지 않았던 의문들이 풀어지고 영적 깨달음을 얻게 되어 주님 안에서의 기쁨이 넘칩니다."
— 윤효정 집사 (영을 살리는 교회)

"하나님의 구속 역사가 마지막 때를 향하여 빠르게 진행되어가고 있는 가운데 그리스도인들은 하나님의 능력과 생명을 잃어버린 채 세속화 속에 침몰하여 표류하는 배처럼 방향과 목적 없이 살아가고 있습니다. 특히 시대의 흐름을 하나님의 뜻대로 주도해야 할 목회자들마저 진리를 벗어나서 잘못된 신학사상 속에서 분별력을 잃고 방황하는 안타까운 이 때에 《하나님의 감추어진 의도》를 발견한 것은 마태복음 13:44~46처럼 밭에 감추인 보화를 발견한 후 자기의 모든 소유를 팔아 그 밭을 사는 심정과 같았습니다. 하나님께 무한한 감사를 드립니다."
— 오성규 목사 (천안 새생명교회)

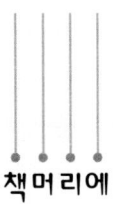
책머리에

어린 시절 글재주가 전혀 없어서 초등학교 과제물이었던 일기를 조리 있게 몇 줄 쓰는 것조차 버거워했던 저를, 명석한 두뇌의 소유자도 아니어서 상대방의 이름을 기억해내는 것조차 힘들어했던 부족한 저를, 하나님께서는 세상에서 가장 어려운 학문인 신학을 평생 연구하도록 인도해 주셨으며, 목회자나 교수보다는 신학자로서 일관된 사상으로 신학을 정립하도록 은혜를 부어주셨습니다. 만일 제가 뛰어난 글재주와 명석한 두뇌를 가졌다면 하나님의 의도에서 벗어나 인위적인 신학사상을 꾸며낼 수도 있었겠지요.

고등학교 2학년 때, 3년 동안 기도하면서 갈망하던 예수님을 만난 이후 성경을 읽으며 많은 삶의 의문들이 꼬리에 꼬리를 물고 제 뇌리를 강타했습니다. 저는 하나님과 우주 및 인간의 실체를 정확하게 알고 싶었습니다. 성경이 이미 확고한 답을 주고 있지만, 제가 몸담고 있는 세속의 시간과 역사 및 학문 속에서 그 답을 확인하고 싶었습니다. 오랜 세월 제 안에 쌓여있던 신앙적 난제들에 대한 해답을 얻고자 몸부림치던 많은 나날들의 탄식과 절규에 대해 하나님이 긍휼을 베풀어 오늘날의 제가 있게 되었습니다.

지금 모든 세속학문은 포스트모더니즘의 도래와 더불어 그 한계상황에 직면해있습니다. 그렇게 당당하던 세속학문은 꼬리를 내리고 멸망을 향해 가는 세상에 처방책도 제시하지 못한 채 어찌할 바를 모르고 있습니다. 신학이 온 우주 만물을 창조하신 하나님을 연구하는 학문이라면 당연히 하나님의 피조물인 우주와 인간을 다루는 세속학문들이 추구하는 궁극적 질문에 대해 신학이 분명한 답을 주어야 마땅하다고 생각합니다. 그런데 신학이 세속학문을 주도하던 시대는 지나가고 계몽주의 시대 이후 오늘날까지 하나의 변두리 학문으로 전락하여 그 영향력을 상실한 지 오래되었습니다. 저는 신학이 모든 학문 가운데 제왕으로서의 위치를 지금 회복할 수 있다고 확신합니다. 이제 우리는 바른 신학을 통하여 해석된 하나님의 말씀으로 세상을 선도하고 세상에 참된 희망을 줄 수 있는 절호의 기회를 맞게 된 것입니다.

주님은 부족한 저로 하여금 2천년 기독교 신학들을 연구하도록 인도해주셨습니다. 그와 더불어 제 안에서 불타는 주님에 대한 사랑과 진리에 대한 열망이 세속학문에 속하는 각 분

책머리에

야의 책들을 수 천 권 탐독하도록 저를 이끌었습니다. 제가 신학과 세상학문을 연구하는 과정 중에 성령님은 진리와 거짓을 구분할 수 있는 영적 분별력과 구속사의 관점으로 신학과 세속학문을 하나로 일관되게 관통할 수 있도록 영적 지혜를 주셨습니다.

하나님께 소명을 받아 신학을 연구한 30여년 중 최근 십년간 과로로 두 번 죽을 고비를 넘기며 불철주야의 고투 끝에 마침내 하나의 정돈된 신학사상이 탄생했습니다. 저는 그 사상에 "하나님의 감추어진 의도"라는 이름을 붙였습니다.

"하나님의 감추어진 의도"란 성경 자구 이면에 드리워져 있는 하나님의 마음-계획을 의미합니다. 성경에는 하나님의 마음이 담겨져 있습니다. 그 하나님의 마음을 정확히 간파하는 것이 성경 전체를 모순 없이 일관되게 해석할 수 있는 지름길이라 확신합니다.

저의 작업은 철저히 정통신학에 기반을 두고 있습니다. 그리고 그 정통신학을 21세기의 실존적 상황에 맞게 보완하고 재해석했습니다. 이 책을 접하게 되실 평신도들께서는 혹 '목회자도 아닌데 왜 이런 책을 탐독할 필요가 있을까'라는 생각이 들 수도 있습니다. 그런데 깊고 바른 신학적 기초 없이 성경과 세속학문에 대한 분석과 평가는 불가능합니다. 석탄을 많이 캐려면 갱도를 만들고 그 갱도에 갱목을 튼튼히 설치해야 되는 것과 마찬가지죠.

오늘날 교회가 세속주의와 종교다원주의에 물들어 힘을 잃어가는 이유는 바른 신학에 기초한 복음적 성경 해석의 결여에 있습니다. 저는 이 신학 작업을 통하여 세속학문들의 궁극적 질문들에 대하여 대부분 뚜렷한 답을 발견하였습니다.

오늘날 미혹의 영이 역사하여 거짓과 진리를 구별해 내기 어려운 이 마지막 시대에 신학 연구를 통해 제가 새롭게 경험한 하나님의 경이로운 세계를 여러분도 맛보실 수 있도록 초대합니다.

백기찬

차 례

	page
■ 약어표·일러두기	3
■ 간행사	4
■ 추천의 글	6
■ 책머리에	8
■ 프롤로그 – '하나님의 감추어진 의도'란?	12
■ 주제별 도해식 그림	16

제1부 신학방법론 … 신학은 궁극적 진리를 탐구하는 학문이다   33

1. 신학이란 무엇인가?   41
   1) 신학의 정의   2) 신학의 내용   3) 신학의 종류   4) 신학의 기능
   5) 신학을 위한 방법

2. 바른 신학의 필요성   45
   1) 신학의 필요성   2) 신학에 대한 방해 요소들   3) 바른 신학의 필요성

3. 바른 신학의 패러다임   55
   1) 4차원적 관점과 영적인 시각 그리고 하나님의 감추어진 의도
   2) 모든 신학방법론과 학문의 융합   3) 가톨릭적 복음주의 신학   4) 바른 교리

제2부 인식론 … 계시·이성·신앙을 통해 진리를 알 수 있다   63

1. 인식론이란?   66
   1) 인식은 '전제'라는 틀을 갖는다   2) 전제는 '안경'이나 '얼개'와 같다
   3) 전제는 사물의 인식에 필수적이다

2. 성경적 인식론   70
   1) 기독교 인식론과 세속적 인식론의 차이   2) 인간의 신 인식 한계성
   3) 하나님의 이중적 계시   4) 하나님의 계시와 신 인식   5) 하나님을 아는 백성들

차 례

		page
제3부	성서론 ··· 성경이 절대적 진리라는 합리적 증거가 있다	87

제1장 성서적 논증 — 88

1. 성경의 권위 — 90
1) 성경이 하나님의 말씀임을 증명하는 외적 증거들
2) 성경이 하나님의 말씀임을 증명하는 내적 증거들

2. 성경의 영감 — 104
1) 영감의 필요성 2) 영감의 정의

3. 성경의 속성 — 108
1) 성경의 필요성 2) 성경의 권위성 3) 성경의 명료성 4) 성경의 충족성

4. 성경의 해석 — 113
1) 성경해석의 원칙론 2) 성경해석의 방법론 3) 성경해석학과 성경해적질의 차이
4) 믿는 자에게만 열리는 성경

제2장 신학적 논증 — 124

1. 영감설의 종류 — 126
1) 다양한 성경 영감설 2) 성경 영감의 범위 3) 성경의 무오성

2. 성경의 무오 — 138
1) 성경 기록의 3가지 방식 2) 성경의 이중 저작권
3) 성경의 역사성에 대한 고고학적 증거들

3. 경전의 종류 — 144
1) 정경 2) 외경 3) 위경

4. 성경의 번역 — 149
1) 구약성경 2) 신약성경

5. 역본의 오류 — 157
1) 삭제 2) 첨가 3) 오역 4) 변개 5) 오용

부록
참고문헌 — 166
진리 탐구를 위한 도서 219선 목록 — 168

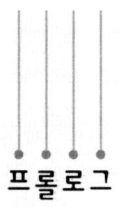
프롤로그

하나님의 감추어진 의도란?

태초부터 영원까지 인류의 역사를 주관하시는, 살아계신 하나님의 말씀인 성경을 올바로 해석하려면, 우리는 무엇보다 성경 이면에 드리워진 '하나님의 감추어진 의도'가 무엇인지 정확하게 파악하는 것이 중요하다. 이것은 성경의 원어 해설이나 조직신학적 틀보다 더 선행(先行)되는 문제이다. '하나님의 감추어진 의도'는 성경에 담겨져 있는 하나님의 마음을 정확하게 이해할 수 있는 열쇠가 된다. 하나님의 감추어진 의도를 모른다면 하나님의 구원계획에 대하여 우리는 피상적 지식을 얻는 것에 머무를 수밖에 없다.

하나님의 감추어진 의도는 이중적 측면을 지니고 있다.

첫째, 왜 하나님은 자신의 형상대로 인간을 창조하셨는가?

둘째, 왜 하나님은 세상에 악을 허용하셨는가?

이 두 질문에 대한 답은 서로 밀접한 관계를 형성하며 구속사가 진행된다. 이 두 가지 질문에 대해 명쾌한 답을 제시한다면 성경의 난해한 대부분의 문제들이 해결된다.

첫째, 왜 하나님은 자신의 형상대로 인간을 창조하셨는가?

오늘날 신학에서조차 명확히 답하기 어려운 질문들이 있다:

왜 유일신 하나님이 세 인격(三位)을 취하셔야 했는가? 왜 하나님은 우주와 인간을 창조하셨는가? 왜 하나님 되시는 예수님이 인간의 몸을 입고 이 땅에 오셔서 땅위에 사시고, 십자가에 죽으신 후 부활·승천 그리고 재림하시려는 이유가 무엇인가? 왜 인간이 예수님을 믿지 않으면 안 되는가? 왜 그리스도인들은 이 세상에 살아야 하는가? 더 죄짓지 않도록 믿자마자 천국으로 데려가시면 좋지 않을까?

이 모든 의문에 대한 답변은 '하나님의 경륜(經綸)'을 이해함으로 얻을 수 있다. 성경을 푸는 열쇠는 '하나님의 경륜'을 이해하는 데 있다. 이 비밀스러운 계획들이 하나하나 실타래 풀어지듯 계시될 때마다 바울은 얼마나 놀라워했을까!

'경륜'(오이코노미아 οἰκονομία)이란 '집'(오이코스 οἶκος, house, family)과 '관리'(nemo, administrate)라는 단어의 복합어로, 한 국가나 가정의 관리·계획·경영을 의미한다(엡1:9,3:2,9;골1:25;딤전1:4). 좀더 구체적으로 성경에서는 이 단어가 '하나님의 구원 계획'(the divine plan of salvation)을 나타내는 데 사용되었다. 특히 흠정역성경(KJV)에서는 '오이코노미아'를 '분배'(dispensation)로 번역하였는데, 이것은 '하나님이 자신의 생명을 사람 안에 분배하시려는 계획'으로 번역될 수 있다.

하나님은 그 자신을 온전히 표현(분배)할 피조물을 갖기 원하셨다. 그래서 하나님이 그 대상으로 인간을 창조하신 것이다. 하나님이 인간을 통하여 기쁨을 얻는 것은 하나님의 영광과 하나님의 충만을 통해서이다. 하나님의 영광은 '하나님의 표현'을 의미하고 하나님의 충만은 하나님 '표현의 극대화'를 나타낸다. 이런 충만이 하나님께 최고의 기쁨과 극한 황홀을 가져다준다. 이때의 기쁨은 인간에게 자신의 생명을 분배해 주는 데서 오는 거룩한 기쁨이다.

그런데 초월적 하나님이 어떻게 유한한 인간에게 자신의 생명을 분배해 줄 수 있을까? 사실 '무한'과 '유한'은 전혀 다른 차원이기 때문에 상호 교류하며 하나가 된다는 것이 무모하게 느껴질지 모른다. 단 한 가지 방법은 '무한'과 '유한'을 연결해주는 '고리'가 필요한데, 그렇게 하려면 '무한'과 '유한' 두 가지 속성을 동시에 지닌 존재가 있어야 한다. 다시 말해 무한하신 하나님과 유한한 인간이 결합하려면 100% 무한하신 하나님(truly God)이면서 100% 유한한 인간(truly man)이기도 한 중보자가 필요한 것이다. 성경은 예수 그리스도가 바로 그분이라고 말씀하고 있다(딤전2:5).

창조주 하나님이 인간과 하나가 되기 위하여 거쳐야 될 필연적 과정은 하나님이 반드시 인간이 되셔야만 하는 것이었다(갈4:4~6;딤전3:16;벧전1:20). 필자는 이것을 '과정을 거치신 하나님'이라 칭하고 싶다. 만일 하나님이 초월적 하나님으로서만 계셨다면, 하나님의 생명 분배를 통한 인간의 구원은 불가능했다. 이는 초월적 하나님과 유한한 피조물인 인간 사이에는 뛰어넘을 수 없는 질적인 차이가 있기 때문이다(딤전6:15,16). 그런데 하나님이신 그리스도께서 사람이 되셨다(빌2:5~8). 사람이 되셨다는 것은 신성을 포기했다는 말이 아니라 하나님이시면서 인간이 되셨다는 것이다.

교회는 하나님이 자신의 생명을 분배하기 위해 만드신 유기체이다. 생명 분배의 과정은 먼저 그리스도 안에 하나님이 충만히 거하시고(골1:19,2:9), 하나님의 자녀들 안에 성령을 통하여 그리스도가 충만히 거하심으로(엡1:23,2:10,3:19,4:13), 하나님은 성도들과 하나가 된다. 다시 말하여 하나님과 그리스도의 연합(요14:10,11)은 그리스도와 인간의 연합(요15:4,5)을 통해서 하나님·그리스도·인간의 연합(요14:20,17:21)으로 발전해 나아간다. 물론 이러한 연합의 모든 과정은 성령님을 통하여 수행된다(엡2:20~22).

둘째, 왜 하나님은 세상에 악을 허용하셨는가?

왜 세상에 악이 존재하는가? 좀더 구체적으로 표현하면, 왜 하나님은 세상에 악을 허용하셨는가? 왜 하나님은 세상의 초기에 악이 세상에 들어오도록 허용하셨으며(창2:15~17), 왜 하나님은 세상의 말기에 악이 세상에 들어오도록 다시 허용하시려는 것일까?(계20:7~9)

불가지론(不可知論)자였던 철학자 흄(David Hume, 1711~1776)은 하나님에 대하여 기술하면서 "악을 방지하기 원하지만 그럴 능력이 없다면, 그는 무기력하다. 능력은 있으나 그것을 원하지 않는다면, 그는 심술궂다. 능력도 있고 그렇게 할 의향이 있다면, 악은 도대체 어디에서 오는가?"라고 반문한다.

하나님이 전적으로 의로우시며 만물의 절대적 주권자라면 악이 세상에 들어오는 것을 막을 수 있지 않았을까? 하나님이 전지(全知)하시다면 인간이 타락하여 멸망할 것을 미리 알면서도 선악을 알게 하는 나무를 에덴동산에 만들어 놓은 이유는 무엇인가? 하나님이 전능(全能)하시다면 인류 역사에 혼돈과 파괴를 가져다주는 사단을 지금 멸하지 않는 이유는 무엇인가? 하나님이 성도들을 끔찍이 사랑하신다면 이 거친 세상에 남겨 두어 시달리며 고통당하게 하는 이유는 무엇인가? 하나님이 그렇게 자비(慈悲)하시다면 가련한 인간들을 어떻게 지옥에 보내실 수 있는가?

왜 하나님께서는 '루시퍼'가 타락하는 것을 허락하셨고, 에덴동산에 생명나무만을 두지 않고 선악을 알게 하는 나무를 두어 인간 타락을 방치해 놓으셨는가? 또 설혹 선악과를 하나 따먹었어도 사랑의 하나님이시라면 그들을 용서할 수 있지 않았을까? 이러한 질문은 많은 사람들에게 사랑의 하나님에 대한 회의를 불러일으킨다.

그러나 만일 인간에게서 선이나 악을 선택할 수 있는 자유의지를 제거한다면, 하나님과의 인격적인 교류가 불가능하게 된다. 그리고 자유가 없는 곳에는 사랑의 교감(交感)이 있을 수 없다. 강압은 사랑을 배제한다. 그러므로 하나님은 우리를 사랑하기 때문에 자유의지를 가진 피조물로 만드신 것이다. 사실 자유의지는 하나님이 인간에게 주신 가장 고귀한 선물이다. 왜냐하면 자유의지는 인격체의 기본이며, 인격체만이 하나님과의 합일을 가능케 하기 때문이다. 하지만 이것은 하나님께 크나큰 모험이었다. 자유의지라는 선물은 죄로 인한 타락의 가능성을 내포하고 있기 때문이다.

하나님은 완전한 인격체로서의 아담과 하와에게 완전한 자유의지를 주심으로 말씀에 순종하는지 않는지를 확인해야 했다. 그래서 하나님은 사단을 장차 하나님의 영원한 자녀가 될 인간들의 인격 시험에 사용하신다. 하나님의 인격 시험은 선(하나님)과 악(사단) 중 누구를 선택하느냐의 시험이기 때문이다. 하나님은 이러한 선별 작업을 통하여 하나님을 원하여 순종하는 자만 하나님의 자녀로 삼을 수밖에 없다. 왜냐하면 천국은 하나님께 불순종하는 악의 세력과 공존할 수 없기 때문이다.

왜 하나님은 이 세상에 죄와 악이 창궐하도록 허락하시는 것일까? 그 이유는 인간으로 하여금 선택할 수 있는 기회를 주기 위해서이다. 하나님께 순종할 의지의 점검 없이 영원천국에 인간을 강요하여 이끈다면 타락한 루시퍼처럼 영원 속의 한 시점에 인간이 하나님을 반역하는 비극이 재연될 수 있기 때문이다. 이렇듯 우리가 하나님을 선택하느냐 아니면 그를 반역하느냐 하는 것은 영원세계(천국이든 지옥이든)가 시작되기 전 이 세상이 존재하는 동안 육체를 지니고 있을 때 각자가 취해야 할 몫인 것이다.

인간은 다른 피조물들과는 달리 '겉사람의 외적 의지'와 '속사람의 내적 의지' 라는 이중적 구조로 되어 있다. 이 두 요소는 종종 일치하여 겉으로 표출되지만, 표리부동(表裏不同)한 경우도 많다. 따라서 하나님은 세상에 악을 허용하심으로, 하나님을 향한 인간의 반응을 테스트하신다. 이때 악의 화신(化身)인 마귀는 인간에 대한 인격 시험 테스트의 좋은 수단이 된다.

이와 같이 인류 역사는 '가인의 길'과 '아벨의 길'(유1:11;요일3:12), '하나님의 자녀'와 '마귀의 자녀'(요일3:10), '알곡'과 '쭉정이'(눅3:17), '곡식'과 '가라지'(마13:24~30)를 끊임없이 가르는 역사였다. 이처럼 하나님이 의인과 악인을 가르는 분리작업은 인류 역사 초기부터 말기까지 계속될 것이다(마13:49,50). 하나님이 이 악한 세상을 존속시키며 심판을 유보하시는 이유는 바로 이러한 선별작업을 위해서이다. 이러한 선별작업이 완성되면, 하나님의 정하신 때에 하나님은 이 세상 역사(천년왕국까지 포함)를 끝내시고 '영원'으로 진입하실 것이다.

위에 서술한 '하나님의 감추어진 의도'의 두 가지 요소는 성경 전체의 구속사를 정확하게 이해하는 데 기본적 전제가 된다. 그리고 필자가 저술한 모든 작업의 기초가 된다.

하나님의 감추어진 의도 파노라마

「하나님의 감추어진 의도」는 3단계로 발전해 나가고, 각 주제는 나선형적 구도를 형성하며 서로 유기적 관계를 유지한다. 우리가 이것을 체계적으로 이해했을 때 성경에 드리워진 하나님의 마음을 정확하게 간파할 수 있다.

첫째, 하나님 구속경륜의 주체

이 부분은 「하나님의 감추어진 의도」가 무엇에 기초하며 그 기본 요소가 무엇인가를 제시해 준다: 「하나님의 감추어진 의도」는 영원불변한 진리에 서있다. 그래서 진리탐구 방법(**신학방법론**)과 진리탐구 수단(**인식론**) 및 진리탐구 자료(**성서론**)를 다룸으로 성경이 절대적 진리임을 입증하였다. 그리고 절대적 진리인 성경에 계시된 '**신론**', '**그리스도론**', '**성령론**'과 이 세 주제의 결론으로 '**삼위일체론**'을 다룸으로서 인간과 하나 되기 위해 과정을 통과하신 하나님을 연구하였다.

둘째, 하나님 구속경륜의 대상

이 부분은 인간을 대상으로 진행되는 하나님 구속경륜의 실체가 무엇인가를 언급하였다: 하나님의 감추어진 의도는 죄로부터의 구원이 하나님의 생명을 담기 위한 중심 주제임에 주목하였다. 먼저 하나님 구속경륜의 조력자들인 천사(**천사론**)와 마귀(**마귀론**)를 다룬 후, 하나님 구속경륜의 주인공인 인간(**인간론**)을 다루었다. 그리고 나서 하나님 구속경륜의 내용(**구원론**)을 탐구한 후, 그 내용이 역사 속에서 어떻게 이루어지는가 하는 하나님 구속경륜의 현장(**교회론**)을 취급하였다. 끝으로 하나님이 구속경륜을 역사의 끝에 어떻게 완성시킬 것인가를 생각해 보았다(**종말론**).

셋째, 하나님 구속경륜의 역학

이 부분은 「하나님의 감추어진 의도」가 인류역사 속에서 어떤 역학관계를 지니고 진행되는가에 초점을 맞추었다. 먼저 〈성화를 위한 기초〉로서, 하나님과 인간의 역학관계를 다루었다('**하나님의 주권과 인간의 의지**', '**은혜와 믿음**', '**율법과 은혜**', '**기독교 윤리**', '**성경적 물질관**'). 그리고 〈성화를 위한 고통〉의 항목에서 세상과 인간의 역학관계(**기독교 문화**)를 검토한 후, 「하나님의 감추어진 의도」를 성취하기 위해 하나님(**하나님의 고통**)과 인간(**인간의 고통**)이 치러야만 하는 고통의 실체, 논리적으로 이해하기 어려운 고통 배후에 감추어진 하나님의 의도(**정화의 불**), 그리고 그 고통을 통하여 성화되어 가는 성도의 삶을 다루었다(**영성 생활**). 끝으로 〈성화를 위한 투쟁〉의 항목에서 하나님·마귀·인간의 역학관계를 통하여 구속경륜을 성취해 가시는 「하나님의 감추어진 의도」를 탐구하였다. 즉 하나님을 반역하는 인류역사(**역사철학의 공식**) 속에 작용하는 마귀의 계략(**마귀의 음모**), 그것에 대응하시는 하나님의 특단 조치(**성령의 부흥**) 및 그것에 대한 결실들(**세계 선교**)을 연구하였다. 끝으로 「하나님의 감추어진 의도」가 자연과 초자연의 상호작용을 통해 진행되기 때문에, 그 관계성을 이해하기 위해 '**과학과 성경**' 및 3차원과 4차원을 다루었다.

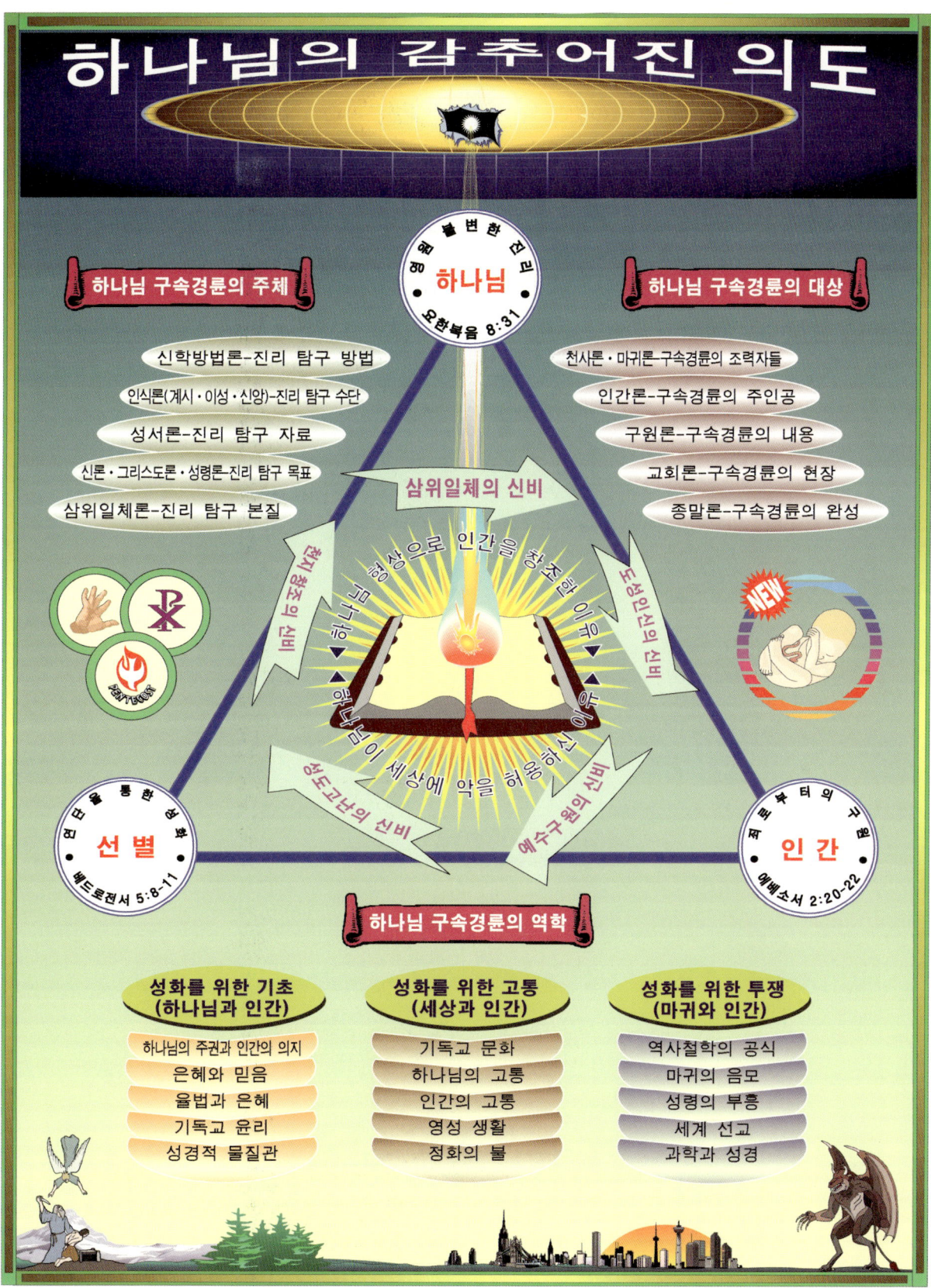

신학의 본질

궁극적 실재(ultimate reality)
절대 불변의 영원한 진리 추구

건전한 교리
(sound doctrine)
딤전1:10

하나님의 존재
(존재 · 성품 · 사역)

귀신의 교리들
(doctrines of devils)
딤전4:1

인간   우주

聖經 〉 神學 〉 敎理 〉 信條

인간의 제한된 언어 · 논리 · 사고방식과 다른 역사적 · 문화적 · 종교적 · 정치적 상황

신학은 "이해를 추구하는 신앙"(Faith seeking understanding)이다 – 안셀름

신학은 기독교 신앙의 이성적 표현이며, 질문하는 신앙이다(합2:1)

> 교리(敎理, doctrine)는 계시가 아니라 계시에 대한 신앙고백이며 인간의 응답이기 때문에 오류가 있고 발전이 가능하다. 그러므로 내가 믿는 신앙생활의 내용이 성경 진리에 근거한 올바른 교리인가를 항상 점검해야 한다(요일4:1) / '다른 교리'를 가르치지 말고(a different doctrine, 딤전1:3;6:3), '좋은 교리'를 가르쳐라(good doctrine, 딤전4:6,4:13;딤후3:10,4:3;딛1:9,2:1,10)

신학의 기능

해명(Clarification)
신앙고백과 체험의
이해를 도모

통합(Integration)
다양한 진리들을
총체적으로 정리

교정(Correction)
진리 해설의 오류를
바로 잡음

선포(Declaration)
해석된 진리를 세상에 선포

도전(Challenge)
밝혀지지 않은
진리 탐구에 도전

신학의 방법

- 성령의 인도를 구하라 (Seeking the Guidance of the Holy Spirit)
- 성경에 기초를 두라 (Reliance on the Scriptures)
- 교회사에 정통하라 (Familiarity with Church History)
- 현재 삶의 정황을 인식하라 (Awareness of the Contemporary Scene)
- 신앙 체험 안에서 성장하라 (Growth in Christian Experience)

신학의 종류

하나님의 계시

성서신학	역사신학	조직신학	실천신학
(Biblical Theology)	(Historical Theology)	(Systematic Theology)	(Practical Theology)

성경에 계시된 사실만을 중심으로 신학을 연구하는 학문이 '성서신학' ; 교회 회의나 뛰어난 신학자들의 개인적 저술을 토대로 신학을 연구하는 학문이 '역사신학' ; '성서신학'과 '역사신학'이 제공한 자료를 종합하여 체계화시킨 학문이 '조직신학' ; 이 모든 것을 종합하여 실제 생활에 적용하는 학문이 '실천신학' 이다.

신학의 바른 자세

신앙은 탐구와 물음의 연속

- 질문하는 신앙
- 생각하는 신앙

→ 현실적용

위험한 신앙 자세
신앙주의 (信仰主義, fideism)
교조주의 (敎條主義, doctrinism)

신앙이 더 이상 사람들로 하여금 어려운 질문을 하지 못하게 막을 때, 신앙은 비인간적이며 위험한 것이 된다. 질문하지 않는 신앙은 이데올로기 · 미신 · 광신주의 · 자기도취 · 우상숭배로 쉽게 이어진다.

하나님의 신비

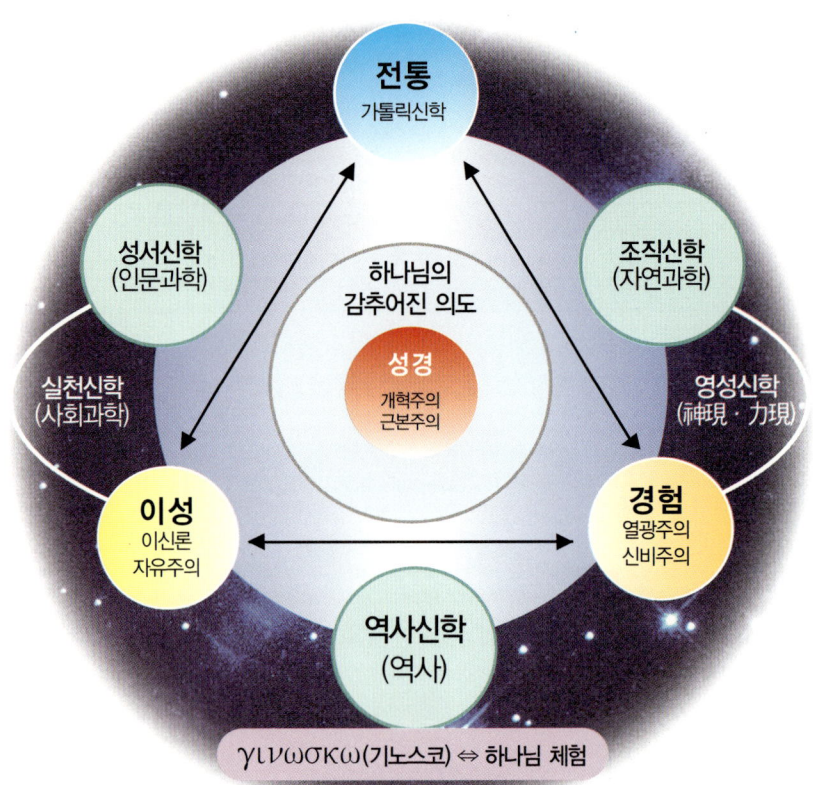

바른 신학의 패러다임

- 전통 — 가톨릭신학
- 성서신학 (인문과학)
- 조직신학 (자연과학)
- 하나님의 감추어진 의도
- 성경 — 개혁주의 근본주의
- 실천신학 (사회과학)
- 영성신학 (神現·力現)
- 이성 — 이신론 자유주의
- 경험 — 열광주의 신비주의
- 역사신학 (역사)

γινωσκω(기노스코) ⇔ 하나님 체험

조직신학의 위치

- 성서신학: 구원 계시 자체(원천)
  - 해석의 기준 제시
  - 조직신학의 근거 자료 제공
- 조직신학: 구원 계시 체계(표준)
  - 신앙생활의 표준 제시 → the Contemporary Context
- 실천신학: 구원 계시 적용(구현)
  - 현장에서 발생된 새로운 문제 제기
- 역사신학: 구원 계시 성취 과정
  - 교리의 형성과정 재고(再考)
  - 각 시대 판단의 가치 기준 제시

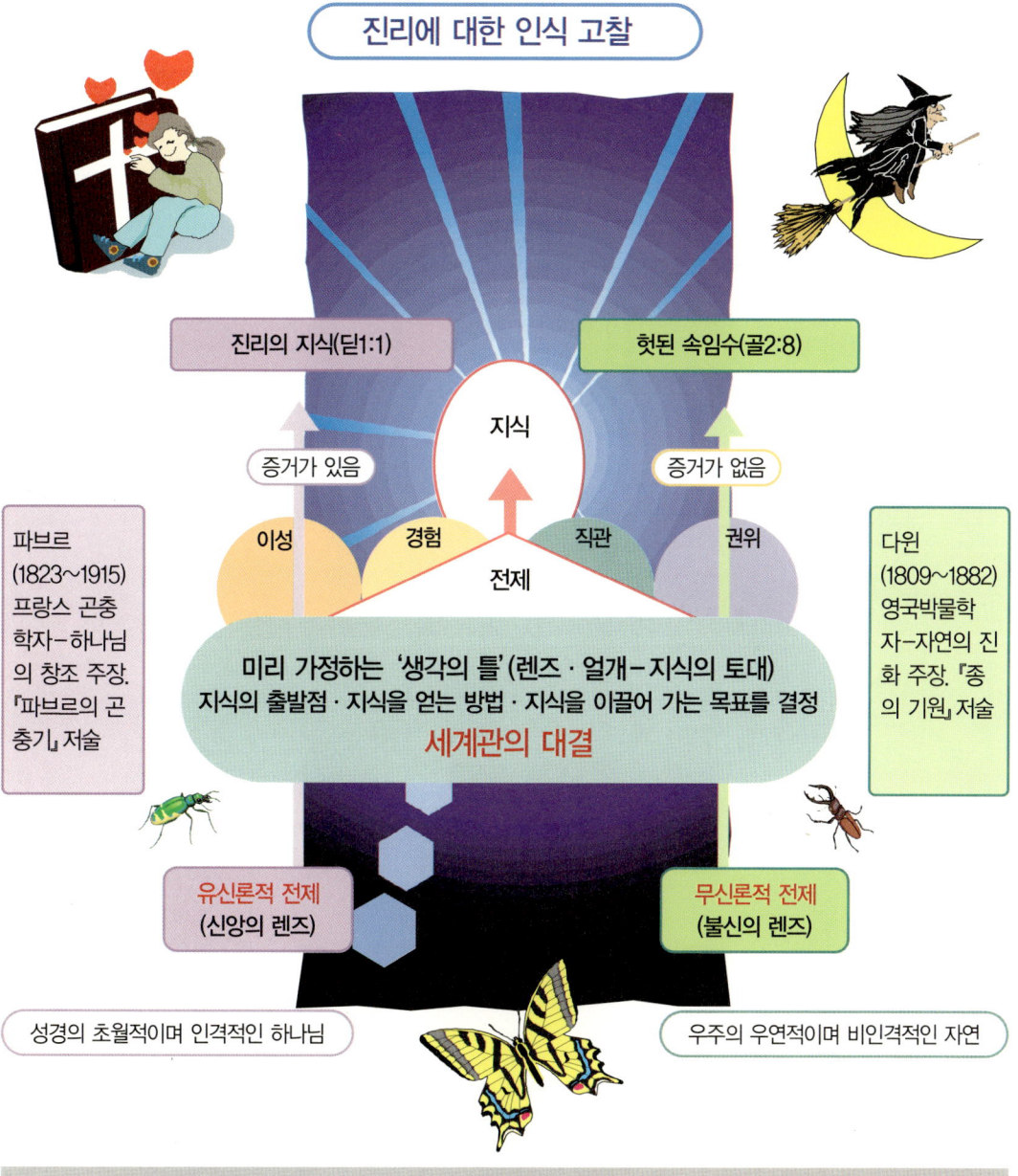

제 2부 인식론 … 계시·이성·신앙을 통해 진리를 알 수 있다

다양한 인식론

그리스 인식론

신화는 '초월'과 '본능'에 대한 인간 갈망의 표출

자연 — 인간

프로타고라스
진리는 상대적이다(감각 경험)

고르기아스
진리는 존재하지 않는다(회의론)

트라시마쿠스
인간 마음대로 할 수 있다(급진적 회의론)

이성 — 경험

소크라테스
진리는 인간의 영혼 안에 있다(이성)

플라톤
진리는 초월적 이데아 영역 안에 있다(관념)

아리스토텔레스
진리는 경험적 물질 영역 안에 있다(생성)

神

하나님의 자기 계시

일반계시 — 특별계시

진리(딤전2:4)

여호와를 경외하는 것이 지식의 근본(잠1:7, 9:10)

계몽주의 인식론

합리주의

인간 이성은 진리 탐구의 완전한 도구

데카르트(1596-1650)

거미 | 나의 이성 작용이 대상과 일치하지 않을 수 있다

오각형은 인간의 이성을, 각 모서리는 오감(시각·후각·미각·청각·촉각)을 상징, 사과는 진리인 生得觀念

경험주의

감각 경험은 진리 탐구의 완전한 도구

존 로크(1632-1704)

개미 | 나의 경험이 대상과 일치하지 않을 수 있다

지성은 백지이며, 생득 관념은 오감 감각 경험을 통해 얻어지고, 이 생득 관념은 지성에 만들어진 표상(복제물)

진리의 궁극적 실체 탐구 ➡ 세계관·가치관·인생관이 인간의 생각과 삶의 방식 결정

칸트의 인식론

데카르트의 '합리주의'와 존 로크의 '경험주의' 결합, 인간 이성은 진리의 원천

> 칸트는 인간 내면의 '도덕법'(定言的 命令-양심)을 절대적 善의 근원으로 간주하고, 인간 이성을 도덕법(양심)의 원천으로 착각하여, 이성을 초월적·신적 개념으로 승화시켰다. 칸트는 양심이 인간의 靈에 근거하고 있음을 깨닫지 못했다

코페르니쿠스적 혁명

자극 → 感性 (재료 제공 — 수동적) →[知覺 perception]→ 悟性 (재료 정리 — 능동적) →[理解 understanding]→ 꽃이 존재 한다 (과학적 지식, 사실적 지식) →[良心 conscience]→ 理性 (가치 판단)

대상 / 꿀벌

實踐理性 – 인간이 무엇을 할 수 있는가(행동)

純粹理性 – 인간이 무엇을 알 수 있는가(인식)

도덕적·철학적·종교적 지식 (초월적 이념들) ← 저 꽃은 아름답다

합리주의자들은 머릿속에서 논리를 짜내어 논리적인 체계를 세우기 때문에 거미가 자신의 몸에서 거미줄을 뽑아내어 거미집을 짓는 것과 비슷하다. 그런데 경험주의자들은 개미가 먹이를 여기저기서 모아 와서 먹듯이 오직 여러 사실들을 모아서 이용할 뿐이다. 그러나 칸트는 이 둘을 결합했는데, 꿀벌이 그 중간의 방식으로 정원이나 들판에서 재료를 뽑아 모아서 이를 자기 자신의 힘으로 변형시키고 새로운 것을 만들어간다.

현대의 인식론

칸트가 미친 영향

| 현상계는 지성에게 원 자료 제공(외적) | 이성의 내적이고 주관적인 활동 강조(내적) | 실증주의와 실존주의의 혼합 |

실증주의 (객관) / **실존주의 (주관)** / **실용주의 (도구)**

| 과학적(물리적)으로 증명할 수 없는 것은 진리가 아니다 (객관주의-과학주의) | 행동으로 나타난 개인의 경험에 진리의 근거를 둔다 (주관주의-관념주의) | 인간에게 실용적이 아닌 지식은 진리가 아니다 (상대주의) |

자연을 벗어나 영원한 진리는 없으며, 이성 작용은 인간이 환경에 적응할 수 있도록 돕는 수단이다. 따라서 인격적·초월적·절대적 하나님은 배제되고 인간과 자연이 진리 탐구의 영역이다

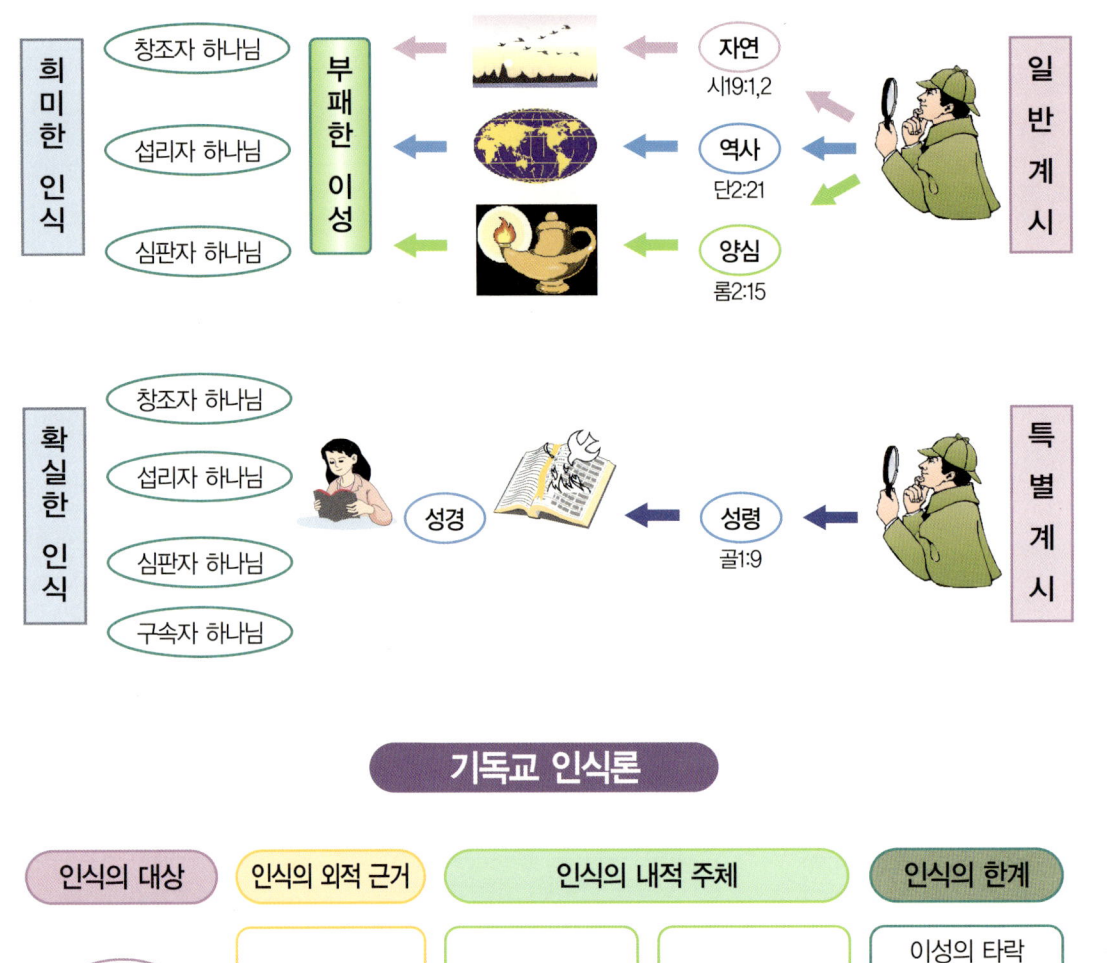

하나님의 계시

일반계시(general revelation) — 자연신학
- 하나님에 대한 감각(sense of divinity)
- '특별계시'를 인정치 않는다 (이신론 · 폴 틸리히 · 칼 라너 · 한스 큉)
- 보편 은혜(common grace)

神秘

특별계시(special revelation) — 계시신학
- 하나님에 대한 실재(reality of divinity)
- '일반계시'를 인정치 않는다 (칼 바르트)
- 특수 은혜(extraordinary grace)

하나님에 대한 참된 인식

그리스도와의 인격적 만남

계시는 한 묶음의 지식 전달이 아닌 하나님의 인격 표출

계시는 우리에게 하나님이 누구인가, 하나님의 뜻대로 사는 것은 무엇을 의미하는가 등의 질문에 대한 '새로운 모형' 혹은 '근본구조'(model or paradigm)를 제공한다.

♠ 칼빈은 계시에 대한 성경적 증언이 마치 '안경'과 같아서 우리로 하여금 하나님 · 세계 · 우리 자신을 철저하게 새로운 방식으로 볼 수 있도록 도움을 준다고 했다.

♠ 리차드 니버(H. Richard Niebuhr)는 계시란 책을 읽는 가운데 우리가 마주치는 '실마리의 문장'(luminous sentence)과 같은 것으로, 그것을 통해 문장 전후를 살피는 가운데 전체에 대해 이해를 얻게 된다고 했다.

♠ 계시는 하나님의 자기 드러냄(God's own self-disclosure)이며, 하나님의 선물.

♠ 계시는 하나님이 결정적인 방법으로 인간과 의사소통을 하는데 매개체로 삼은 특정한 사건과 사람들(particular events and particular people)을 지칭.

♠ 계시는 하나님의 인격적인 찾아오심이기 때문에 우리도 인격적으로 응답하고 받아들일 것(personal response and appropriation)을 요청한다.

♠ 계시는 언제나 우리를 요동케 하며 충격을 주는 사건(always a disturbing, even shocking event)으로, 은폐성과 예측 불가성을 지닌다.

♠ 계시는 하나님 · 세계 · 인간을 이해하는데 있어서 새로운 해석을 제공해 주는 초점(new interpretative focus)이 되어 삶을 변화시키는 원천을 제공한다.

하나님은 계시 중에도 '신비'이기를 멈추지 않는 분이시다. 자신을 계시하는 하나님은 결코 인간의 통제 대상이 되거나 인간이 조작할 수 있는 소유물로 전락하지 않는다

인간의 신 인식 한계성과 믿음의 중요성

사물에 대한 인간 이성에 의한 인식의 유한성

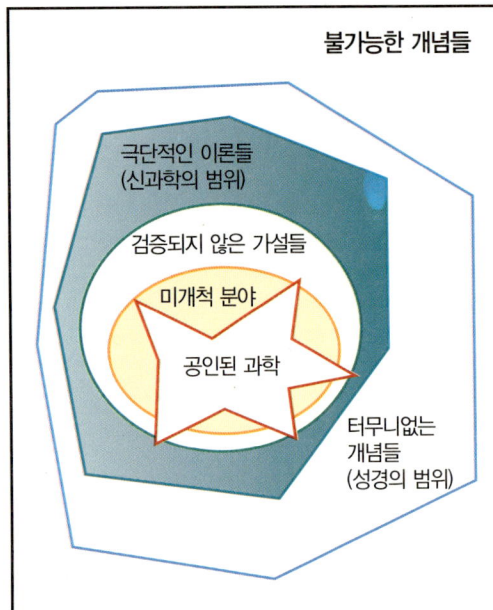

불가능한 개념들

물리학 이론들은 어디까지 해명할 수 있는가? '뉴턴 역학'은 우주에 존재하는 네 가지 힘 가운데, 「중력」만을 일부 설명할 수 있었고, 지구의 규모를 벗어난 범위나 원자 이하의 세계에 대해서는 설명할 수 없었다. 이에 반해 '양자 역학'은 '일반 상대성 이론'으로도 설명하지 못하던 「강한 핵력」과 「약한 핵력」을 설명할 수 있고, 최근에 등장한 '구두끈 이론'이나 '초끈 이론'은 네 가지 힘을 통일적으로 설명할 수 있을 만큼 발전하고 있다.

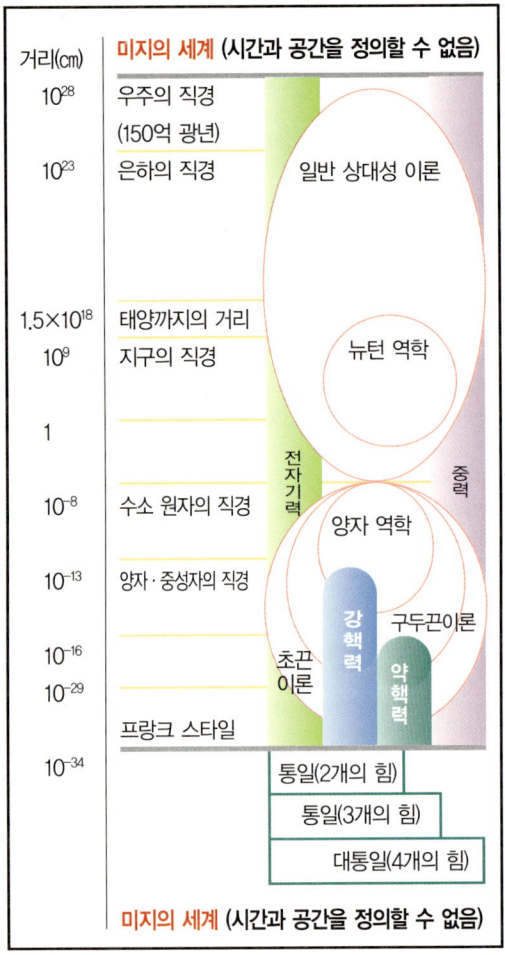

방건웅 지음, 『신과학이 세상을 바꾼다』 51, 80쪽

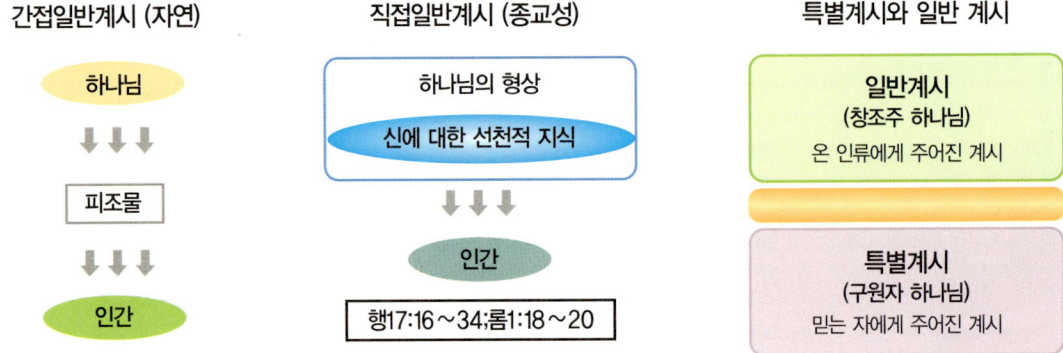

제2부 인식론 ··· 계시·이성·신앙을 통해 진리를 알 수 있다

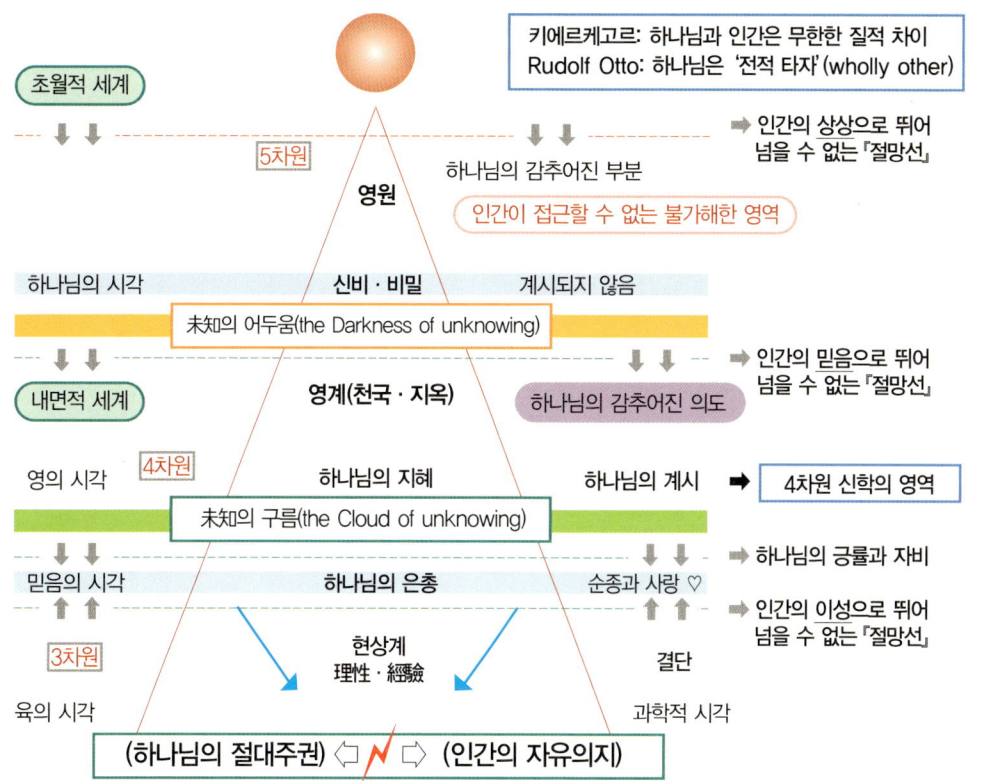

4차원 신학

이성의 한계를 초월하여 4차원적 시각으로 「하나님의 감추어진 의도」를 이해하려는 신학

유한은 무한을 포용할 수 없다

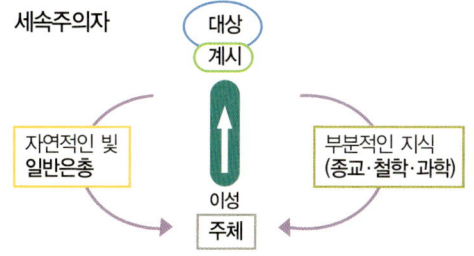

인간은 계시된 부분만큼만 하나님을 알 수 있다

⇨ 하나님의 감추어진 면 (신비)
⇨ 하나님의 나타난 면 (영광)

신 인식의 도구들—계시 · 믿음 · 이성

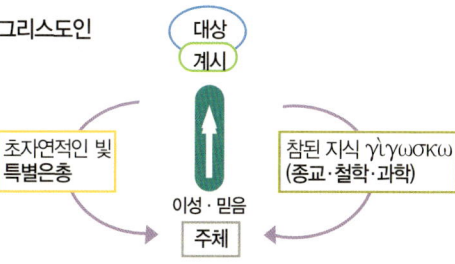

제 2부 인식론 … 계시 · 이성 · 신앙을 통해 진리를 알 수 있다

성경의 권위

 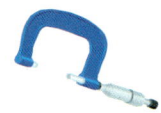   

특별계시

성령의 증거 (히10:15)

외적 증거: 기적들 · 예언들 · 영향력

내적 증거: 통일성 · 적응성 · 절대성

성경은 인간의 언어로 기록된 하나님의 말씀이다
"The Scripture says" are the equivalent of "God says."
롬4:3⇔창15:6;롬9:17⇔출9:16;갈3:8,창12:1-3,딤전5:18⇔신25:4;행4:24,25⇔시2:1,2

성경은 신적 요소와 인간적 요소가 결합된 이중 저작권(dual authorship)을 지닌다

그리스도인들은 성경을 믿는 것이 아니라, 성경에 의하여 증언된 살아 계신 하나님을 믿는다. 성경의 기록 목적은 예수 그리스도 안에 계시된 하나님과 우리를 연결시키는 데 있다

성경의 영감

하나님의 말씀은 '살았고'(존, $Z\hat{\omega}\nu$) '운동력이 있어'(에네르게스, $\dot{\epsilon}\nu\epsilon\rho\gamma\dot{\eta}s$) (히4:12)

생명(조에, $\xi\omega\dot{\eta}$)

창조되지 않은 하나님의 영원한 생명

- 말씀은 인간에게 생명을 준다(벧전1:23)
- 말씀은 인간을 죄로부터 지킨다(시119:11)
- 말씀은 인간을 마귀로부터 보호한다(요일2:14)

능력(에네르게이아, $\dot{\epsilon}\nu\dot{\epsilon}\rho\gamma\epsilon\iota\alpha$)

세상에 작용하는 하나님의 초자연적 힘

- 말씀에 의한 세상의 창조(히11:3)
- 말씀에 의한 세상의 보존(히1:3)
- 말씀에 의한 세상의 멸망(벧후3:5-7)

모든 성경은 하나님의 감동(데오프뉴스토스 $\theta\epsilon o\pi\nu\epsilon\nu\sigma\tau os$)으로 되었다(딤후3:16)

영감은 하나님의 내쉬는 호흡으로, 하나님이 인간의 글 가운데 하나님의 숨결을 불어 넣어 성경을 만드신 것이 아니라 하나님 호흡의 숨결이 곧 성경이다. 그러므로 성경은 생명을 표출하는 하나님 능력의 외류(外流, outflowing)이다(B. B. Warfield)

성경의 속성

성경은 신앙생활의 유일한 기준

- **필요성**: 성경은 구원 진리의 유일한 객관적 지침서 (딤후3:15)
- **권위성**: 성경은 성령의 영감된 하나님 계시의 말씀 (요2:22)
- **명료성**: 성경은 쉽고 단순하게 구원 지식을 전달 (시19:7)
- **충족성**: 성경은 다른 보충 계시를 필요로 않음 (요20:31)

성경은 모든 논리의 종결이요, 모든 행위의 궁극적 표준이며, 신앙의 유일하고 확고한 기초(A. W. 핑크)

세상의 철학 지식으로 성경을 삭제한 사두개적 교훈 • 인간의 전통 권위로 성경을 추가한 바리새적 교훈

이성 · 전통 · 경험은 성경의 판단에 종속되어야 한다

성경의 해석

 사상적 배경 (히브리) | 사회적 배경 (로마) | 문화적 배경 (헬라)

- 성경은 문헌적 · 역사적 비평의 도움으로 해석
- 성경은 하나님 중심적으로 해석
- 성경은 정황을 따라 해석

- 성경은 열린 마음과 탐구 정신으로 연구
- 성경은 본문의 문화적 삶의 자리에 비추어 연구
- 성경은 자기 시대의 문화적 상황과 연관해 연구

교조주의 (doctrinism) ➡ 죽음의 권위주의 (deadening authoritarianism)
스콜라주의적 정통주의(scholastic orthodoxy)를 경계하라

성경을 올바로 해석하기 위해 성령의 인도와 조명(Illumination)을 받으라

내 눈을 열어서 주의 법의 기이한 것을 보게 하소서(시119:18,130;눅24:32,45)

하나님의 계시 (Revelation) → 하나님의 영감 (Inspiration) → 하나님의 조명 (Illumination)

영감설 종류

신뢰성 (Dependability)   무오성 (Inerrancy)

- 직관적 영감설 (Intuitional Inspiration)
- 기계적 영감설 (Mechanical Inspiration)
- 조명적 영감설 (Illuminative Inspiration)
- 유기적 영감설 (Organic Inspiration)

- 사상 영감 (Conceptual Inspiration)
- 부분 영감 (Partial Inspiration)
- 완전 영감 (Plenary Inspiration)

- 제한 무오 (Inerrancy of Purpose)
- 목적 무오 (Limited Inerrancy)
- 완전 무오 (Full Inerrancy)

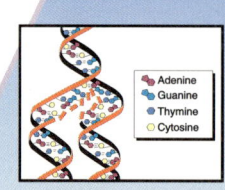

하나님 말씀의 절대적 확실성 (the Infallibility of the Bible)

자연과학과 고고학의 발달이 성경의 신빙성을 뒷받침해 주고 있다

성경의 무오

| 살아있는 성육신 된 말씀 | ↔ | 살아있는 기록된 말씀 |

영감에 있어서 하나님의 활동은 인간을 대신한 것이 아니라, 성경이 하나님과 인간의 공동 작품이라고 말할 정도로 하나님은 인간과 협력하여 일하셨다 (B. B. Warfield)

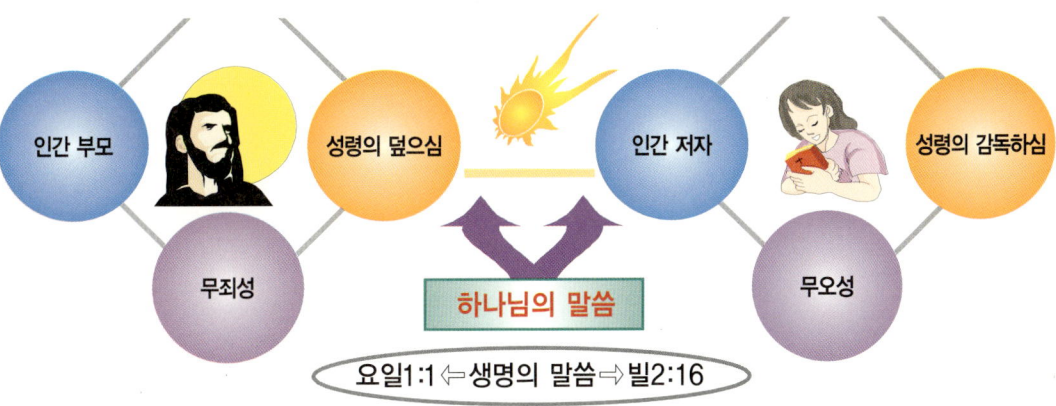

요일1:1 ⇦ 생명의 말씀 ⇨ 빌2:16

나는 생명이라(요14:6,11:25) ⇔ 내 말이 생명이라(요6:63)

| 요1:1;요일1:1;계19:13 | 요일1:2⇦영원한 생명⇨요5:39 | 히4:12;벧전1:23 |

경전의 종류

정경 (正經 Canon)

BC 15세기–AD 1세기, 영감 받은 말씀으로 공인–AD397 카르타고 회의

외경 (外經 Apocrypha)

BC 2세기–AD 1세기, 정경의 사상적·역사적 배경–AD1546 트렌트공의회 인정

위경 (僞經 Pseudepigrapha)

BC 2세기–AD 2세기, 신구약 중간기의 유대 사상–정경·외경에서 제외된 문서들

성경의 번역

히브리어  구약성경
- 수세기에 걸쳐 서기관들에 의해 기록된 성경(1488년 전체 인쇄)

사해두루마리사본

헬라어  70인역
- BC285-46, 구약 히브리어 성경을 헬라어로 번역

라틴어  벌게이트
- AD420, 제롬이 히브리어와 헬라어를 라틴어로 번역

- 중세 교회는 벌게이트 성경을 정경으로 인정
- 존 위클리프 - 벌게이트를 영어로 번역(1384)

 신약성경

- 에라스무스 - 최초의 신약 헬라어 성경 인쇄(1516)
- 스테파누스 헬라어 성경(1550)
- 베자 헬라어 성경(1565)
- 마틴 루터 - 에라스무스의 헬라어 성경을 독일어로 번역(1522)
- 위리엄 틴데일 - 히브리·헬라어 성경을 영어로 번역(1525)
- 커버데일 성경(1535)
- 그레이트 성경(1539)
- 제네바 성경(1560)
- 비숍 성경(1568)
- 킹 제임스 역본 - 청교도들의 요청. 히브리어와 헬라어 성경을 영어로 번역(1611)

- 이집트 파피루스(Papryri 130-300)
- 표준 본문(Textus Receptus, 150) — 1881년까지 보편적으로 사용되던 본문

- 바티칸 사본(Vaticanus 325)
- 시내 사본(Sinaiticus 350)
- 알렉산드리아 사본(Alexandrian 450)
- 웨스트코트·홀트의 헬라어 성경(1881)
- 네슬 헬라어 성경(1898)
- 네슬·알란드 26판(1980)
- 영어 개역본(ERV, 1884)
- 미국 표준 역본(ASV, 1901)
- 개역 표준 역본(RSV, 1952)

현대 역본들

역본의 오류

삭제 · 첨가 · 오역 · 변개

예수 그리스도의 신성 약화 → 삼위일체 교리의 희석 → 뉴에이지의 세계 종교 통합 시도

- 요일5:7 / 적그리스도의 영(요일4:3) / 벧전2:2 막1:2 / 미혹의 영(요일4:6) / 시50:23
- 잘못된 사본의 선택
- 역자의 선입견과 무지
- 의도적인 역자의 변조

▶디오클레티안부터 1500년까지 성경 박탈 ▶성경단어들 삭제 ▶성경에 대한 믿음 파괴 ▶매일 성경 읽지 못하도록 방해

내가 너희에게 명하는 말을 너희는 가감하지 말고 내가 너희에게 명하는 너희 하나님 여호와의 명령을 지키라(신4:2, 12:32;계22:18,19)

제 **1** 부 신학방법론

신학은 궁극적 진리를 탐구하는 학문이다

1. 신학이란 무엇인가?
2. 바른 신학의 필요성
3. 바른 신학의 패러다임

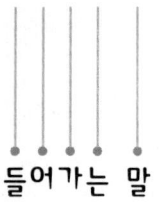

들어가는 말

절대 불변의 영원한 진리

신학이란 유사 이래로 인간이 알기를 원했던 '인간'과 '우주'가 과거로부터 지금까지 또 앞으로도 존재해야 하는 이유의 궁극적 실재(ultimate reality)를 **하나님 연구**를 통하여 밝히는 학문이다.

그러면 왜 신학은 하나님 연구로부터 출발해야 하는가?

온 우주만물을 창조하신 하나님을 전제하지 않을 때, 하나님이 창조하신 '인간'과 '우주'의 실체를 밝히고자 하는 인간의 모든 노력은 허사가 될 것이기 때문이다.

자연과학이 창조주 하나님을 인정하지 않을 때, 우주와 인간의 기원은 결코 풀어지지 않는다. 아리스토텔레스에 의해 지탱되었던 고대 과학을 폐기시키고 근대 과학에의 길을 연 사람들은 코페르니쿠스(1473~1543), 갈릴레이(1564~1643), 케플러(1571~1630), 뉴턴(1642~1727) 등이다. 이들은 '시간'・'공간'・'물질'은 영원하며 이 우주는 자연법칙에 의해 움직이는 질서정연한 기계라고 주장하였다. 이러한 근대과학에 힘입어 하나님을 배척하고 인간 이성을 절대적 가치기준으로 삼는 계몽주의가 18세기에 나타났다.

그런데 20세기 초 아인슈타인(1879~1955)이 상대성이론을 발표하며, '시간'・'공간'・'물질'은 상대적인 것이라고 했다. 아인슈타인의 혁명적 이론은 1925년 이후 '양자역학'(quantum mechanics)의 대두로 말미암아 증명되었다.

양자역학은 물질의 기본 구성 요소인 원자보다 작은 소립자(particle)의 단계에서 '입자'(물질)와 '파동'(비물질)의 구분이 무너진다는 이론이다.

그리고 상대성이론과 양자역학은 결국 현대 물리학에 지대한 영향을 끼쳐 우주의 창조설을 과학적으로 입증하는 단계에 이르렀다. 1929년 허블(Edwin Hubble, 1889~1953)을 통하여 우주가 팽창하고 있음이 발견되었고, 이러한 우주 팽창설에 힘입어 1949년 '대폭발 이론'(Big Bang model)이 정립되었다. 그리고 대폭발 이론은 1965년 고성능 전파망원경의 등장으로 말미암아 사실로 증명되었다. 이 모든 놀랍고도 획기적인 발견들을 통하여 현대 천문학자들은 시간·공간·물질이 한 순간에 무(無)로부터 창조되었다는 결론에 도달하였다. 이처럼 **"하나님이 천지를 창조하셨다"**는 성경적 진리가 고도로 발달한 과학적 이론에 의해 입증된 것이다.

다윈(1809~1882)의 진화론만 가지고 우주의 시작과 우주의 생명체를 현대 과학에서 설명할 수 없게 되자, 최근 '우주가 우연에 의해 발생했다'는 진화론 대신 '우주가 누군가에 의해 의도적으로 만들어졌다'고 하는 '지적 설계론'이 대두되었다. '지적 설계론'은 결국 창조주의 존재를 인정하는 것이다.

> "만일 하나님이 계시다면, 그가 우주라는 어떤 유한하고 복잡한 것을 만들었을 가능성이 확실히 크다. 우주가 원인 없이 존재하기는 결코 쉬운 일이 아니며, 오히려 하나님이 원인 없이 존재하기가 더 쉽다. 우주의 존재는 기이하고 풀기 어려운 난제이다. 만일 우주가 하나님에 의해 창조된 것이라고 가정하면 현 우주를 이해하기가 훨씬 쉬워진다." (R. Swinburne, *The Existence of God*, pp. 131,132.)

오늘날 현대 물리학은 자연을 지배하는 네 가지 기본적 힘 곧, 중력(重力-물체와 물체 사이에 작용하는 힘), 전자기력(電磁氣力-핵과 전자 사이에 작용하는 힘, 중력보다 10^{38}배 강하다), 강핵력(强核力-핵을 구성하는 양자와 중성자 사이에 작용하는 힘, 전자기력보다 100배 강하다), 약핵력(弱核力-양자와 중성자는 각각 세 개의 쿼크-미립자로 구성되어 있는데 그 쿼크와 쿼크 사이에 작용하는 힘, 중력보다 10^{35}배 강하다)이 있음을 알아냈다(전자기력, 강핵력, 약핵력은 원자 안에서만 작용).

> '우주에 대한 이해가 깊어지면 우주를 지배하는 원리는 단순하고 우아한 모습으로 드러날 것'이라는 믿음으로 아인슈타인은 생애 마지막 30년 동안 '통일장 이론'('중력'과 '전자기력'의 통합)의 완성에 매달렸다. 그러나 아인슈타인의 꿈은 실패하고 말았다. 그 동안 다른 물리학자들은 기존의 물리학을 완전히 대체하는 양자역학의 체계를 수립했고, 이 과정에서 아인슈타인이 몰랐던 미시세계의 두 가지 기본적 힘(강핵력과 약핵력)이 더 작용하고 있음을 알아냈다.

물리학자들은 뉴턴역학·전자기학·상대성이론·양자역학 등의 모든 이론을 융합한 '통일 이론'(the unified theory)의 가능성을 거론하고 있다. 뿐만 아니라 우주 전체의 모든 힘을 하나로 결합시키는 '어떤 힘'이 무엇인지 답을 추구하고 있다.

현대 물리학에 의하면, 이들 4가지 힘은 각각 별개인 것처럼 보이지만, 우주의 시초에는 어떤 하나의 힘에서 이들 4가지 힘이 분화되었다는 것이다. 이같은 사실에 근거를 두고 현재의 4가지 힘을 하나의 힘으로 설명하려는 이론이 '통일 이론'이다.

스티븐 호킹은 '통일 이론'보다 한 발 더 나아가 우주 중심에 자리 잡고 있으면서 모든 힘을 통일시키는 '만물 이론'(the theory of everything, 혹은 '만물 원리', TOE)을 알아내려 노력하고 있다. 이 원리는 아인슈타인의 평생 꿈이었고 물리학을 완성하는 이론이기도 하다. 호킹은 『시간의 역사』 결론 부분에서 "만약 우리가 완전한 이론을 발견한다면, 그때에야 비로소 우리는 신의 마음을 알게 될 것"이라고 말했다.

그런데 성경은 우주의 모든 만물이 질서 가운데 존재하도록 붙드는 힘의 근원은 예수 그리스도라 선언한다.

골로새서 1:17에 "만물이 그(그리스도) 안에 함께 섰느니라"고 했다.

"예수님이 전 창조세계를 지탱하는 근본원리시다"

("… the upholding principle of the whole scheme of creation," *Phillips* 譯).

"모든 피조물이 그들의 존재를 예수님께 의존하고 있다"

("… they all in him hold together," *Rotherham* 譯).

"모든 피조물이 그 분 안에 들러붙어 있다"

("… all things depend upon him for their existence," *TCNT* 譯).

여기에서 "함께 섰다"(쉬네스테켄 συνέστηκεν, has subsisted)란 관을 통하여 자유로이 흐르는 물이 아니라 용기나 그릇에 담겨있는 물을 의미한다. 이는 만물이 존재하기 위해 함께 중심을 향하여 연결되어 있는 것을 나타낸다. 마치 자궁 안에 있는 태아가 탯줄을 통하여 모체와 연결되어 있는 것처럼, 또 자전거 바퀴의 살이 중심축으로 말미암아 함께 붙들려 그 존재를 지탱해 나가는 것처럼, 만물이 중심을 붙들고 계시는 그리스도로 말미암아 통일되고 움직이며 함께 보존된다는 뜻이다. 만일 그리스도가 만물의 주재자로서 지속적으로 붙드는 일을 그치신다면, 그것들은 더 이상 한 순간도 지탱할 수 없어 소멸(extinction)될 것이다(롬11:36;엡4:6). 왜냐하면 만물은 그분 안에서만 살고 존재할 수 있기 때문이다(시104:24~31;행17:25).

만일 수소의 원자핵 직경이 사과 크기라고 가정하면, 그 주위를 도는 전자는 핵으로부터 10km나 떨어져 있고 질량도 1,000분의 1에 지나지 않는다. 사실 핵과 전자 사이는 텅 빈 진공상태의 공간이다. 더욱이 고배율의 현미경으로 관찰자가 원자핵을 확대해 보면, 물질은 사라지고 진동(wave, 파동)하는 에너지 장(場)의 소용돌이만 발견하게 될 것이다. 흔히 사람들은 자신이 단단한 물질로 구성되어있다고 생각한다. 하지만 파동은 물질이 아니라 '움직이는 무늬'(pattern that moves)이다. 물의 파동(간섭무늬, interference pattern)이 호수를 휩쓸고 지나가도 물이 그와 함께 진행하지 않고 단지 파동이 지나갈 때 위 아래로 출렁일 뿐이다. 따라서 인간의 육체를 포함한 모든 물질은 진동하는 장(場)을 지닌 거대한 빈 공간으로 구성되어있다. 그리고 이 빈 공간에서는 서로 다른 많은 종류의 장이 상호작용을 하며 물질의 형태를 유지하고 있다. 결국 물질은 에너지이며, 이것이 형상화(形象化)하여 우리에게 보이는 것은 어떤 힘에 붙들려 있기 때문이다. 이 힘을 만드시고 유지하시는 분은 하나님이시다.

하나님이 '인간'과 '우주'를 창조하신 목적(창조와 구속 경륜)을 인간이 간파하지 못할 때, 인생의 의미를 발견하지 못하고 절망에 빠질 수밖에 없다.

2004년 10월 조선일보에 의하면, 속세를 떠난 264명이 '참된 나를 찾기 위하여' 불교의 승려가 되는 수행을 했다. 그들은 새벽 3시 30분에 일어나 밤 9시까지 수행을 했다. 인격적 하나님을 믿지 않는 무신론 종교인 불교가 어떻게 '참된 나'를 알게 해 줄 수 있는가?

또 2003년 6월 조선일보에 보면, S대 재학생과 졸업생 8명이 출가하여 스님이 되었다. 학벌과 고시합격이 보장되는 미래와 기득권을 포기하고 출가한 이유는 '삶의 근원적 문제 곧 내가 누구인지 깨달아 영원한 자유를 얻기 위해' 즉, 인간과 자연에 깃든 궁극적 진리를 찾기 위해 세상을 등졌다.

1998년 타임 잡지 1월호에 '질문하는 동물'(The Asking Animal?)이라는 제명으로, 다음과 같은 부제가 붙어 있었다:

소크라테스로부터 현대에 이르기까지 인류는 '우리는 누구이며 또 왜 우리는 여기에 존재해야 하는가'라는 삶의 근본적인 질문에 대해 답을 추구해 왔다(Throughout history, from the time of Socrates to our own modern age, the human race has sought answers to the fundamental questions of life: 'Who are we' and 'why are we here?').

하지만 어느 종교도 어느 철학적 사상가도 삶의 근본적인 이들 질문에 대하여 명확한 답을 주지 못했다.

18세기 계몽주의시대 이후 인간은 교만하게도 하나님 없이도 인간의 이성과 과학을 통하여 '인간'과 '우주'의 실체를 깨달을 수 있다고 호언장담하였다. 그러나 인간이 하나님을 제거함으로 '가치관의 혼란'을 초래했다. '가치관의 혼란'은 실존주의 철학에서 '부조리 의식'(不條理 意識)으로 표출되는데, '부조리 의식'(absurd consciousness)은 신(神)의 존재를 믿지 않을 때 생겨난다. 신을 전제하지 않는다면, 피조물인 '세상'과 '인간'의 실존은 그 존재 자체에서 아무런 이유나 목적을 찾을 수 없다.

무신론적 실존주의 철학자 사르트르는 다음과 같이 부조리 의식을 표출하였다:
"존재하고 있는 모든 것들은 아무 이유 없이 태어나서 그냥 막연히 살다가 우연하게 죽는다. 우리가 태어난 것은 아무 의미가 없고 우리가 죽는 것도 아무 의미가 없다."(Antony Flew, *New Essays in Philosophical Theology*, p. 140)

인간은 유한한 존재이기 때문에 그 자신 속에 충분한 '통합점'(integration point)을 지니고 있지 못하다. 사르트르의 말을 빌리자면, 만일 하나의 유한점이 하나의 무한한 준거점(reference point)을 가지지 않으면 부조리의 나락에 떨어지고 만다는 것이다. 그래서 인간은 이해할 수 없는 고통과 불안을 자아내는 죽음에 직면하여 '우연'·'무의미'·'모순'으로 가득 찬 까닭 없는 삶을 살며 '허무감'·'소외감'·'상실감'에 절망할 수밖에 없다. 이렇듯 신을 배제한 자유(自律的 自由)는 인간에게 절망을 안겨준다(시14:1;잠1:7,9:10;고전1:20,21, 3:19,20).

신의 존재를 부인하는 인본주의는 인간 삶을 무(無)에 이르게 한다. 따라서 인본주의가 인간 삶을 무(無)에 이르게 하지 않는다는 모든 주장은 속임수이다. 그래서 화가 폴 고갱(Paul Gauguin, 1846~1903)은 인생의 무의미를 깨닫고 절망하여 그의 마지막 작품에 다음과 같은 제목을 붙였다:

〈우리는 어디서 왔는가? 우리는 무엇인가? 우리는 어디로 가는가?〉
(Where Do We Come from? What Are We? Where Are We Going?)

신의 존재를 부인하는 불교에는 다음과 같은 시가 있다.
"인생하처래"(人生何處來) : 인생은 무엇이며 어디서 오는 것일까?
"사후하처거"(死后何處去) : 죽음은 무엇이며 어디로 가는 것일까?
"생야일편부운기"(生也一片浮雲起) : 삶이란 하늘에 피어오르는 한 조각 뜬구름이로다.
"사야일편부운감"(死也一片浮雲減) : 죽음이란 하늘에서 사라지는 한 조각 구름이로다.
"부운자체본무실"(浮雲自體本無實) : 하늘에 떠도는 구름, 그 자체는 실체가 아니로다.
"생사거래역여시"(生死去來亦如是) : 오는 생명도 가는 죽음도 구름과 같은 것이라.

인간은 하나님을 제거하고 계몽주의적 세계관이라는 이성적이고도 합리적인 인본주의 체계들을 만들지만, 그 속에서조차 살 수 없다는 것을 비로소 깨달은 것이다(렘2:19). 그래서 인간은 하나님을 모독하고 우상화한 인간 이성의 바벨탑을 스스로 허물고 19세기 낭만주의를 통하여 자연을 신성시했지만, 그것마저 과학의 발달로 신비감을 잃고 유물론적 가치관에 빠져 인간 존재의 근거를 상실하고 말았다. 그러나 여전히 하나님을 거부하며 이런 급박한 상황 속에서 실존주의를 통해 인간 자신의 힘으로 인생에 의미를 부여해 보려고 시도했으나 결국 실패로 돌아갔다.

이런 비극에 오늘날의 인간은 지금까지 믿어왔던 모든 진리를 포기함으로 계몽주의의 실패에 대응하고 있다. 모든 절대적인 것은 없다는 포스트모더니즘의 절규는 도덕 기준의 상실(절대 가치의 파괴)뿐만 아니라 인간 자신의 정체성을 포기(존재 의미의 파괴)하는 〈자아상실 증후군〉으로 역사를 몰아가고 있다.

대부분의 학자들은 포스트모더니즘의 탄생을 1960년대의 반문화운동에 결부시킨다. 그들은 도덕적·이성적 구속이 없는 삶의 방식을 추구하며 마약을 사용하고 성적 규제를 집어던졌다. 결국 인간은 자포자기에 빠지기 시작한 것이다. 데이비드 레빈은 "모더니즘은 신의 죽음을 계획했다. 하지만 포스트모더니즘은 하나님이 죽었다는 개념을 유지하며 자아의 죽음(반휴머니즘)도 계획했다"고 말했다.(David Michael Levin, *The Opening of Vision*, pp. 405~408)

이처럼 세속적 포스트모더니즘은 그 폐허에 다른 구조물을 세우지 않고 파괴 자체에 집중한다. 그들은 무정부 상태·돌연변이·해체·대립·침묵·부재·반형식 등 인간적 힘의 한계를 이미 넘어서 극단적인 절망감을 표현하고 있는 것이다. 여기서 우리는 하나님을 버린 인간들이 추구해온 세속 사상의 말기적 단계 즉, 자신을 공격하는 회의주의, 공허감 → 무력감 → 권태감 → 절망감을 단계적으로 발견하고 인간적 시도의 막다른 골목에서 마지막으로 나타나는 인격해체, 정신분열, 귀신들림 등을 목격하게 된다.

신에게서 독립한 근대철학의 딜레마

데카르트(1596-1650)는 '나는 생각한다. 고로 나는 존재 한다'라는 말로 유명한 철학자이다. 여기서 '나'라는 주체는 신으로부터 독립된 '나', 신으로부터 독립된 '주체로서의 나'를 의미한다. 이 고백과 더불어 근대철학은 시작된 것이다. 과연 인간이 진리의 주체가 될 수 있을까? 또 진리의 주체로서 대상을 바로 인식할 수 있을까? '신'에게서 인간이 독립하려면 최소한도 스스로 진리를 인식할 수 있는 능력이 있어야 한다. 만약 그러한 능력 없이 신에게서 독립하는 것은 너무도 무모한 자살 행위인 것이다.

조세희의 소설 『난장이가 쏘아올린 작은 공』에 보면 이 문제를 심각하게 다루고 있다: 굴뚝 청소부 두 명이 있었다. 그 두 명이 각각 굴뚝 청소를 하고 내려왔다. 그런데 굴뚝 하나는 깨끗했고 다른 하나는 더러웠기 때문인지, 한 명의 얼굴은 까맣고 다른 사람의 얼굴은 희었다. 자, 그러면 누가 얼굴을 씻으러 갈까? 더럽고 까만 얼굴의 굴뚝 청소부가 아니라 깨끗하고 흰 얼굴의 굴뚝 청소부가 얼굴을 씻으러 갈 것이다. 왜냐하면 더러운 상대편의 얼굴을 보고 자신의 얼굴도 그럴 것이라고 생각할 것이기 때문이다.

이 이야기를 통해 분명해지는 것은 '인식의 주체'와 '인식의 대상'만으로는 어떤 지식이나 인식이 진리인지 아닌지 확인하거나 보증하는 것이 불가능하다는 사실이다. 내가 인식하는 대상에 대하여 객관적인 절대 불변의 진리라는 판단을 내리기 위해서는 제 3자가 확인해 주어야 한다. '인식의 주체'와 '인식의 대상' 사이에 진리를 판단해 줄 어떤 절대적 존재로서의 제 3자가 없다면 양자(주체와 대상)의 일치(진리)를 보증하는 것이 불가능하다.(이진경 지음, 『철학과 굴뚝청소부』, 48~53쪽)

인간은 진리 인식의 주체가 될 수 없으므로, 온전한 의미에서의 무신론자는 이 땅에 존재할 수 없다. 무신론자의 대명사처럼 불리는 니체(1844-1900)는 기독교의 하나님을 거부했지만 신 개념까지 배척할 수는 없었다. 1864년 니체가 쓴 시 〈알려지지 않은 신〉(the Unknown God)에서 "나는 당신을 알기를 원합니다 – 아니 당신을 위해 봉사하기를 원합니다"라고 고백하였다. (Walter Kaufmann, *Twenty German Poets*, p. 143)

하나님께 반항하기 위해 인간의 '절대적 자유'를 외치던 사르트르도 하나님을 쉽게 떨쳐버릴 수는 없었다. 1980년 봄 죽기 직전 프랑스 어느 잡지에 그는 자신의 솔직한 심경을 토로하는 글을 게재하였다: '나는 우주에 떠다니는 한 터럭의 먼지와 같은 우연의 산물이라고는 생각할 수 없다. 나는 누군가에 의해 기대하는 마음으로 철저하게 준비되고 계획되어진 존재이다. 이것은 하나님이 존재한다는 증거이다.'[Jean Paul Sartre, *Nouvel Observateur*, as reported in National Review, (11 June 1982) by T. Molnor, p. 677] 이런 무신론자들의 고백은 어느 누구도 영원히 무신론자로 머물러 있을 수 없음을 단적으로 입증해준다.

1. 신학이란 무엇인가?

1) 신학의 정의

'신학'(神學, theology)이라는 용어는 '하나님'을 의미하는 '데오스'(θεὸς)와 '말씀' 혹은 '강론'을 의미하는 '로고스'(λὸγος)라는 두 개의 희랍어가 합쳐진 것으로서, '하나님에 관해 연구하는 학문'이라는 뜻이다.

좀더 구체적으로 표현한다면, 신학이란 피조물에 나타난(계시) 하나님의 '존재'·'성품'·'사역'을 다루는 학문이다. 여기서 피조물이란 '인간'과 '우주'('자연' 혹은 '세상')를 지칭한다. 따라서 신학은 하나님에 관한 탐구만이 아니라 하나님의 자기계시 영역인 '인간'과 '우주'를 탐구의 대상으로 삼는다. 다시 말해서 신학이란 창조주 '하나님'과 피조물 '인간' 및 '우주'에 관한 '절대 불변의 영원한 진리'를 추구하는 학문이다.

- "하나님과 하나님의 계시를 연구하는 학문이 신학이다."
  - 카이퍼(Abraham Kuyper, 1837~1920)
- "하나님과 우주에 대한 관계를 연구하는 학문이 신학이다."
  - 워필드(Benjamin Warfield, 1851~1921)
- "조물주와 피조물을 다루는 학문이 신학이다."
  - 쉐드(William Shedd, 1820~1894)

2) 신학의 내용

(1) 신학의 기초 : 하나님

하나님의 존재는 신학의 기초이다. 우리가 하나님을 믿는 것을 신앙이라고 하는데, 그 신앙의 내용이 신학이다.

(2) 신학의 주요 과제 : 하나님의 성품과 사역

하나님의 존재를 믿는다는 것은 하나님이 어떠한 분인가를 알기 때문이다. 즉 하나님의 성품이나 그가 행하신 사역 등이 포함된다.

(3) 신학의 출발 : 성경

성경에서 신학이 나오고, 이 신학을 이해하고 소유함으로 바른 신앙을 가질 수 있다. 그리고 성경적 바른 신앙은 곧 구원의 확신으로 인도한다. 이처럼 신학의 궁극적 근거는 인간의 '이성'이나 '자기의식' 혹은 '경험'이나 '체험' 또는 교회의 '전통'에 있지 않고 하나님의 말씀인 '성경'에 있다.

그런데 성경을 신학의 근거와 규범으로 만드는 것은 곧 예수 그리스도이다. 하나님의 자기 계시인 예수 그리스도가 기독교 신학의 근거요 규범이다. 신학은 예수 그리스도의 계시로 인하여 형성되고 성립된다. 이와 동시에 신학은 예수 그리스도의 계시에 의하여 언제나 비판을 받아야 하며 자기를 부인해야 한다. 따라서 예수 그리스도의 계시는 신학의 소유물이 될 수 없으며 신학의 지배를 받을 수 없다. 오히려 신학이 예수 그리스도 계시의 지배를 받아야 한다.

그러므로 신학은 무엇보다도 철저하게 성경적이어야 하고, 간단명료해야 하며, 역사성과 보편성을 갖추어야 하고, 실제적이어야 하며, 교회를 살리는 것이어야 한다. 특히 성경의 신적 권위와 영감 및 무오성을 기초로 하여 신학은 체계적으로 명료하게 진술되어야 하는 것이다. 이를 위해서는 성경 본문 해석에 비중이 실려져야 하며, 독자로 하여금 성경의 진리를 분명하게 분별할 수 있도록 해야 한다.

(4) 신학의 사명 : 진리의 조직화

성경의 여러 곳에 흩어져 있는 하나님에 대한 진리를 모아서 잘 조직하고 알기 쉽게 제시하는 것이 신학의 사명이다. 그리고 신앙의 내용이 신앙의 규범이 되는 예수 그리스도의 계시와 일치하는가를 신학은 비판적으로 질문하고 양자의 일치를 추구해야 한다. 더욱이 신학은 성경의 모든 진리를 그리스도 안에서 구속사적인 관점으로 일관되게 볼 수 있도록 종합하는 학문이어야 한다.

3) 신학의 종류

성서신학은 구원계시 자체(원천)를 다루는 신학분야로서 조직신학에 근거자료를 제공해 주며, 역사신학은 구원계시의 성취 과정을 다루는 신학분야로서 조직신학에 교리의 형성 과정을 재고토록 돕는 역할을 한다. 또한 실천신학은 구원계시의 적용(구현)을 다루는 신학분야로서 현장에서 발생된 새로운 문제를 조직신학에 제시한다. 한편 조직신학은 구원계시의 체계(표준)를 다루는 신학분야로서 성서신학에 해석의 기준을 세워주며, 역사신학에 각 시대 판단의 가치기준을 설정해 주고, 실천신학에 신앙생활의 표준을 알려준다. 이처럼 각 신학 분야는 상호 보완적이면서 유기적인 관계성을 형성하기 때문에 신학의 한 부분만 연구해서는 성경을 바르게 이해하는 것이 불가능하다. 따라서 《하나님의 감추어진 의도》는 조직신학을 기초하여 다른 모든 신학분야를 통합적으로 다루었다.

(1) 성서신학(Biblical Theology)

성경에 계시된 사실만을 중심으로 신학을 연구하는 학문이다. 특히 성경 속에 모순되어 보이는 부분을 알기 쉽게 정리한 신학이다.
① 분야에 따른 **구약신학**과 **신약신학**.
② 성경 본문을 연구하는 **주경**(註經)**신학**(주석학).
③ 성경에 나타난 사실을 당시의 유물을 통해 확인하는 **성서고고학**(考古學).
④ 성경이 기록된 언어를 연구하는 **성서언어학**(해석학이 포함됨).

(2) 역사신학(Historical Theology)

시간의 흐름에 따라 신학이 발전해 왔는데, 교회 회의나 신학자들의 진술을 토대로 신학을 연구한 학문이다.
① **교회사** : 교회의 역사 발전 과정과 교회사적 중심인물 연구.
② **교리사** : 교회 내의 사상적 변천 과정 연구―기독교사상사라고도 함.

(3) 조직신학(Systematic Theology)

성서신학과 역사신학이 제공한 자료를 종합하여 성경의 교리를 체계적으로 제시하는 학문이다. 여기서 '조직적'(systematic)이라는 말은 '함께 서다', '체계를 짜다'를 뜻하는 헬라어 동사 '쉬니스타노'(συνιστάνω)에서 왔다. 그러므로 조직신학은 성경의 여러 진리를 체계화하는 것에 중점을 둔다. 즉 성경에는 수많은 진리가 담겨 있으나 조직적인 형태로 나타나지 않았다. 그래서 신학자들은 수천 개의 성경 진리를 〈창조에서 종말까지 전 영역에 걸쳐 조직화〉시켜서 성경의 진리를 명확하게 해석하여 교리적 오류를 줄이려는 학문이다.

① **교의학** : 서론·성서론·신론·기독론·성령론·인죄론·구원론·교회론·천사론·종말론.
② **변증학** : 기독교 신앙을 위협하거나 부인하는 자들에게 기독교 신앙을 논증하는 학문.
③ **윤리학** : 성경이나 교회전통, 현대신학에서 발전된 기독교 윤리적 문제에 대한 연구.

(4) 실천신학(Practical Theology)

다른 분야의 신학이 이론적으로 제시한 학문적 결과를 실제 생활에 적용하는 학문이다.
① 설교학·전도학·기독교 교육학·예배학.
② 목회 심리학·목회 상담학.

4) 신학의 기능

(1) 해명(Clarification) : 신앙고백과 체험의 이해를 도모해야 한다.
(2) 통합(Integration) : 다양한 진리들을 총체적으로 정리해야 한다.
(3) 교정(Correction) : 진리 해설의 오류를 바로잡아야 한다.
(4) 선포(Declaration) : 해석된 진리를 세상에 선포해야 한다.
(5) 도전(Challenge) : 밝혀지지 않은 진리 탐구에 도전해야 한다.

5) 신학을 위한 방법

(1) 성령의 인도를 구하라(Seeking the Guidance of the Holy Spirit).
(2) 성경에 기초를 두라(Reliance on the Scriptures).
(3) 교회사에 정통하라(Familiarity with Church History).
(4) 현재 삶의 정황을 인식하라(Awareness of the Contemporary Scene).
(5) 신앙 체험 안에서 성장하라(Growth in Christian Experience).

2. 바른 신학의 필요성

　신학(神學)이라고 하면 매우 어렵고 딱딱해서 특별한 사람들이 공부하는 학문이라고 생각하는 경향이 있다. 신학을 공부하려면 신학교에 들어가야만 하고, 또 신학은 목사나 전도사 정도는 되어야 논할 수 있는 학문으로 여기기 쉽다. 그러나 참된 믿음을 가지고 있는 신자라면 누구라도 정도의 차이는 있을지 모르지만 이미 어느 정도 신학을 이해하고 있음을 전제한다. 왜냐하면 신학은 '무엇을 믿는가 하는 신앙의 내용을 설명하는 학문'이기 때문이다. 참된 믿음을 소유한 신자들은 모두가 다 자기 나름대로의 신학적 입장을 견지하고 있다. 왜냐하면 자신이 살면서 체험한 신앙을 사상적으로 체계화("나는 이렇게 믿어!"라고 자기 입장을 말이나 글로 표현하는 것) 한 것이 신학이기 때문이다. 그러므로 **모든 기독교인들은 신앙을 갖고있는 한 신학을 결코 피할 수 없다.**

1) 신학의 필요성

　신학생들이 흔히 말하는 "신학은 필요없다. 성경 한 권으로 충분하다"란 주장은 충분히 납득이 된다. 잘못된 신학사상으로 인하여 영혼을 망치기보다 차라리 신학을 배우지 않는 편이 더 나을 수도 있다. 하지만 다음의 이유 때문에 신학 연구가 절실하다.

(1) 불신앙적 풍조 때문에

무신론·불가지론·범신론·동양신비주의·뉴에이지 등에 빠진 사람들에게 성경의 해결책을 논리적으로 제시하기 위해서 신학이 필요하다.

(2) 이단에 빠지지 않기 위해

경건주의자들은 기독교가 교리보다 신자들의 영적 체험과 삶의 경건에 의존한다고 주장한다. 이런 잘못된 사고방식은 초기 교부들이 이단에 대항하여 교리를 발전시킨 것과는 대조적으로 교리를 무시하는 결과를 초래하여 자유주의 신학의 태동을 막지 못했다. 경건주의 운동이 교회사에서 큰 역할을 한 것은 사실이지만 교리를 무시함으로 후대에 자유주의 신학에 길을 열어주었다는 사실은 우리에게 '교리'의 중요성을 다시 한번 일깨워주고 있다. 교리가 없다면 기독교는 〈도덕종교〉로 전락하기 쉽다. 신정통주의 신학자들은 교리를 무시하고 그리스도와의 실존적 만남만을 강조하였기 때문에, 그들은 자유주의 신학의 한 부분인 〈윤리신학〉으로 복귀하고 말았다. 더구나 기독교 교회사에 의하면 교리를 무시했던 시대마다 이단과 자유주의 신학이 번창하여 교회를 황폐하게 만든 것을 보게 된다. 그러므로 기독교는 교리를 떠나서 존재할 수 없으며, 교리는 인체의 뼈대와 같아서 그것이 없으면 곧 무너져 내리고 만다.

따라서 성도들은 바른 교리 교육을 통하여 그리스도의 제자가 되기까지 계속 훈련받아야 한다. 이런 의미에서 칼빈(John Calvin, 1509~1564)은 교회를 '평생의 학교'라고 하였다. 신자들이 교리적으로 훈련받지 않으면 무지에 빠져 이단의 공격에 무방비 상태가 된다. 그래서 끊임없이 가르침 받고 책망과 교훈을 통하여 하나님의 사람으로 온전하게 성숙되어야 한다. 건전한 교리 교육은 신자 양육에 필수적이다. 더욱이 교리 교육은 목회자들의 신학 정립에 절대적인 가치를 지닌다. 그리고 교회가 이를 멸시하고 소홀히 할 때 인간의 부패한 정욕 때문에 신자들의 신앙은 대부분 인본주의로 흐르게 된다.

바른 교리 없이 단지 체험 위에 서있는 기독교의 신앙이 얼마나 위태로운가 하는 것은 무분별한 이단적 신흥종파들의 예를 보아도 알 수 있다. 그리고 목회자들이 신학생 시절에 교리 공부를 등한시하여 이단 시비에 휘말리는 경우를 우리는 종종 목도하고 있다. 이처럼 기독교는 은혜와 진리가 병행되어야 하는 것이다. 우리는 기도로 은혜 충만한 사람이 되어야 할 뿐 아니라 교리 공부를 열심히 하여 진리 위에 굳게 서야 영적 전쟁에서 승리할 수 있다.

기독교 역사상 교회가 이단 사상에 침해받을 때마다 정통 신앙의 변증가들이 교회를 지켰다. 현대의 이단 사설들에 미혹 당하지 않기 위해서 기독교 신앙을 조직적으로 신학화 하여 변증할 필요가 있다. 대표적인 이단인 여호와의 증인이나 통일교 등에서는 나름대로의 치밀한 이론이나 원리를 가지고 성도들에게 도전해 온다. 이러한 때에 기독교인들이 성경 교리에 대하여 체계적인 이해를 갖추지 못하고 있다면 그들을 무서워 회피하든지, 아니면 그들 주장의 가엾은 희생물이 되고 만다. 실로 확고한 교리가 없는 신앙인은 울타리 없는 양떼와 같아서 이리의 공격에 속수무책인 경우가 많다.

(3) 올바른 신앙생활을 위하여

성경을 조직적으로 이해하지 못하면 성경에 대한 단편적인 지식이나 몇 개의 성경 구절을 마치 성경 전체의 진리인 양 생각하게 된다.

예를 들어 여호와의 증인들은 "피를 먹지 말라"(레17:12, 19:26)는 구절을 곡해하여 인간 생명을 살리는 수혈(輸血)까지 거부하는 것이라든지, 안식교는 구약의 안식일 문제를 신약의 주일로서 승화시키지 못하고 무조건 구약 안식일 예배를 주장하는 것 등은 모두 성경 진리를 총체적으로 이해하지 못한 데서 기인한다. 따라서 올바른 신앙생활을 영위하기 위해서 반드시 조직적인 성경 교리의 이해가 필수적이다.

2) 신학에 대한 방해 요소들

(1) 〈어린아이와 같은 믿음〉에 대한 그릇된 이해

예수님께서는 마태복음 18:3에서 "어린아이들과 같이 되지 아니하면 결단코 천국에 들어가지 못하리라"고 말씀하셨다. 그렇다면 '어린아이들과 같이 되라'는 말씀은 어떤 의미일까?

오늘날 많은 사람들은 '어린아이와 같은 믿음'에 대해 그릇된 견해를 갖고 있다. 〈어린아이의(childish) 믿음〉과 〈어린아이 같은(childlike) 믿음〉 사이에는 엄청난 차이가 있는 것이다.

〈어린아이의 믿음〉은 젖만 먹고 단단한 식물을 거부하는 미숙한 초보적인 신앙상태를 의미한다(고전3:1, 13:11; 엡4:14; 히5:12~14).

그러나 성경에서 말하는 〈어린아이 같은 믿음〉은 영적으로 성숙한 단계에 있는 신앙상태를 의미한다. 즉 하나님께 향한 절대적인 순종과 절대적인 믿음을 상징하는 것이다(마

11:25;눅10:21). 또한 그것은 예수님에 대하여 티 없이 맑고 순수한 사랑을 포함하고 있다 (고전14:20).

(2) 회의론적 신학에 대한 두려움

많은 기독교인들이 신학에 대해 깊은 불신을 갖고 있다. 이러한 반감은 고등 비평가들이 역사적 기독교를 향해 극단적 회의론을 가지고 공격하는 것에 자극을 받았기 때문이다. 그래서 기독교인들은 해로운 신학을 피하기 위해 신학과 신학교육을 거부하는데, 이러한 자세는 영적 자살행위와 같다. 왜냐하면 신학을 거부하는 것은 하나님을 알아가는 것을 거부하는 일이기 때문에, 신학은 기독교인들에게 선택과목이 아니라 필수과목이다.

(3) 논쟁을 꺼림

신학은 논쟁을 불러일으킨다. 그런데 성경은 다툼·분열·쟁론·비판을 금하고(고후12:20; 딛3:9) 온유, 오래 참음, 자비 등 성령의 열매(갈5:22,23)를 맺도록 촉구하고 있다. 따라서 다툼의 정신을 버리고 성령의 열매를 맺으려면 신학 연구를 피하라고 주장한다. 그런데 성경을 읽는 사람이라면 예수님의 생애가 격렬한 논쟁의 삶이었다는 사실을 알 수 있다[안식일 논쟁(마12:1~13), 바알세불 논쟁(마12:22~37), 요나 표적 논쟁(마12:38~45), 유전 논쟁(마15:1~20), 성전세 납부 논쟁(마17:24~27), 이혼 논쟁(마19:1~12), 권위 논쟁(마21:23~27), 종교 지도자들과의 논쟁(마22:15~46) 등].

사도들 역시 구약의 선지자들과 마찬가지로 논쟁을 벌였다[유대 군중을 향한 바울의 변론(행21:37~22:21), 산헤드린에서의 바울의 변론(행22:30~23:11), 벨릭스 총독 앞에서의 바울의 변론(행24:1~21), 베스도 총독 앞에서의 바울의 변론(행25:1~12), 아그립바 왕 앞에서의 바울의 변론(행26:1~23) 등].

그러므로 논쟁을 회피함으로 평화를 얻을 수 있으나 진리를 포기하면서까지 평화를 추구한다면 그것은 하나님의 뜻이 아니다.

(4) 영성의 반대 개념은 지성이라는 사상

'지성'과 '영성'은 대치되는 것이 아니라 서로 보완해 준다. 하나님은 한 책을 통해 자신에 관하여 기록을 하도록 했고, 이 책은 인간의 언어로 쓰였기 때문에 지성을 통하지 않고는 이해할 수 없다. 사람의 영혼이 살아계신 하나님을 향한 열정으로 불붙기 위해서 먼저 그 사람의 이성(理性)이 하나님의 성품과 뜻에 관한 지식으로 채워져야 한다. 먼저 생각 속에 자리잡지 않은 것은 결코 마음에 자리잡을 수 없다. 물론 영혼을 꿰뚫는 것 없이 머리로만 신학을 이해할 위험성은 있지만, 먼저 이성으로 이해하지 않고 영혼을 꿰뚫을 수는 없다. 따라서 교리를 지적으로 깨닫는 것은 영적 성장의 필수 조건이다. 그러므로 하나님의 말씀을 일관성 있게 이해하려는 노력은 악덕이 아니라 미덕이다.

하나님의 말씀은 모순 투성이의 비합리적인 글이 아니기 때문에 이성적으로 이해하는 것이 가능하다. 진지한 성경연구 자체가 하나의 개인적 예배인 것이다. 많은 사람들이 자리에 앉아 무릎을 꿇고 경건서적을 읽을 때보다 손에 펜을 들고 까다로운 신학 문제를 파고들 때 마음에 깊이 새겨지는 것을 체험하게 된다.

칼빈은 "연구는 일종의 영적 훈련으로서 기도만큼이나 중요하다"고 했다.

요한복음 5:39에 "너희가 성경에서 영생을 얻는 줄 생각하고 성경을 상고하거니와 이 성경이 곧 내게 대하여 증거하는 것이로다"고 했다. 여기서 '상고하거니와'(에라우나테 ἐραυνᾶτε)의 원형 "상고하다"(에류나오 ἐρευνάω)는 짐승들이 먹이를 찾아 냄새 맡으며 킁킁거리고 좇아가는 것을 의미한다. 이 말의 뜻은 성경을 단순히 읽지 말고 철저히 생각하면서 연구하라(thoroughly thoughtfully investigate)는 것이다.

또 신명기 6:5에 "너는 마음을 다하고 성품을 다하고 힘을 다하여 네 하나님 여호와를 사랑하라"고 했다. 여기에 나오는 '힘'(메오드 דאם)을 예수님은 마태복음 22:37과 누가복음 10:27에서 '뜻'으로 대치시켜 새로운 영적 의미를 더하셨다. 여기서 '뜻'으로 번역된 '디아노이아'(διανοία)는 '~을 통하여'라는 의미의 전치사 '디아'(διὰ)와 '지식' 또는 '지각'이라는 의미의 명사 '누스'(νοῦς)가 합하여 이루어진 단어로서 '인간의 이해력' 혹은 '지각력'(understanding, intellect, feelings)을 의미한다.

3) 바른 신학의 필요성

(1) 건전한 교리와 귀신의 교리를 분별하기 위해

신학이란 성경을 해석하기 위한 도구이다. 그런데 성경을 해석하는 도구인 신학이 '바른 도구'(바른 신학)인가 '잘못된 도구'(잘못된 신학)인가가 문제이다. 오늘날 한국 교회가 신학을 신학교에서 목회자가 되는 과정을 위한 공부 정도로 이해하는 것도 문제지만, 잘못된 신학으로부터 자신을 방어할 영적 분별력의 결여 역시 문제이다.

신학에는 〈건전한 교리〉(sound doctrine, the right teaching, 딤전1:10)와 〈귀신의 교

리들〉(doctrines of devils, 딤전4:1, "they will follow lying spirits and teachings that come from demons." *NLT譯*) 등 두 종류가 있다.

'귀신의 교리'는 영혼을 파멸로 이끈다. 그래서 요한일서 4:1은 다음과 같이 권면하고 있다:

> "진정으로 사랑하는 형제들이여, 어떤 사람이 '하나님의 말씀을 전합니다'라고 하더라도 전적으로 믿지는 마십시오. 먼저 그것이 참으로 하나님께서 하신 말씀인가를 시험하여 보십시오. 많은 거짓 예언자들이 사방에 나타나고 있기 때문입니다."*(현대어성경)*

이처럼 문제는 그 신학이 '바른 신학'인가, 아니면 '잘못된 신학'인가 이다. 신학은 우리의 생각이나 행동의 틀을 형성하기 때문에, 만일 우리가 '나쁜 신학―잘못된 신학이나 이단적인 사상'을 갖고 있다면 우리의 영혼이 그로 인해 파멸될 수도 있다.

따라서 이제 기독교인들에게 있어서의 문제는 신학을 소유하기 원하는가 혹은 원치 않는가에 있지 않고, '건전한 신학'을 갖고 있는가 아니면 '잘못된 신학'을 갖고 있는가에 있다. 즉 우리가 '참된 교리'를 받아들였는가, 아니면 '거짓된 교리'를 받아들였는가의 문제이다.

그러므로 디모데후서 2:15에서 바울은 디모데에게 "너는 진리의 말씀을 옳게 분변(分辨)"하라고 권면하였다. '진리의 말씀을 옳게 분변(分辨)하라'는 의미는 "정확하고 빈틈없이 진리의 말씀을 구분하라"("correctly and accurately dividing-rightly handling and skillfully teaching-the Word of Truth," *AMP譯*) 즉, 하나님의 말씀에 대해 정확한 해석을 하라는 명령이다. 특히 "옳게 분변하며"의 헬라어 '오르도토문타'(ὀρθοτομοῦντα)는 70인역 잠언 3:6과 11:5에 쓰였는데, 이 단어는 '오르도스'(ὀρθὸς, straight, on line)와 '템노'(τέμνω, to cut)의 합성어로 문자적 의미는 '바르게 자르다'이다. 따라서 본문은 '숙련된 기능공이 연장을 사용하여 똑바로 자르는 것처럼' 하나님의 말씀을 바르게 분석(해석)해서 이단의 거짓 교리에 단호히 대처할 수 있도록 적용하고 가르치는 것을 시사한다.

성경을 해석할 때 각별히 신중을 기하지 않으면 많은 오류를 범하기 쉽다. **성경은 영혼을 살리는 하나님의 말씀이지만, 잘못 적용하면 영혼에 오히려 큰 해를 끼칠 수 있음을 우리가 간과해서는 안 된다.** 오늘날 기독교를 무너뜨리려 획책하는 이단사설들의 해악은 성경을 '부인'하기 때문이 아니라 성경을 '악용'하기 때문이다(마4:6, 22:23~29; 요8:5).

베드로후서 3:16에 "또 그 모든 편지에도 이런 일에 관하여 말하였으되 그 중에 알기 어려운 것이 더러 있으니 무식한 자들과 굳세지 못한 자들이 다른 성경과 같이 그것도 억지로 풀다가 스스로 멸망에 이르느니라"고 하였다.

본문의 '무식한 자들과 굳세지 못한 자들'("the unlearned and unstable," KJV 譯)에서 '무식한 자들'(아마데이스 ἀμαθεῖς)이란 신앙과 진리에 관한 공부를 체계적으로 하지 않아 영적으로 무지한 사람들을, '굳세지 못한 자들'(아스테리크토이 ἀστήρικτοι)이란 아직 진리에 대하여 확고한 신앙을 소유하지 못한 초신자들을 지칭한다. 그리고 "억지로 풀다가"(스트레블루신 στρεβλοῦσιν, distort, pervert, twist, torture, torment)의 기본적 의미는 상대의 수족과 뼈마디를 비틀어 고통스럽게 하는 것으로, 이치에 맞지 않는 해석을 하여 성경 말씀을 왜곡시키는 것을 뜻한다.

통일교의 『원리강론』은 568쪽으로 되어 있는데, 성경구절을 880회나 인용하고 있다. 그럼에도 불구하고 『원리강론』의 논변(論辯)은 문선명을 재림 예수로 옹호하고 있다. 이처럼 성경구절을 많이 인용하였다 하여 그 논리가 모두 하나님의 뜻에 부합한다고 믿어서는 안 된다. 잘못된 성경해석은 반드시 잘못된 신앙생활로 이끌며, 더 나아가 이단의 덫에 걸리는 것으로 귀결된다.

따라서 우리는 성경구절을 많이 인용하였다 해서 무턱대고 믿을 것이 아니라, 그것이 생명으로 인도하는 '좋은 교리'(good doctrine, 딤전4:6;딤후4:3;딛1:9, 2:1)인지 멸망으로 인도하는 '다른 교리'(a different doctrine, 딤전1:3;6:3)인지를 영적으로 분별해야 한다.

(2) 미신과 맹신으로 이끌리지 않기 위해

일반적으로 신자들은 신학이 어렵다는 선입관 때문에 신학 공부를 기피하는 경향이 있다. 그런데 신학을 모를 때 즉, 바른 신학의 틀이 없을 때는 다음과 같은 두 가지 현상이 나타난다.

1 미신(迷信)

무엇을 믿어야 할지 모르고 믿는 것 즉, 목적 없이 믿는 것을 '미신'(迷信)이라 한다.

중동 지방에서는 누가 여행을 떠날 때면 그에게 좋은 여행이 될 것을 기원하면서 창밖으로 물을 뿌린다. 이것은 그들이 물처럼 수월하게 가고 오도록 하기 위해서이다. 어떤 곳에서는 장례 행렬이 거리를 지나갈 때에도 물을 뿌리는데, 이는 죽음이 자기 집에 들어오지 못하게 하기 위함이다. 기독교계 아르메니아인들은 7월 중반, 성자를 기리는 특별한 날에 풍요와 번영을 기원하여 서로 물을 뿌린다.

인도에서는 힌두교를 믿는 신도들뿐 아니라 대다수의 국민들이 동물이나 생명 없는 것까지 숭배한다. 힌두교에서는 소(牛)가 시바신(神)을 태우고 다닌다고 생각하여 매우 신성시하고 있으며, 소의 배설물까지 영험(靈驗)이 있다고 믿는다. 뿐만 아니라 이들은 독사를 숭배한다. 만약 뱀을 죽이면 뇌병에 걸리며, 여자는 애를 낳지 못한다고 믿는다. 또 남인도를 방문해 보면 뱀이 있으리라고 예상되는 구멍 앞에서 제사드리는 모습을 종종 발견할 수 있다. 더욱이 특이한 점은 인도인들이 무생물을 신으로 섬기는 행위이다. 이는 그들이 현세에서 정신박약으로 태어난 사람은 사후에 금석(金石)으로 환생한다고 믿기 때문이다.

우리 주변에도 이와 같은 신앙 형태는 없는가? 하나님의 말씀보다 성경책을 더 숭배하지는 않는가? 헌금을 복채로 착각하거나, 기도를 정화수(井華水) 떠놓고 복을 비는 미신적 신앙으로 생각하지는 않는가?(삿17:3,13)

2 맹신(盲信)

어떻게 믿어야 할지 모르고 믿는 것 즉, 방법론 없이 믿는 것을 '맹신(盲信)'이라고 한다.

고셔병을 앓고 있는 J라는 3살 난 유아가 있었는데 치료를 받지 못하고 병세가 악화되어 가고 있었다. '고셔병'은 특이한 질병으로서 비용이 많이 들고 장기간의 효소치료를 받아야 하는 질병이다. 그런데 J 양이 치료받지 못한 이유는 물질이 없거나 의학적으로 불치의 병이기 때문이 아니라 하나님의 기적적인 도우심으로 고쳐보려는 부모의 신앙 때문이었다. J 양의 부모는 의학에 의존하지 않고 오직 전능하신 하나님의 능력만을 의지하여 고쳐 보려고 J 양에게 먹이던 약도 끊었다. 그러나 이 문제가 여론화되면서 여러 목사의 권유로 부모의 마음이 돌아서 J 양이 치료를 받게 되었다(1998년 11월).

부모의 그릇된 종교적 신념으로 치료시기를 놓쳐 생사의 갈림길에 있던 K(9살) 양이 검찰의 도움으로 수술을 받을 수 있었다. K 양은 소아암의 일종인 '윌름' 종양으로 4년간 고생하고 있었다. 하지만 부모들은 하나님이 치유하는 광선을 발하여 자기 딸을 기적적으로 고쳐주실 것이라 확실히 믿고 4년간을 기도에만 매달려 있었던 것이다(1999년 3월).

물론 하나님의 뜻과 인간의 믿음이 일치하였을 때 기적이 일어날 수 있다. 하나님은 때때로 환경과 물질과 사람을 의존하지 말고 오직 하나님만을 믿을 것을 요구하실 때도 있다. 열왕기하 18~20장에 나오는 히스기야 왕(B.C. 716~687)의 경우가 그랬다(사38:1~6).

하지만 현대의학도 창조주 하나님께서 인간에게 주신 지혜와 지식의 산물이다. 치료는 사람이 하지만 환자들을 치료하는 모든 과정이 하나님의 능력에 의존하고 있는 것이다. 사람은 치료하되, 고치시는 분은 하나님이시다. 그러므로 기적적 치유만이 '하나님의 영광'을 드러내는 것이 아니고 의학을 통해 병을 고쳤을 때에도 의사의 손길 가운데 역사하신 하나님께 영광을 돌려야 한다.

이러한 상황 가운데서 성경의 모든 말씀을 단편적이 아닌 총체적으로 정확하게 해석하여 하나님의 뜻을 바로 분별할 수 있도록 도와주는 것이 신학의 사명이다.

✍ 의학적 질병 치유 방편으로서의 포도주

디모데전서 5:23, "이제부터는 물만 마시지 말고 네 비위와 자주 나는 병을 인하여 포도주를 조금씩 쓰라"

본 절에 대하여 『옥스퍼드 원어성경대전』은 다음과 같이 설명하였다:

「물만 마시는 행위는 당시 이스라엘 근동 지방에서는 상당히 위험한 일 가운데 하나였다. 왜냐하면 강수량이 적고 날씨가 무더운 이 지방의 물들은 불결하고 병균으로 오염되어 있는 경우가 많았기 때문이다. 따라서 포도주가 물을 대신하는 음료수로 빈번하게 사용되었던 것이다. 어쨌든 당시 물을 끓여 마시지 않을 경우 '비위' 곧 위장을 상하게 만들고 자주 이질이 발생해 배탈과 위장병을 일으켰다. 본 절의 '자주 나는 병'이라는 표현을 통해 보건대 디모데 역시 '빈번하게' 이런 상태에 처했던 것으로 보인다.

바울은 이러한 디모데의 건강 상태가 이미 앞서 언급했던 목회자로서의 막중한 책임을 효과적으로 감당하는 데에 장애가 될 것임을 간파하고, 당시 경건을 추구했던 성도들의 주된 기피 대상이었던 포도주를 조금씩 쓸 것을 권면하고 있는 것이다. 말하자면 디모데는 일종의 환자였다. 환자에게는 병을 고칠 수 있는 처방이 필요하다. 그런데 디모데의 병에는 포도주가 약이었던 셈이다. 고대 사회에서 술은 단순히 인간의 정신을 몽롱하게 만드는 것으로만 규정되지 않았으며 오히려 의학적인 효과를 지닌 것으로 인정되기도 했다. 즉 술은 고대의 권위 있는 의학자들에 의하여 강장제, 질병 예방제나 치료제이며 특별히 소화불량을 위한 약으로 처방되었다.」

✍ 병자 치유를 위해 사용되는 올리브기름과 믿음으로 행하는 안수기도

야고보서 5:14,15, "너희 중에 병든 자가 있느냐 저는 교회의 장로들을 청할 것이요 그들은 주의 이름으로 기름을 바르며 위하여 기도할지니라 믿음의 기도는 병든 자를 구원하리니 주께서 저를 일으키시리라 혹시 죄를 범하였을지라도 사하심을 얻으리라"

본 절에 대하여 『옥스퍼드 원어성경대전』은 다음과 같이 설명하였다:

「본 절에서는 병으로 고생하는 자는 교회의 장로들에게 기도 요청을 하라고 권면하고 있다. 그리고 장로들은 이에 응하여 병자를 찾아가 기름을 바르며 기도해주어야 했다. 여기서 '기름'은

'올리브기름'을 의미한다. 고대 세계에서 병자의 치료를 위해 기름을 바르는 것은 일반적 행위였다(사1:6). 선한 사마리아 사람은 강도 만난 자를 응급처치 하는 과정에서 기름과 포도주를 썼고(눅10:34), 예수님의 제자들도 병자들을 고치는 과정에서 기름을 발라준 것을 볼 수 있다(막6:13). 따라서 본문은 병자를 위하여 하나님께 기도할 뿐 아니라 실제 치료행위도 하라는 권면으로 이해된다. 그러나 여기서 무엇보다 중요한 것은 병자에게 기름 바르고 기도하는 모든 행위가 '주의 이름으로' 그리고 '믿음으로' 행해져야 한다는 사실이다. 우리는 여기서 '의학적 치료'와 '신앙적 치유' 사이의 아름다운 조화를 발견한다. 하지만 '의학적 치료'는 '신앙적 치유'에 종속되는 개념임을 결코 잊어서는 안 된다.」

3. 바른 신학의 패러다임

바른 신학은 '성경'을 중심으로 '전통'과 '체험' 및 '이성'이 함께 조화를 이룰 때 가능하다. 이 네 가지 요소들 중 하나에 치우칠 때 신학은 다음과 같이 극단적인 측면으로 흐르기 쉬우므로 경계해야 한다.

- ▶ 성경에만 치중 ⇒ 근본주의, 개혁주의 신학.
- ▶ 전통에만 치중 ⇒ 로마가톨릭 신학.
- ▶ 체험에만 치중 ⇒ 열광주의, 신비주의 신학.
- ▶ 이성에만 치중 ⇒ 자유주의 신학.

○ 웨슬리는 이 네 가지 요소 즉 성경·전통·체험·이성을 한데 묶는 신학방법론을 주창했기 때문에 이것을 '웨슬리의 사변형 방법'(The Wesleyan Quadrilateral)이라 명명한다. (Donald A. D. Thorsen, *The Wesleyan Quadrilateral*, p. 21)

이와 더불어 그 신학이 바른 신학인지 아닌지 시험해 볼 수 있는 방법이 4가지 있다고 필자는 본다.

첫째, **해석의 일관성** : 신학의 모든 내용이 시종일관되어야 바른 신학이다. 성경에서 한 곳의 신학적 해석이 다른 곳에서 상호 충돌하지 않고 진리를 더욱 뚜렷하게 드러내야 한다.

둘째, **해석의 발전성** : 신학의 모든 내용이 보완될 수 있는 여지가 있어야 바른 신학이다. 영적 성장 및 학문 연구가 깊어짐에 따라 말씀에 대한 깨달음이 더 발전적이어야 한다.

셋째, **해석의 적용성** : 신학의 모든 내용이 탐구하는 사람의 마음 안에 주님을 향한 사랑과 말씀 사모에 대한 열의를 촉발시켜야 바른 신학이다.

넷째, **해석의 응용성** : 신학의 모든 내용이 기타 학문의 진위를 해석하고 평가하는 데 유용한 도구가 되어야 바른 신학이다.

이 네 가지 기본원리를 충족시키지 못하는 신학은 '하나님의 감추어진 의도'에 따라 만든 바른 신학이 아니라, 인간의 명석한 두뇌로 조작해 낸 잘못된 신학이다. 이런 잘못된 신학은 인간의 영혼을 병들게 만들며 하나님의 은혜와 사랑에 도달하지 못하도록 방해한다. 뿐만 아니라 하나님의 말씀으로부터 들려오는 생생한 하나님의 음성을 듣지 못하도록 차단하는 역할까지 한다. 더욱이 심각한 폐해는 잘못된 신학적 패러다임의 소유자들이 대부분 바리새적인 독선과 아집 및 자기 의에 빠지기 쉽다는 사실이다.

1) 4차원적 관점과 영적인 시각 그리고 하나님의 감추어진 의도

4차원 신학은 기존 신학의 틀을 유지하면서 3차원적 개념을 뛰어넘어 4차원적 관점과 영의 시각으로 성경을 이해하려고 시도한다. 지금까지의 많은 신학방법론이 주로 합리주의의 영향을 받아 인간 이성(理性)에 호소하려는 경향을 띠거나, 그렇지 않으면 인간 이성의 합리성을 무시한 채 신학자 한 개인의 신앙체험을 절대화하는 오류를 범하였다. 그 이유는 근대 과학이 4차원의 개념에 대해 무지했기 때문이다. 그래서 '하나님의 절대주권'과 '인간의 자유의지'는 조화를 이룰 수 없는 평행선을 이루며 오늘날까지 중요한 신학 논쟁의 대상이 되어왔던 것이다.

그러나 오늘날 어느 누구도 눈에 보이지 않는다고 하여 존재하지 않는다고 말하지 못한다. 왜냐하면 오늘날의 과학이 보이지 않는 4차원의 세계에 대하여 증명하고 있기 때문이다. 그러므로 우리가 4차원적인 관점과 영적인 시각으로 성경을 읽을 때 '하나님의 절대주권'과 '인간의 자유의지' 문제는 양립하는 대립관계가 아니라 동전의 양면처럼 서로 조화를 이룬다는 사실을 발견한다. 그런데 성경 말씀 근저에 깔려 있는 이러한 조화를 발견하려면,

무엇보다도 '하나님의 감추어진 의도'를 파악해야 한다. 이 '하나님의 감추어진 의도'는 하나님의 마음을 의미하는데, 이것을 이해하기 위해 신학자는 인간의 입장이 아니라 하나님의 입장에서 피조물을 볼 수 있는 참된 '하나님 체험'을 필요로 한다.

2) 모든 신학방법론과 학문의 융합

이처럼 '하나님 체험'을 갖고 있다할지라도 신학자는 오류를 근소화하기 위하여 세 가지 측면에서 진력해야 한다.

첫째, 전통과 이성과 경험을 잘 조화시켜야 한다.

둘째, 조직신학·성서신학·역사신학·실천신학·영성신학에 정통해야 한다.

셋째, 자연과학·사회과학·인문과학·역사학 등의 학문에 대한 지식을 가지고 있어야 한다. 왜냐하면 이러한 학문들이 하나님의 일반계시를 나타내고 있기 때문이다. 과거에 일반 학문은 성경을 거스르는 것처럼 인식되어 왔다. 마치 기독교 신앙과 과학은 물과 기름처럼 조화를 이룰 수 없는 것처럼 생각하는 사람들이 많았다. 하지만 현대 과학의 급속한 발달이 오히려 성경의 역사성과 진실성을 점차 확증해 주고 있는 실정이다.(다음의 책들은 그 좋은 예를 보여준다: 존 제퍼슨 데이비스 지음, 노영상 외 번역, 『21세기 과학과 신앙』; 이언 바버 지음, 이철우 옮김, 『과학이 종교를 만날 때』; 폴 데이비스 지음, 류시화 옮김, 『현대물리학이 발견한 창조주』 참조)

오늘날에도 신앙에 해(害)가 되는 책들이 많지만, 그 반대로 성경의 진리를 확증해주고 도와주는 유익한 지식들도 많다. 우리는 성경을 잘 이해하기 위해 이런 학문들의 도움을 받아야 한다. 오늘날 학문은 편협하고 단편적인 경향에서 〈학문 융합〉의 추세로 흐르고 있다. 왜냐하면 인간은 육체와 정신이 분리된 기계적이고 물질적 존재가 아니라 총체적인 존재라는 사실을 깨달았기 때문이다. 그래서 생물학과 사회학, 언어학과 전기공학, 무용학과 심리학이 접촉점을 찾아가고 있다. 이러한 협력 체계를 통하여 오류를 줄일 수 있다. 이처럼 신학 역시 일반 학문과의 교류를 통하여 더욱더 성경을 확실하게 해석할 수 있다.

이와 같이 4차원 신학은 모든 학문과 신학방법론을 종합하여 4차원적인 관점과 영적인 시각으로 지금까지 풀지 못했던 신학 난제들의 해결을 시도하는 21세기형 맞춤신학이다.

3) 가톨릭적 복음주의 신학

4차원 신학은 〈가톨릭적 복음주의 신학〉이다.

'가톨릭주의'란 로마가톨릭을 지칭하는 말이 아니라 보편교회라는 개념으로, 신앙공동체의 보편성과 전통의 연속성을 의미하며, 초대교회를 위시하여 로마가톨릭과 희랍정교회의 뿌리를 형성하고 있는 교부들의 영성을 포함한다.

그리고 '복음주의'란 16세기 프로테스탄트 종교개혁과 더불어 17세기 경건주의와 청교도주의를 포함한다. 더 나아가 18, 19세기의 부흥운동이 복음주의의 범주에 들어갈 수 있다. 흔히 우리는 복음주의를 개혁주의로 국한시키는 경우가 많지만, 루터와 칼빈의 '오직 은혜, 오직 믿음'의 신조 외에 스페너와 웨슬리의 '거룩한 삶'까지를 말해야 한다. 따라서 '복음주의'란 모든 종파를 초월한 '성경주의-성경적 기독교'(신약성경의 복음)임을 알 수 있다. 그 이유는 이천년 교회사 속에서 암브로스·어거스틴·버나드·토마스 아퀴나스·파스칼 등 교부들과 로마가톨릭 신학자들 속에서도 '복음주의'를 발견하기 때문이다.

따라서 복음적이란 프로테스탄트라는 말보다 더 넓고 더 좁다. 즉 복음적이라는 말은 가톨릭교회와 희랍정교회 등에 속해있는 경건한 성도들을 포함하기 때문에 그 폭이 넓고, 프로테스탄트에 속해있지만 그리스도의 신성(神性)을 부인하는 르네상스와 계몽주의의 후예인 자유주의 신학을 배척하기 때문에 그 폭이 좁다.(도날드 G. 블러쉬 지음, 이형기·이수영 옮김, 『복음주의 신학의 정수Ⅰ』, 23~46쪽)

4) 바른 교리

(1) 이해를 추구하는 신앙

〈귀신의 교리들〉에 미혹되지 않기 위해서 교회는 〈건전한 교리〉를 발전시켜 왔는데, '교리'란 라틴어로 '심볼라'(symbola)로서 '함께 고백하다'를 의미한다. 다시 말하면 교리란 우리가 믿는 바를 논리적으로 공동체 안에서 함께 고백한 것을 뜻한다. 즉 이단 사상에 대항하여 성경의 핵심 진리들을 효과적으로 명료하게 진술하려는 노력이 바로 교리이다. 그리고 이 교리를 집약한 것이 바로 '신조'이다. 그러니까 '신조'(creeds)는 '교리'(doctrines)보다 그 범위가 좁다고 말할 수 있다. 그러므로 정통신학은 이단들과 맞서기 위해 신조의 내용을 형성하는 교리를 중시한다.

그런데 교리(敎理, doctrine)는 계시(성경)가 아니라 계시(성경)에 대한 신앙고백이며 인간의 응답이기 때문에 오류가 있고 발전이 가능하다. 그러므로 내가 믿는 신앙생활의 내용이 성경 진리에 근거한 올바른 교리인가를 항상 점검해야 한다(요일4:1). 따라서 성경은 절대 불변의 진리이지만, 교리와 신학사상은 변할 수 있는 것이다. 왜냐하면 교리는 계시 자체가 아니라 계시에 대한 신앙고백이요 인간의 응답이기 때문이다. 인간의 제한된 언어·논리·사고방식을 사용하여 다른 역사적·문화적·종교적·정치적 상황 속에서 교리가 전개되기 때문에 어느 정도 부분적인 오류를 범할 수 있다. 그러므로 인간이 수립한 교리를 절대화하는 것은 위험하다.

따라서 신학은 안셀름이 말한 것처럼 **"이해를 추구하는 신앙"**(faith seeking understanding)이어야 한다. 이 말은 신학이란 기독교 신앙의 이성적 표현이며, 질문하는 신앙이라는 것이다(합2:1).(다니엘 L. 밀리오리 지음, 장경철 옮김, 『기독교 조직신학 개론』, 23~29쪽)

첫째, 이 말은 계속 질문을 던져 교리적 발전을 모색해야 한다는 의미이다. 교리가 고착화될 때 그때부터 신앙은 부패하기 시작한다. 신앙이 더 이상 사람들로 하여금 어려운 질문을 하지 못하게 막을 때, 신앙은 비인간적이며 위험한 것이 된다. 질문하지 않는 신앙은 이데올로기·미신·광신주의·자기도취 그리고 우상숭배로 쉽게 이어진다.

인간이 만든 신학이란 날아가는 새를 그리는 것과 같이 상대적이기 때문에 방금 전에 그려진 것이 지금 살아있는 대상을 이미 놓친 것일 수도 있다는 가능성을 깊이 인식하고 '언제나 처음부터 새롭게 다시 시작하는 마음가짐'으로 진리를 추구해야 한다.(장경철, 『하나님 공부하기』, 20, 21쪽)

따라서 우리들은 '어제의 결론을 무비판적으로 수호'하려는 유혹에 빠져서는 안 된다. 좋은 신앙의 자세는 자기의 '고정관념화된 사고의 틀' 안에 갇혀 살기를 거부하고 하나님이 열어 놓으신 새로운 신비의 세계를 향하여 영혼이 언제나 비상(飛翔)할 수 있도록 열려진 마음을 갖는 데 게을리하지 않는다. 신앙이 더 이상 인간의 이성적 한계에 도전하지 않고 난해한 질문들에 대해 회피한다면, 그때부터 신앙은 위험한 '교조주의'(敎條主義, doctrinism, dogmatism)의 덫에 걸리게 된다.

둘째, 이 말은 추상적인 것이 아니라 하나님에 대한 참된 신앙을 받아들이고 살아계신 하나님을 경외함으로 삶에 구체적으로 적용해야 한다는 것을 의미한다.

다음과 같은 불교의 신앙적 방법론은 올바른 것이 아니다.

> 참선하는 제자가 스승에게 물었다.
> "이 우주는 어디서 왔을까요? 생명은요? 정신은요?"

스승은 말했다.
"너의 질문은 어디서 온 것이냐?"

이것은 더 이상 묻지 말고 질문을 던지는 대신 순간적 깨달음을 위해 생각을 비우라는 불교적 교훈을 내포한다.(한스 페터 뒤르 외, 여상훈 옮김, 『신, 인간 그리고 과학』, 331쪽)

(2) 하나님의 신비를 향한 인간의 도약

신앙이 예수 그리스도 안에 나타난 하나님의 값없이 주시는 은혜를 믿고 순종하는 것이라고 한다면, 〈신학은 질문하는 신앙〉이며, 적어도 그 질문에 대한 현재의 대답을 발견하기 위해 노력하는 것이다. 기독교 신앙은 세상에서 지친 영혼들을 위한 진정제가 아니며, 오히려 다양한 질문들을 촉진하여 물음을 갖고 하나님께로 계속 나아가는 것이다. 이러한 자세의 필요성은 우리에게 계시된 하나님은 '신비' 자체이시기 때문이다.

'신비'란 인간의 이성이나 경험으로 완전히 이해할 수 없다는 것을 함축한다. 세상 창조 속에 나타난 하나님의 거룩한 사랑의 신비, 예수 그리스도 안에 나타난 하나님의 죄와 용서에 대한 신비, 성령의 능력을 통하여 타락한 인간의 삶과 온 세상 속에 나타난 하나님의 새롭게 하시고자 하는 능력의 신비 등, 신앙의 눈으로 볼 때 하나님은 신비로 쌓여 있다(삿13:18;사9:6;딤전6:16⇔출15:11;사28:29,29:14;롬11:33,34). 그러므로 우리들은 계속해서 이 신비를 조금이라도 더 확실히 이해할 수 있도록 질문을 해야 한다.

(3) 특수한 역사적 상황 안에서의 인간의 갈등 해결

신앙인들은 진공상태에서 살지 않는다. 그들은 과거 체험해보지 못한 독특한 역사적 상황 속에서 살고 있다. 질병과 고통과 죄의식과 불의와 사회적 소란과 죽음 등이 난무하는 시대 속에서 우리는 물음을 피할 수 없다(시73:1~28). 오히려 기독교인들은 신앙이 없는 사람보다 더욱더 혼란에 빠질 수 있다. 왜냐하면 자신의 신앙과 삶의 현실 사이의 괴리(乖離)를 연관지어야 하기 때문이다.

기독교인들은 자비하신 하나님을 믿지만 악이 종종 승리하는 세상 속에서 산다(계11:7, 13:7).

기독교인들은 살아계신 하나님을 믿지만 많은 일 가운데서 하나님의 도움의 손길을 느끼지 못하고 종종 버려지는 경험을 한다(행12:1,2).

기독교인들은 성령의 변화시키는 능력을 믿지만 종종 자신이 세상 속에서 무력함을 경험한다(고전4:9~13).

기독교인들은 하나님의 뜻에 순종해야 함을 알지만 특별한 문제에 직면하면 무엇이 하나님의 뜻인지 분별하기 어려울 때가 많다(행15:37~41⇔골4:10;몬1:24;딤후4:11).

바른 교리는 이러한 괴리감을 해결하는 열쇠가 된다.

(4) 세계관의 도전에 대하여 이해를 추구하는 신앙

기독교인이 된다는 것은 질문을 던지며 더 깊은 이해를 추구하는 인간의 충동을 없애버리는 것을 의미하지 않는다. 오히려 참된 신앙은 많은 질문들을 강화시키면서 열정적이고 분별력 있게 이해를 추구하도록 유도해야 하는데, 그렇게 하지 않으면 신앙은 약해지고 결국 생명력을 잃게 된다. 기독교인들이 신앙의 순례자이기를 포기하지 않는다면 그들은 계속적으로 질문을 제기할 것이며, 때로는 자신도 답하기 어려운 질문들을 제기하기도 할 것이다(창18:23,25;렘:12:1~2;합1:13~17,2:1). 인간의 삶은 우리가 질문에 대한 모든 답을 가지고 있지 못할 때 비인간화되기보다는, 우리가 참으로 중요한 질문을 던질 용기를 잃어버릴 때 비인간화된다.

우리는 원하든 원치 않든 타종교 세계관의 도전에 노출되어 있다. 더군다나 종교다원주의 시대에는 〈세계관의 도전〉을 피할 수 없다. 많은 그리스도인들이 세계관의 도전에 직면하여 갈등을 겪고 있을 뿐 아니라 〈골방의 불가지론자〉가 되거나 〈무엇인가 석연치 않은 의구심〉을 떨쳐버리지 못하고 '의심의 짐'을 지고 있다. 교회에서는 조금도 의심이 없는 명쾌한 신앙을 과시하지만 자신의 골방에 혼자 있을 때에는 신앙에 있어 분명한 것이 아무것도 없는 듯 보인다. 많은 그리스도인들이 이러한 의구심에 휩말릴까 두려워 세계관의 도전을 정면으로 맞서서 돌파하지 못하고 도전을 회피하거나 움츠러들게 된다. 심할 경우 어떤 그리스도인들은 이러한 도전에 조심성 없이 자신을 노출시켜 신앙을 잃어버리는 경우도 종종 있다. 그 이유는 세계관의 도전에 대응하는 신학적 훈련을 받지 못했기 때문이다. 이러한 도전에 대처해 나가기 위해 우리들은 〈진지한 의문〉을 가지고 성경을 깊이 연구해야 한다. 〈진지한 의문〉은 〈불신앙적 회의심〉이 아니라 오히려 올바른 신앙적 태도이다.

이렇듯 이해를 추구하는 신앙의 태도를 지닌 그리스도인들은 다음과 같은 기도를 해야 할 것이다:

> "하나님, 제가 요즈음 '타종교 세계관'의 도전에 직면해 있습니다. 저는 이것이 성경적으로 어떻게 설명될 수 있는지 매우 혼란스럽습니다. 그러나 하나님은 이 문제에 대해서 설명해 주

실 수 있고, 하나님의 말씀은 온전하기 때문에 성경 안에 분명히 이 문제에 대한 해답이 있을 것이라고 믿습니다. 진리의 성령님께서 저에게 가르쳐 주시고 깨달음을 주옵소서."

이런 방식으로 많은 의문이 떠오르고 의심이 생길 때마다 이렇게 무릎꿇을 뿐 아니라 강도 높은 교리공부를 통하여 세계관의 도전을 우회하지 말고 정면 돌파해야 한다. 그렇게 될 때 마귀는 패배하고 우리의 신앙은 견고해진다.(안점식, 『세계관을 분별하라』, 9~11쪽)

(5) 현실의 삶 속에 적용되는 신학

신앙과 신학이 오직 '사고'(thinking) 안에서만 머물러 있을 때 그것은 심각한 문제를 유발한다. 이해를 추구하는 신앙은 사변적 지식이 아니라 우리의 삶과 실천을 밝혀주는 지혜이기 때문이다. 그래서 칼빈은 "하나님에 대한 참된 지식이 예배와 섬김으로부터 떨어질 수 없는 것이다"라고 말했다.

신앙이 추구하는 하나님의 진리는 지성에 의해서 알려지기를 원하는 것일 뿐 아니라 인간의 전 존재에 의해서 경험되고 실천되어야 한다(마7:24~27⇔눅8:15). 생각하는 신앙으로서의 신학은 하나님과 이웃을 섬기는 곳에서 출발하여 다시 그 섬김으로 돌아가야 한다. 신앙은 올바로 생각하는 것 이상이다. 아무것도 하지 않고 그저 올바로 생각만 하는 것은 '정통주의 이단'이라고 말할 수 있다(마23:1~7⇔마23:15,33). '질문하는 신학'은 개인과 사회와 세계를 변혁하기 위한 도구이다. 신학 스스로가 누구를 섬기고 있으며 누구의 이익을 위해 봉사하고 있는가를 계속적으로 묻지 않는다면 그 신학은 이미 죽은 것이다.

제 2 부　인식론

계시·이성·신앙을 통해 진리를 알 수 있다

1. 인식론이란?
2. 성경적 인식론

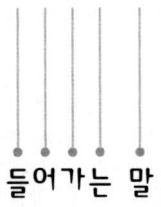
들어가는 말

세계관의 대결

영국의 어떤 과학자가 학생들에게 무신론을 가르치려고 분필을 가지고 칠판에 아래와 같이 써놓았다.

"NO WHERE IS GOD."

그 뜻은 "하나님은 어디에도 없다"는 말이다. 그러나 학생들 중에 믿는 사람이 나오더니 과학자가 써놓은 것에 띄어쓰기를 고쳐 놓았다.

"NOW HERE IS GOD."

이는 "하나님께서 지금 여기에 계시다"는 뜻이다. 이처럼 하나님을 믿지 아니하는 사람에게는 하나님이 없어 보이지만 믿는 사람에게는 반드시 계신 것이다. 여기서 문제는 하나님 자신이 아니라 하나님에 대하여 인간 개개인이 지니고 있는 '시각'이다. 이 '시각'에 따라 인간의 세계관·가치관·인생관이 달라지며, 결국 인간의 생각과 삶의 방식 그리고 더 나아가 인간의 운명까지 결정된다. 우리는 이런 '시각'을 '인식'(cognition)이라 부른다.

인식의 기본 틀은 세계관인데, 이것으로 사람들은 세계를 바라본다(창13:9,10,28:10~17; 민13:25~33;마16:5~12;행27장). 세계관은 마치 안경처럼 우리의 몸에 밀착되어 있어서 렌즈의 색깔대로 사물이 그렇게 보이는 것처럼 그 사람의 세계관이 무엇이냐에 따라 세상이 다르게 보인다. 이러한 세계관은 공부를 통해서 이론적으로 학습되기보다는 어릴 때부터 경험된 것을 통하여 자연스럽게 형성된다.

좀더 자세히 말하면, 세계관은 인간 경험들이 이성의 합리화 작용을 통하여 무의식적으로 인간 내면에 구조화되어 절대적인 진리처럼 굳어진 틀이다. 이러한 폐쇄적인 사고의 틀(패러다임 paradigm)이 정교하게 조직적으로 서술될 때 '철학'이라고 부른다. 그런데 문제는 세계관으로부터 가치체계가 나오고 이 가치체계들에 따라 행동양식(behavior pattern)이 나타난다는 데 있다. 예를 들어 우리나라 문화에는 유교적이고 무속적인 세계관이 깊이 깔려있다. 이러한 현세 기복적 세계관의 공통적 관점은 '복'(福-재물이 많은 것)·'녹'(祿-높은 관직에 나가는 것)·'수'(壽-오랫동안 무병장수 하는 것)라는 현세적 가치를 매우 중시한다.

이러한 경직되고 폐쇄적인 세계관은 인간을 편견과 고집 및 강퍅함에 사로잡히게 만든다. 이것이 타락한 인간의 실상인 것이다(롬3:11~18). 그런데 문제는 기독교인이 세계관 자체를 변혁시키지 않고 가치체계나 행동양식에만 변화를 추구할 때 '명목적 신자'로 남게 된다. 즉 알맹이는 안 바뀌고 겉껍데기만 바뀌는 것이다. 그렇게 되면 부자 청년처럼 겉으로는 하나님을 믿는 신앙을 갖고 있지만, 본질적으로는 물질주의적 세계관이 그를 장악하고 있는 것이다(막10:17~22).

우리는 아프리카나 라틴아메리카에서 기독교가 토착적 '정령숭배'(animism)와 혼합되어 있는 것을 종종 발견하게 된다. 또 그리스도인들이 주일에는 예배에 참석하여 신자로서의 면모를 보이지만, 한계상황이 오면 무당을 찾아가기도 한다. 이런 혼합주의는 구약성경에서 '바알숭배'와 같이 하나님께 심히 혐오스러운 것이다.

우리는 오늘날 영적 전쟁 즉 세계관의 대결에 직면해 있다. 우리가 하나님의 말씀에 순종하는데 어려움이 있는가? 성경적 세계관이 우리에게 거부반응을 일으키는가? 그 이유는 '**성경적 세계관**'과 '**세속적 세계관**'이 우리 마음 안에서 서로 갈등하는 소리이다. 이런 〈세계관의 대결〉은 〈영적 대결〉이며 곧 〈진리의 대결〉이요 결국 〈능력의 대결〉인 것이다.

"This is war, and there is neutral ground. If you're not on my side, you're the enemy; if you're not helping, you're making things worse."(Mat. 12:30, *Msg*譯)

"**이것은 전쟁이다. 중립지대란 존재할 수 없다. 너희가 만일 내편에 서있지 않는다면, 너희는 나의 적이다. 너희가 나를 지금 돕지 않는다면, 너희들은 사태를 더 악화시키고 있는 것이다.**"(마12:30, *메시지 성경*)

1. 인식론이란?

먼저 '인식(認識)'이란 어떤 사물을 이해하며 그것에 대한 지식을 갖는 것을 말한다. 그리고 '인식론(epistemology)'이란 인식의 원리·기원·본질·방법 등을 규명하는 학문이다. 따라서 인식론은 어떤 대상에 대한 바른 인식을 하고 있는지의 여부를 가름해주는 중요한 학문이다. 물론 학문적으로 이를 배우거나 체계적인 지식을 갖고 있지 못하다 할지라도 모든 사람은 의식하든 안 하든 인식론의 바탕 위에서 모든 것을 판단하며 삶을 영위하고 있다.

1) 인식은 '전제'라는 틀을 갖는다

인식은 '전제'(前提, presupposition)라는 틀(frame)을 갖는다. 다시 말해 '전제'는 〈미리 가정하는 생각의 틀〉을 의미하는 것이다. 이 '전제'는 지식의 출발점일 뿐 아니라 지식을 얻는 방법과 지식을 이끌어 가는 목표도 결정한다. 이것은 마치 증명할 수는 없지만 수학의 공식은 수학의 제 일 원리 노릇을 하기 때문에, 이 공식 없이 수학의 아무 문제도 풀 수 없는 것과 같다. 이처럼 '전제'는 모든 지식이 터를 삼고 있는 토대이다.

예를 들면, 세속주의자들이 보는 우주는 순수 우연에 근거를 두고서 작용하는 무한한 '닫힌 체계'(a closed system, 우주를 넘어 신이 존재하지 않는다-우주가 존재하는 것의 전부라는 개념)라고 전제(가정)한다. 그들은 이 전제 아래서 자신들이 이 세상에서 경험하는 모든 것을 해석한다. 더욱이 이들은 자신들의 신념이 올바르다고 생각하여 모든 사건들을 여기에 맞춰 해석하며 의미와 목적을 부여한다. 하지만 그리스도인들은 우주를 유한한 피조계(被造界)로 보며 성경의 초월적이고 인격적인 하나님으로부터 시작된 '열린 체계'(an open system, 우주를 넘어 신이 존재한다-우주가 존재하는 것의 전부가 아니라는 개념)라고 전제한다. 무엇보다도 그리스도인들은 성경에 근거하여 모든 사물과 사건을 판단하고 해석한다.

2) 전제는 '안경'이나 '얼개'와 같다

'전제' 없이 인간은 생각할 수 없으므로 사람들은 모두 이 '전제'를 사용한다. 그러면 왜 인간은 인식의 틀인 '전제'를 필요로 하는가? 세상이 창조될 때 인간이 거기에 없었기 때문이다(잠8:22~31 ⇔ 욥38:4~7 ⇒ 히11:1~3).

우주가 창조되기 직전은 물리적 법칙이 작용하기 전이기 때문에 초자연적 하나님의 개입이 있었다. 그래서 하나님만이 세상이 어떻게 시작되었는지 설명해 주실 수 있으며, 설혹 인간이 우주 창조의 현장을 목도했다할지라도 천지창조는 인간의 이성적 능력을 초월하는 하나님의 초자연적인 사역이기 때문에 하나님의 해석 없이 인간은 이해할 수 없다. 그래서 해석의 틀인 전제가 필요한 것이다.(존 휘트콤, 『성경적 창조론』, 16쪽)

다시 말해 '전제'는 마치 안경과 같아서 사람들은 이것을 통하여 세상을 본다. 만일 렌즈가 녹색으로 칠해져 있다면 모든 색은 빨간색 안경을 통하여 본 세상과 아주 다르게 나타날 것이다. 왜냐하면 렌즈가 눈으로 보는 것을 결정하기 때문이다. 이와 마찬가지로 우리가 갖고있는 '전제'는 우리가 경험하는 사건들을 어떻게 볼 것인지 〈색을 입힌다〉. 따라서 객관적이고도 중립적인 해석은 있을 수 없다. 문제는 내가 갖고있는 '전제'가 진짜인가 가짜인가 둘 중의 하나이다. 동일하고 명백한 '진리'(사실)라 하여도 〈유신론적 전제의 렌즈〉를 통하여 보느냐, 아니면 〈무신론적 전제의 렌즈〉를 통하여 보느냐에 따라 두 가지 전혀 다른 의미를 가질 수 있다.

그렇기 때문에 무신론 생물학자는 인간의 몸을 자연주의적 진화의 탁월한 예증으로 해석하지만, 그리스도인 생물학자는 같은 몸을 두고 하나님의 비범한 창조성의 결과라고 감탄한다(시139:14).

3) 전제는 사물의 인식에 필수적이다

　예를 들어, 어떤 아버지가 어린 아들을 데리고 야구경기를 보러 갔는데, 그 아들은 전에 한 번도 경기를 본 적이 없다고 가정하자! 아마 아들은 야구를 모르기 때문에 야구 경기를 즐길 수 없을 것이다. 그런데 역전 주자가 루상에 나간 상태에서 어떤 선수가 9회 말에 홈런을 쳤다면 아버지는 열광하겠지만 아들은 이런 소동을 보면서도 당황할지도 모른다. 사실 아버지와 아들은 같은 사실을 관찰하고 있지 아니한가? 여기서 문제는 야구경기(사실)보다는 아버지만 야구 규칙(전제)을 알고 아들은 야구 규칙을 모른다(전제라는 얼개가 없다)는 것이다. 아들이 '홈런'의 의미를 알 수 있으려면, 야구를 보러 갈 때 야구 규칙을 먼저 알고 있어야 했다. 여기서 야구 규칙은 '렌즈' 혹은 '얼개'라고 할 수 있다. 이처럼 우리가 살고 있는 세상에는 중립적인 관찰자가 존재할 수 없다. 모든 사물이나 사건들은 하나님이 계시해주신 〈신앙의 렌즈〉를 통하여 보거나, 아니면 죄로 말미암아 더럽혀진 〈불신의 렌즈〉를 통해서 보게 된다.

　성경은 우리를 구원으로 인도하는 '진리의 지식'(딛1:1)과 우리를 파멸로 유도하는 '헛된 속임수'(골2:8)가 있다고 말한다.

✍ 잘못된 인식론을 갖고 있던 사르트르의 비극

니체의 무신론으로부터 영향을 받은 무신론적 실존주의 철학자 사르트르(Jean Paul Sartre, 1905~1980)는 인간에 대한 자신의 견해를 피력하였다:

"만일 하나님이 존재한다면, 인간은 자유로울 수 없다. 그런데 인간은 절대적 자유(absolute freedom)를 갖고 있기 때문에 하나님은 존재할 수 없다. 하지만 하나님이 존재하지 않는다면, 인간은 '無의 바다 위에 떠다니는 하찮은 거품'(an empty bubble on the sea of nothing-ness)에 지나지 않는다."(Norman L. Geisler, *Baker Encyclopedia of Christian Apologetics*, p. 682)

1980년 3월 부르세 병원에 한 세기를 떠들썩하게 하던 존경받는 한 지성인이 폐수종 때문에 입원했다. 그는 한 달 동안 이 병원에서 문자 그대로 발악을 했다. 자신을 병문안 하기 위해 찾아온 사람들에게 고함을 치고 절규했다. 그러면서도 그는 죽음에 대한 공포 때문에 자기의 병명이 무엇인가를 곁에 서있는 자기 가족에게조차 묻지 못했다. 소리치고 발악하고 괴로워했던 이 불쌍한 사람! 그런데 이 사람만큼 글로써 현대인에게 깊은 영향력을 남긴 사람이 없을 정도로 그는 자유라는 이름 하에 수많은 수필을 썼고 글을 남겼다.

그가 20세기에 가장 커다란 발자취를 남겼던 실존주의 철학자 사르트르였다. 1980년 4월 16일 입원한 지 한 달 만에 그는 병원에서 세상을 떠났다. 그가 세상을 떠나고 난 후에 프랑스의 신문들은 떠들기 시작했다:

"사르트르가 왜 이렇게 죽어야 하는가? 죽음으로부터의 자유를 그렇게도 외쳤던 그의 말로가 이렇게 비참했던 이유는 무엇인가?"

그때 어떤 독자가 신문사에 투고하여 이런 기사가 실렸다:

"사르트르의 말로가 그렇게도 비참했던 이유는 사르트르에게 돌아갈 고향이 없었기 때문이다."

그렇다! 그는 철학의 대가였지만 모든 인식의 원천인 하나님을 몰랐기 때문에 돌아갈 고향이 없었던 것이다.

2. 성경적 인식론

1) 기독교 인식론과 세속적 인식론의 차이

인식론의 3대 근거	기독교 인식론	세속적 인식론
인식의 대상	하나님	자연
인식의 외적·객관적 근거	하나님의 계시	인간
인식의 내적 주체	이성과 신앙	이성과 경험

(1) 기독교 인식론

그리스도인들의 전제(인식론)는 인간과 우주의 존재·의미·가치·해석의 궁극적인 원천을 하나님 안에 둔다(사40:25~28, 42:5, 44:24, 45:12). 그리고 하나님께서 자신을 계시하셨다는 것을 믿으며(사45:19;암4:13;히1:1,2), 그 계시를 정확하게 기록한 성경이 진리라고 받아들인다(시12:6,18:30,119:142,160).

다시 말하여 기독교 인식론의 3대 근거는 ① 하나님(인식의 대상) ② 하나님의 계시(인식의 외적 혹은 객관적 근거) ③ 이성과 신앙(인식의 내적 주체)이다.

(2) 세속적 인식론

세속주의자들은 사람과 자연을 실재와 지식의 중심으로 간주하고 그리스도와 성경을 통하여 자신을 지식의 원천으로 제시하신 하나님을 거부한다. 또한 그들은 모든 지식을 이 땅에 제한하고 초월을 수용하지 않는다. 세속주의 인식론의 3대 근거는 ① 자연(인식의 대상) ② 인간(인식의 외적 혹은 객관적 근거) ③ 이성과 경험(인식의 내적 주체)이다.

인간이 이성적으로 생각하고(데카르트), 감성적으로 경험하며(존 로크), 옳은 것과 그른 것을 분별하면서(칸트), 하나님을 직관적으로 경험하는 능력을 가지고(슈라이에르마허), 과학적 방법을 사용하여(실증주의) 세계를 연구할지라도 하나님의 권위 있는 말씀을 무시하는 것은 근본적인 실수이다. 인간의 지성과 경험적 감성, 도덕적 의식과 직관은 하나님을 섬기는 데 사용될 때만 참된 의미와 가치가 있다.

🔍 인간의 인식능력을 넘어 존재하는 것들 – 인간과 다른 세계

저녁이 되자 부엌 마룻바닥 아래에 둥지를 튼 어미 집쥐가 새끼들을 놓아두고 잠시 집을 비운다. 추위를 느낀 새끼들은 어미 쥐를 부르기 시작한다. 그 울음소리는 초음파이기 때문에 인간에게는 들리지 않지만 어미 쥐는 그 소리를 듣고 부리나케 둥지로 달려온다. 다른 방에서는 어떤 사람이 TV 채널을 돌린다. 그때 어항 속에서 평화롭게 헤엄을 치던 금붕어는 리모트 컨트롤에서 TV 수상기를 향해 발사되는 한줄기의 붉은 광선을 보게 된다. 어두움이 짙게 깔린 밖에서 박쥐는 음파를 발사하여 그 반향으로 방향을 파악한다. 나방은 박쥐가 내는 이러한 음파를 감지하고 박쥐를 피하기 위해 땅으로 곤두박질친다. 이렇듯 나방이나 박쥐는 개가 인간의 휘파람 소리에 반응하듯 〈초음파〉를 들을 수 있다. 또한 코끼리는 사람이 들을 수 없는 매우 낮은 주파수의 소리로 서로 교신을 한다. 그리고 많은 곤충은 〈자외선〉을 볼 수 있다. 한편 땅 위의 방울뱀은 온기와 〈적외선〉을 감지할 수 있다. 그들은 콧구멍과 눈 사이에 이 감각기능이 있는 구멍이 있기 때문에 다른 동물이 발산하는 따뜻한 온기를 감지하고 시야에서는 안 보여도 먹이의 위치를 정확히 알아낸다.

이처럼 많은 곤충이나 동물들은 인간이 전혀 인식할 수 없는 자연계의 다른 영역을 알고 있다. 그래서 인간이 이성과 경험을 통하여 인식할 수 있는 범위 안에 모든 진리의 기준을 설정한다면 인간 스스로 어리석음에 빠지게 된다. 그러므로 모든 인간의 제한성을 뛰어넘어 절대 진리를 나타내는 하나님의 계시가 필요하다.

특강 사물에 대한 인간 인식의 유한성

　인간은 누구나 본능적으로 자신의 정체성(identity)이 무너지는 것을 두려워한다. 즉 자신이 이미 배운 대로 받아들이고, 기존의 학문 체계 안에 안주하고자 하는 것이 일반적인 경향이다. 어떤 교리를 평생 연구하며 믿어 왔는데, 어느 날 누군가가 그것이 틀렸을지도 모른다고 말한다면 과연 겸허하게 그 의견을 받아들일 수 있겠는가? 열린 마음으로 진리를 추구하는 사람이 아니고서는 자신의 생각과 가치관을 객관화 하기란 매우 어려운 일이다.

　천동설이 진리로 받아들여지고 있던 중세에 지동설이 등장한 순간을 생각해 보라! 또 1920~30년대까지만 하더라도 자연은 인간의 의지와 전혀 관계없이 자연법칙에 따라 움직인다는 생각이 모든 과학자를 포함한 일반 대중들의 상식이었다. 그러나 오늘날 양자물리학에서 이러한 상식을 뒤집는 연구 결과가 나오자, 과학자들이 받은 충격은 얼마나 컸겠는가? 마음과 물질은 전혀 별개의 것이며 물질세계를 완전한 객관성이 보장된 것으로 생각해 왔던 과학자들은 실험자의 의도에 따라 결과가 달라진다는 사실을 처음에는 받아들일 수 없어 아연실색했다.

　양자역학에 의하여 원자 이하의 상태에서는 모든 물질이 보는 관점에 따라서 때로는 '입자'처럼 때로는 '파동'처럼 행동하는 양면성을 갖는다는 사실을 발견하였다. 그런데 상식적으로 생각하더라도 '입자'와 '파동'은 전적으로 성질이 다르다. '입자'는 한 곳에 응축된 작은 덩어리인 반면에 '파동'은 공간으로 퍼져갈 수 있는 형태 없는 떨림 혹은 에너지라 할 수 있다. 요컨대 물질의 원자 이하의 상태는 '입자'에서 '파동'으로, '파동'에서 '입자'로의 변형을 계속한다. 파동 상태에 있을 때에는 공간적으로 떨어져 있는 수많은 장소에 동시적으로 존재한다(非局所性, nonlocality). 그러나 파동상태가 붕괴되어 입자 상태로 되돌아갈 때에는 파동의 한 부분이 붕괴되면 아무리 멀리 떨어져 있다 하더라도 다른 부분들이 같은 순간에 정확하게 붕괴한다.(Roger Penrose, *Shadows of the mind: A search for the missing science of consciousness*, 1989, 영국의 물리학자)

　이러한 새로운 물리학적 발견은 근대 과학의 아버지 아이작 뉴턴(Isaac Newton, 1642~1727)이 주장한 물질과 마음은 별개의 존재이며, 물질이 자연법칙에 따라 움직인다는 기계론적 물질 우주관을 뒤엎는 혁명적 사건이다.

또 다른 예를 들어보면, 우리는 지금까지 심장이 온몸에 피를 돌게 하는 일종의 펌프라고 배워 왔다. 그러나 미국 의학자 랠프 마리네리(Ralph Marinelli)가 이끄는 연구진이 1995년에 발표한 논문에 보면, 심장이 만들어 내는 압축력만으로는 백혈구나 적혈구가 간신히 통과할 정도로 가느다란 모세 혈관 속을 피가 통과하는 것은 불가능하다는 사실이 발견되었다. 온몸에 퍼져 있는 모세 혈관의 전체 길이는 24,000km 이상이나 되는데, 그 미세한 혈관 속을 물보다 다섯 배나 점성이 강한 피가 통과할 수 있도록 하려면, 디젤 엔진 몇 대의 힘이 필요해서 심장의 능력으로는 불가능하다는 것이다. 그래서 심장은 피의 순환에 있어서 보조적인 역할을 하며 피가 스스로의 힘으로 소용돌이 운동을 하며 가는 핏줄을 통과한다는 것이다. 그리고 모세 혈관에서는 혈관 세포의 생체막에 존재하는 전기장(최대 100kv/cm)에 의해 피가 흐를 때 자기장이 발생하며, 이것이 일종의 쿠션 역할을 하여 핏줄 벽과 피 사이의 마찰을 최대한으로 줄여줌으로 피의 원활한 흐름을 돕는다고 독일 의사 한스 니퍼(Hans Nieper)가 설명하고 있다. 그렇다면 피가 스스로 흐를 수 있는 힘의 원천은 어디에 있으며, 그 힘은 어떻게 피에 전달되는가? 이에 대해 미국 의사 글렌 라인(Glen Rein)은 1995년에 열린 국제 과학 회의에서 심장이 3차원의 물질계보다 높은 고차원의 세계에서 유입되는 에너지의 변환장치라고까지 주장하였다. 그리고 에너지 유입을 제어하는 역할을 DNA가 맡고 있다고 하였다. 이처럼 과학의 발달과정에서 절대적인 진리처럼 여겨졌던 과학적 이론들이 무너지고 있다. 이것은 인간의 인식 능력이 유한하다는 사실을 극명하게 보여주는 예들이다.(방건웅, 『신과학이 세상을 바꾼다』, 21~24쪽)

2) 인간의 신 인식 한계성

(1) 무한(無限)과 유한(有限)

"깊도다 하나님의 지혜와 지식의 풍성함이여, 그의 판단은 헤아리지 못할 것이며 그의 길은 찾지 못할 것이로다 누가 주의 마음을 알았느냐 누가 그의 모사가 되었느냐 누가 주께 먼저 드려서 갚으심을 받겠느냐 이는 만물이 주에게서 나오고 주로 말미암고 주에게로 돌아감이라 그에게 영광이 세세에 있을지어다 아멘"(롬11:33~36)

위의 로마서 본문에서 "판단"의 헬라어는 '크리마'(κρίμα)인데, 문자적으로 〈이해할 수 없는 것(incomprehensibility)〉을 의미한다(Bauer). 또 "헤아리지 못할 것"(아넥세류네토스 ἀνεξε ρεὐνητος)은 〈잴 수 없는〉,〈깊이를 헤아릴 수 없는〉,〈불가해한(unfathomed)〉,〈수수께끼 같은(inscrutable)〉을 뜻한다. 그리고 본문의 "그의 길"은 '그의 섭리'(His decrees, *Weymouth* 譯) 혹은 '그의 동기'(his motives, *JB*譯)를 의미한다. 또한 "찾지 못할 것이로다"(아넥시크니아스토스 ἀνεξιχνίαστος)는 '탐지해 낼 수 없을 것'을 의미한다(Vincent). 본 절이 의미하는 바는 하나님의 섭리가 제한된 인간의 지혜와 지식으로 이해하는 것이 불가능하다는 뜻이다.

어느 인간도 하나님을 완전하게 이해할 수 없다. 왜냐하면 하나님을 총체적으로 이해하는 것을 가로막는 거대한 장벽이 우리 앞에 놓여 있기 때문이다. 하나님은 무한한 창조자이시지만 우리는 유한한 존재이다(요3:12,31,32). 그런데 유한한 존재가 무한한 존재를 온전히 이해하는 것은 불가능하다. 그래서 중세 신학자들은 "무한한 것을 유한한 것 속에 담을 수 없다"고 했다. 이것을 '하나님의 불가해성'(不可解性)이라 한다(사55:8,9;딤전6:16;사40:12~18). 그렇다고 하나님을 전혀 알 수 없다(unknowable)거나, 하나님에 관한 참된 지식을 소유하지 못한다는 의미가 아니라, 우리의 지식이 제한되어 있기 때문에 완전한 신 인식(神認識)에 못 미친다는 것이다(삿13:18).

해변을 거닐면서 삼위일체 교리를 연구하던 어느 신학자에 대한 이야기가 있다. 그는 어떤 소년이 모래 속에 구멍을 파서 바닷물로 구멍을 채우는 것을 유심히 보다가, 자신이 소년과 똑같은 일을 하고 있다는 사실을 깨달았다. 곧 그의 시도는 하나님의 존재라는 무한한 대양을 인간 지성이라는 작은 구멍 속에 집어넣으려는 것이었다.

(2) 하나님의 계시와 비밀

1 계시란 무엇인가?

일반적인 의미로 계시는 '사람의 지혜로 알지 못하는 신비로운 일을 신이 가르쳐 알게 하는 것'이라 정의할 수 있다. 기독교적 의미로는 '절대자 하나님이 자신을 유한한 인간에게 알리시며, 영적 진리를 전달하시는 하나님 자신의 은혜로운 행위'라 말할 수 있다. 한문으로 '계시(啓示)'는 열 '계'와 보일 '시'가 결합한 단어로, 감추어져 있는 것을 나타낸다는 뜻이다. 영어로 계시(revelation)라는 단어는 라틴어 '레벨라티오'(revelatio)에서 유래되었는데, 그 뜻은 '드러냄'(revealing) 또는 '베일을 벗김'(unveiling)이란 의미이다. 그리고 계시에 해당하는 구약 용어는 '갈라'(גלה, 벗겨지다)이며, 신약 용어는 '아포칼륍토'(ἀποκαλύπτω, 덮개를 벗기다) 또는 '파네로오'(φανερόω, 공개하다)이다. 이 모든 것을 종합하면, 계시란 〈하나님께서 은폐하셨던 자신의 베일을 벗기시고 인간에게 자신을 드러내는 행위와 그로 인해 밝혀진 진리〉를 가리킨다.

2 하나님의 자기 계시

유한한 인간이 절대자 하나님을 알 수 있는 유일한 길은 오직 하나님께서 스스로를 보여주신 자기 계시(自己 啓示, self-revelation) 밖에 없다. 만약 하나님이 자신을 계시하지 않으신다면, 유한하고 타락한 인간은 하나님을 알 수 없다.

그래서 예수님은 베드로에게 계시를 다음과 같이 설명하셨다:

"바요나 시몬아 네가 복이 있도다 이를 네게 알게 한(아페칼륍센 ἀπεκάλυψεν, revealed) 이는 혈육(인간)이 아니요 하늘에 계신 내 아버지시니라"(마16:17;눅10:21,22)라고 말씀하셨다.

그렇다면 하나님의 계시를 통하여 인간은 하나님을 온전히 알 수 있는가? 그렇지 않다. 인간이 하나님을 알 수 있는 정도는 하나님께서 계시를 통해 인간에게 알려주신 〈그 범위 내에서만〉 가능하다. 따라서 인간은 하나님과 영적 진리에 대해 완전한 지식을 가질 수 없다. 왜냐하면 인간은 유한한 존재이기 때문이다(욥11:7~9).

그러므로 칼빈은 "나는 성경이 가는 데까지 가고, 성경이 멈추는 곳에서 멈춘다"고 하였다.

3 하나님의 비밀

우리는 하나님이 자신에 대해 계시해 주시는 만큼만 하나님을 알 수 있다(신29:29). 만일 하나님께서 우리에게 자신을 계시해 주시지 않는다면, 어느 누구도 인간을 향한 하나님의 의도와 목적에 대해 무지할 수밖에 없다(욥5:9,9:10). 더욱이 우리가 천국에서 영원히 산다 하여도 하나님과 그분의 의도를 모두 파악할 수는 없을 것이다. 왜냐하면 인간은 유한한 피조물이요, 하나님은 무한한 창조주이시기 때문이다. 하물며 우리의 눈에 보이는 성경에 기록된 말씀도 제대로 깨닫지 못하는데, 성경에 기록되지 않은 시공간을 초월한 하나님의 비밀을 어찌 다 깨달을 수 있겠는가?

프랜시스 쉐퍼(Francis Schaeffer, 1912~1984)는 "성경의 계시는 진리지만, 성경은 하나님이나 세계에 대한 모든 진리를 나타내고 있지 않다"고 했다. 즉 하나님은 천국의 영원한 계획을 모두 성경에 계시하지 않았으며, 오직 우리 구원에 필요한 요소만을 부분적으로 나타내셨다(요20:30,31,21:35).

그러므로 우리는 자신의 무능과 무지에 대하여 하나님 앞에 겸허한 태도를 가지고 다른 사람들의 신학적인 견해 차이에 대하여 관용의 덕을 발휘할 필요가 있다. 2000년 기독교 역사 속에서 어느 위대한 신학자나 성인들도 오류를 전혀 범하지 않은 사람은 없다. 인류 역사 속에서 신학적인 아집과 독선이 얼마나 많은 피를 흘리게 했던가!

📖 성경 해석의 편견에서 나온 기독교의 유대인 증오 사상

주후 4세기경 기독교가 로마제국의 국가종교가 되면서, 기독교는 유대인을 향한 로마제국의 적대적 입장에 정치적으로 편승하였다. 유대인을 향한 이런 악감정은 중세시대뿐 아니라 현대에 이르기까지 계속되어왔다. 대부분의 중세 신학자들과 교황들은 유대인 배척에 앞장 섰다. 특히 십자군 원정(1096~1207) 때에 회교도들뿐 아니라 유대인들도 '그리스도의 적'으로 간주되어 큰 수난을 겪어야만 했다. 그 이후로도 줄곧 대부분의 유럽 여러 나라들에서 집단적으로 추방을 당하거나 대량 학살을 모면하지 못했다.

종교개혁을 주도한 마틴 루터는 「유대인들과 그들의 거짓말에 대하여」(1543년)라는 문헌에서 그 이전의 어느 인물들보다 훨씬 잔인하게 유대인들을 취급하였다. 그는 유대인 회당 방화, 주택 파괴, 구약성경 몰수, 교사직 금지, 예배 금지, 재산 몰수, 심지어 사형을 주장하였다. 칼빈 역시 유대인들을 향한 적대적 태도를 수정하지 못했다. 유대인들에 대한 이런 편견과 증오심은 로마가톨릭과 개신교의 묵인 속에 결국 독일 제 3제국의 히틀러를 통해 유대인 600만 명의 대학살로 이어졌다.

그러면 성경의 입장은 어떠한가? 성경의 하나님은 유대인들을 미워하여 버리셨는가? 성경은 분명히 그렇지 않다고 선언하고 있다(사49:14~16 ⇒ 롬11:1~32). 유대인들은 하나님을 향하여 종종 신실하지 못했기 때문에 하나님의 징계를 받았으나(왕하17:7~41;사24:5;렘22:9), 그럼에도 하나님은 이스라엘과 맺은 언약을 결코 파기하지 않으셨다(레26:40~45;민23:19~21;삼상15:29;렘33:19~22). 그러므로 이스라엘과 맺은 하나님의 언약은 지금도 이스라엘 국가에 여전히 유효하다(창17:7,8,13,19 ⇒ 출2:24,13:13,14;신4:31;왕하13:22,23;렘32:36~44;겔16:60).

3) 하나님의 이중적 계시

이중계시	일반계시	특별계시
근 거	하나님의 창조 사역	하나님의 구속 사역
대 상	모든 인류	구원받을 사람들
성 격	개방적·보편적(누구에게나)	배타적·제한적(성도에게만)
목 적	우주 만물에 대한 하나님의 의지 선포	인간을 향한 구원의 길 제시
방 법	자연·역사·양심(자연적 방법)	신현현(神顯現)·성경·기적(초자연적 방법)
의 의	하나님의 존재와 능력에 대한 일반적인 진리를 알려 준다	일반계시로 알 수 없는 구원에 대한 특별한 진리를 알려 준다

(1) 일반계시

일반계시는 하나님의 창조 사역에 기초하고 있는 계시로서 우주만물에 대한 〈하나님의 보편적 구원의 의지〉를 나타낸다. 하나님은 모든 인류에게 자연 만물이나 역사적 사건들, 인간 마음의 양심 등과 같은 자연적인 방법을 통하여 자신을 드러내신다. 이런 점에서 '자연현상'과 '인류 역사'와 '인간의 마음 구조'는 하나님에 관한 지식을 담고 있는 방대한 계시의 책이라 할 수 있다.

1 자연에 나타난 하나님의 계시

자연을 통해 하나님은 하나님의 존재와 그 선하심과 위대하심과 오묘한 지혜를 나타내셨음을 구약의 선지자와 시인, 신약의 성도들이 강조하고 있다(시8:1,3,19:1,2;행14:15~17; 롬1:19,20). 이것은 마치 한 폭의 그림을 보고 그 그림을 그린 화가의 솜씨와 능력과 화법을 깨닫는 것과 같다. 그렇다! 우리가 영적인 눈으로 자연을 둘러볼 때 실로 우주의 광대함, 질서 정연한 천체의 운동, 들에 핀 꽃 한 송이, 생물들의 본능과 신체 구조, 나뭇잎의 광합성 작용, 개미 한 마리의 움직임, 황혼의 노을 등 자연 어디를 보더라도 창조주 하나님의 지혜와 능력의 손길이 나타나지 않은 곳이 없다. 그렇다면 왜 많은 사람들이 하나님께서 지으신 자연만물을 보고 창조주 하나님을 깨닫지 못하는가? 그것은 죄 때문이다. 죄로 어두워진 인간 이성의 눈으로는 하나님을 올바로 인식할 수 없다. 그러므로 성령님의 도우심이 필요한 것이다.

- "자연은 하나님의 형상을 나타내는 데 완벽하다. 단지 안타까운 사실은 인간이 자연의 계시를 이해하는 데 결함이 있다는 것뿐이다."
  - 파스칼(B. Pascal, 1623~1662, 프랑스 사상가)
- "자연은 하나님을 비춰주는 거울이다."
  - 에드워드 영(Edward Young, 1683~1765, 영국 시인)
- "삼라만상(森羅萬象)은 변장한 하나님의 선교사이다."
  - 에머슨(R. W. Emerson, 1803~1982, 미국 시인)
- "하나님은 복음을 성경에만 쓰신 것이 아니다. 나무 위에, 꽃들 위에, 구름 위에, 별들 위에도 쓰셨다."   - 마틴 루터(Martin Luther, 1483~1546, 독일 종교개혁자)
- "우주는 우리가 상상하는 것보다 기묘할 뿐만 아니라, 우리가 상상할 수 있는 것 이상으로 기묘하다."   - 할데인(J. B. S. Haldane, 1892~1964, 영국 유전학자)

🔍 자연의 정교한 질서 속에 드리워진 하나님의 손길

지구는 시속 66,600마일의 속도(총알의 속도보다 8배나 빠름)로 운행하는데, 만약 그 속도가 1/10로 준다면 주야가 10배나 증가하여 낮에는 식물이 더위 때문에 말라 죽고 밤에는 추위 때문에 얼어 죽게 될 것이다. 또한 지구는 23.5°의 경사가 있어 사계절이 생기는데, 이것이 없으면 해양의 증기는 남북으로 이동하여 대륙을 동결시킬 것이다. 그리고 만약 달이 지구에서 5마일 떨어져 있다면 매일 바다의 조수에 의해 대륙의 높은 산까지 잠기게 될 것이다. 또 대기층이 현재보다 얇다면 다 타지 않고 공기 중에 떨어지는 별똥별 때문에 지상에서는 매일 대재앙이 벌어질 것이다.

지구는 매년 태양 둘레를 돌며 365.24219878번 '자전'(自轉)한다. 그런데 놀라운 사실은 지구가 창조된 이래 조금의 오차도 없이 돌고 있다는 것이다. 만일 매년 1초라도 지구의 자전이 빨라지거나 느려진다면 오래 전에 대재앙으로 지구는 멸망했을 것이다.

"누가 그 크기를 정하였으며 누가 그 위에 측량줄을 대어 보았는지 너는 알고 있느냐?"
(욥38:5, 현대인의 성경)

② 역사에 나타난 하나님의 계시

역사적 사건에서 하나님의 권능과 섭리의 계시를 발견할 수 있다. 그 이유는 역사가 우연히 진행되는 것이 아니라 역사의 주관자이신 하나님이 그의 뜻대로 역사를 이끌어 가시기 때문이다. 즉 역사 가운데 하나님의 뜻이 반영되어 있는 것이다. 오늘날 우리가 역사를 배우고 역사 속에서 교훈을 찾는 것은 바로 역사 가운데 개입하셔서 역사를 이끌어 가는 하나님의 손길을 발견할 수 있기 때문이다(단4:17,25,32,5:21;시22:28,66:7 / 대하36:16~21;스5:12;단5:18,19 ⇒ 대하36:22,23;사45:1~7;렘10:23). 그러므로 성경은 역사의 주체가 하나님 자신이시며(롬11:36), 그가 지혜와 성실로써 역사를 주관하신다고 증거한다(사44:28). 그리고 신자 개인의 생활 뿐 아니라(마10:29~31), 모든 인류의 역사적 사건들까지도 유일하신 하나님만이 주관하고 계심을 확실히 증거하고 있는 것이다(행17:24~27). 더 나아가 인류 역사가 끝나는 최후의 심판과 구원의 날까지 역사 속에 임하시는 하나님의 섭리의 손길은 한시도 멈추지 않고 계속될 것이다.

역사를 통해 발견한 결론

유명한 역사가 찰스 비어드(Charles A. Beard, 1874~1948, 미국 역사학자)에게 "당신이 역사를 연구하여 얻은 결론이 무엇입니까?"라고 물었을 때 그는 다음 네 가지를 언급하였다:

첫째, 하나님께서 어떤 것을 멸하려 하시면 그것이 개인이건 국가이건 막론하고 권세욕에 날뛰게 하신다. 그러므로 권세욕에 날뛰는 개인이나 국가나 민족을 보면 벌써 망할 때가 가까운 줄을 알 수 있다.

둘째, 하나님의 맷돌은 천천히 돌아간다. 종종 그것은 너무 천천히 돌아가 하나님의 맷돌이 있나 없나 의심하게까지 되지만 하나님의 맷돌은 보드랍게 갈아져 결국 의는 의대로 불의는 불의대로 빠짐없이 골라내고야 마는 것을 알았다.

셋째, 벌이 꽃에 가서 꿀을 도적질해 오지만 그렇게 도적질함으로 꽃에 열매를 맺게 하지 않던가! 이와 마찬가지로 인류의 역사를 살펴보면 벌과 같은 강도가 항상 악을 행하지만 이상한 것은 그로 말미암아 기적이 나타났다는 사실을 알게 되었다.

넷째, 날이 점점 어두워질 때 별을 볼 수 있음을 기억하는가? 이처럼 암흑과 혼란이 깊어 가면 머지않아서 소망의 별이 나타날 때가 된 것임을 역사는 증명하고 있다.

③ 양심에 나타난 하나님의 계시

인간의 마음 구조 속에는 신적 이미지가 새겨져 있는데, '양심'과 '이성' 그리고 '강렬한 종교적 욕구' 등을 들 수 있다. 이런 특성은 인간이 하나님의 형상으로 창조되었다는 것을 입증해 준다(창1:26,27). 특히 양심은 행위의 옳고 그름을 분별해 주어서 본능적으로 선(善)에 대한 의무감과 악(惡)에 대한 거부감을 느끼게 만든다(삼하24:10~15). 물론 인간이 양심을 스스로 취한 것은 아니며, 사실 인간은 할 수만 있다면 양심의 제한에서 스스로 빠져나가려고 애를 쓰는 경우가 많다. 오히려 양심은 하나님이 심어 놓으신 것이며, 영혼 안에 비추인 하나님에 관한 반영(reflection)이다(잠20:27). 거울과 잔잔한 호수의 수면이 태양을 반영하여 태양이 실재함을 알리고 어느 정도 태양의 성질을 가르쳐 주는 것처럼 인간 속에 있는 양심도 하나님의 실재와 어느 정도까지 하나님의 성품도 계시해 준다. 그러므로 독일의 철학자 칸트는 인간 양심을 고찰해 볼 때 하나님의 존재를 인정치 않을 수 없다고 했다: "오랜 생각에 잠길수록, 나로 하여금 감탄과 숭앙에 가득 차게 만드는 두 가지 사실이 있다. 하나는 내 머리 위에서 반짝이고 있는 하늘의 별이요, 또 다른 하나는 내 마음속에 자리 잡은 '도덕률(道德律)'이다."

🔍 양심의 소리는 인간 마음속에 심겨진 하나님의 음성

인도의 성자라고 불리는 썬다 싱은 어렸을 때 매우 총명하고 구도심(求道心)이 강한 소년이었을 뿐 아니라 동정심이 많은 소년이었다. 어느 날 썬다가 거리를 거닐고 있을 때 시장 바닥에서 죽어가고 있는 여자 걸인을 만났다. 썬다는 그 여인이 너무나 불쌍하여 동정심이 솟구쳐 올랐다. 집으로 달려온 썬다는 귀족이며 대부호인 아버지에게 그 여자 걸인을 돕기 위해 음식과 의복을 청하였다. 그러나 관료 근성이 몸에 밴 아버지는 말라리아 병에 걸린 거지를 대문 안에 들일 수 없다고 거절했다. 그러자 썬다의 마음속에서 투쟁이 시작되었다. 거지에 대한 동정심에서 우러나온 사랑과 정직이라는 양심의 싸움이었다. 결국 동정하고 싶은 마음이 우세하여 아버지의 지갑에서 돈을 훔쳤다. 그러나 훔친 돈을 걸인에게 주려고 시장으로 가던 중 양심의 소리에 찔려 그 돈을 도로 아버지의 지갑에 넣고 말았다. 그렇게 하고서도 양심의 가책에 견딜 수 없었던 썬다는 그날 밤 아버지에게 잘못을 자백했다. 아버지는 썬다의 정직과 잘못을 고백할 줄 아는 용기를 칭찬하고 용서해주는 동시에 걸인을 돕도록 썬다에게 더 많은 돈을 주어 아들 썬다의 동정심이 멍들지 않게 하였다.

이처럼 인간 마음속에는 선을 베풀고 악을 멀리하려는 하나님이 심어 놓으신 양심이 있다. 이 양심은 하나님의 존재를 우리에게 드러내는 강력한 증거이다.

(2) 특별계시

특별계시는 하나님의 구속 사역에 기초하는 계시로서 죄인들에 대한 〈하나님의 특별한 구원의 의지〉를 나타낸다. 따라서 특별계시는 일반계시로는 인식할 수 없는 구원에 관한 진리들 예컨대 삼위일체 하나님, 그리스도의 성육신, 성도의 부활, 믿음에 의한 구원 등을 다룬다(고전2:9~14). 그리고 특별계시의 진수는 글로 기록된 '성경'이며 성경의 절정은 '예수 그리스도'이시다. 일반계시 외에 특별계시가 주어진 것은 죄로 인해 일반계시가 흐려지고 오염되었기 때문이다(롬1:21). 그 결과 일반계시만 가지고는 하나님을 알 수 없게 되었다. 그렇다고 일반계시가 쓸모없게 되었다는 뜻이 아니다. **특별계시는 일반계시를 보다 명료하게 하며 보다 구체화시켜 준다. 그리고 특별계시는 일반계시를 그 배경으로 할 때 더욱 효과적으로 이해될 수 있다.**

모든 사람들로 하여금 핑계할 수 없게 만드는 보편적인 계시(일반계시)가 있기는 하지만, 인간의 죄악된 습성은 이러한 일반적인 하나님에 대한 지식을 '우상숭배'로 바꾸어 놓아서 종종 사악한 인간의 목적을 달성하는 데에 사용된다(롬1:25). 일반계시를 통한 인간의 모호하고 피상적인 종교성은 단지 절망으로 인간을 몰아갈 뿐 아니라 계속적으로 우상을 만들어 숭배할 위험에 처하게 만든다. 이처럼 일반계시를 통해 〈모호하고 피상적인 종교적 헌신〉은 인간이 만들어 놓은 이데올로기적 조작의 희생물이 되기 쉽다. '모호한 종교성'은 자기의 이익을 추구하는 개인·집단·국가 등에 의하여 쉽사리 이용당하게 된다. 또 '모호한 종교성'은 허세와 자기 의로움을 강조하는 데 많은 빌미를 제공하기도 한다.

특별계시는 3가지 방법으로 인간에게 주어진다. 즉 '하나님의 현현'과 '하나님의 말씀'과 '하나님의 기적'을 통해서이다.

1 하나님의 현현

구약시대에 하나님은 종종 자신을 나타내셨다. 예를 들어, 성막 지성소와 그룹 사이에(시80:1,99:1), 불과 연기를 통하여(창15:17;출3:2;시78:14) 그의 영광을 나타내셨다. 그리고 좀더 구체적으로 하나님은 '여호와의 사자'로 나타나셨다. 여기서 '사자'는 천사를 가리키는 말이 아니라 제 2위 하나님이신 성자 예수 그리스도를 지칭하는 말이다(삿13:15~25). 뿐만 아니라 신약 시대에 들어와 하나님이 인간의 몸을 입으시고 이 땅에 나타나셨다. 그리스도의 성육신(成肉身, Incarnation)은 이러한 신현(神顯)의 절정이다(골1:19,2:9). 더욱이 오늘날 하나님이 성령님을 통하여 우리 영혼에 거하심은 신현의 최 절정이라 할 수 있다(고전3:16).

2 하나님의 말씀

성경이 곧 특별계시는 아니다. 왜냐하면 특별계시는 시간적으로 성경보다 앞서기 때문이다(렘36:2). 그리고 성경은 특별계시의 핵심인 구원의 길을 빠짐없이 기록하고는 있으나 특별계시 모두가 기록된 것은 아니다(요21:25). 하지만 특별계시와 성경은 내용적인 측면이나 그 효과적인 측면에 있어서 아무런 차이점이 없다. 즉 특별계시가 과거에 그것을 직접 전달받고 듣는 사람의 인생을 변화시키고 구원에 이르게 하였듯이, 성경 역시 읽는 사람들의 인생을 변화시켜 구원에 이르도록 한다(렘23:29;히4:12). 따라서 구원을 얻으려는 자는 반드시 구원의 계시가 기록된 성경 말씀이 제시하는 믿음의 길을 걸어야 한다(롬1:2,3,16,17). 하나님의 특별계시를 기록한 성경을 인간에게 주신 이유는 하나님께서 구원의 특별계시를 각 시대마다 모든 사람에게 매번 반복하여 주시는 것보다 객관성을 지닌 문자로 기록하여 전하는 것이 효율적이기 때문이다. 이처럼 하나님께서 특별계시를 '문서화' 한 것은 인류를 향한 은총이다.

3 하나님의 기적

모든 일이 하나님으로 말미암지만 제 2의 원인을 경유하지 않고 하나님의 직접적인 간섭으로 일어나는 사건을 '기적'(miracle)이라고 한다. 성경에서 기적과 관련하여 3가지 용어가 사용되었다.

① 히브리어의 '게부라'(הרובנ, strength, 신3:24)와 헬라어의 '뒤나미스'(δυναμις, 롬1:16)는 '권능(權能)'을 뜻하며, 기적은 하나님의 권능이 현실로 나타난 것을 보여준다.
② 히브리어의 '펠레'(אלפ, wonder, 사25:1)와 헬라어의 '테라스'(τέρας, 히2:4)는 '기사(奇事)'를 뜻하며, 기적은 사람들에게 놀라움을 일으키는 비상한 일임을 보여준다.
③ 히브리어의 '오트'(תוא, sign, 출12:13)와 헬라어의 '세메이온'(σημείον, 행8:6)은 '표적(表蹟)'을 뜻하며, 기적은 하나님의 특별한 하나님 임재의 표시임을 보여준다.

따라서 기적은 사람들에게 경이로움을 일으키는 하나님의 초자연적인 권능으로서 하나님의 특별하신 임재를 나타내는 표징(表徵)이라고 할 수 있다.

오늘날에도 기적은 일어나지만 특별계시라 칭하지 않는 이유는 구원 진리에 대한 특별계시는 이미 성경에 온전히 기록되어 있기 때문이다(계22:18,19). 그리고 또한 모든 기적이 하나님의 능력으로 일어나는 것은 아니다. 때때로 기적이 사단을 통해서도 일어난다(마24:24;살후2:9~12;계16:14). 따라서 성도들은 신중하게 영적으로 분별할 수 있는 능력을 지녀야 한다(마24:11;막13:5,6).

✎ 특별계시의 내용상 특징

❶ **점진성(漸進性)** : 특별계시는 어느 한 순간에 모두 주어지는 것이 아니라 인류역사의 진행과 더불어 점진적으로 주어졌다. '대상의 점진성'[개인(아담) ⇨ 가족(족장) ⇨ 단일 민족(이스라엘) ⇨ 전 인류]; '복음의 점진성'[원시복음(창3:15) ⇨ 아브라함 언약(창12:1~3) ⇨ 다윗 언약(삼하7:8~16) ⇨ 여러 선지자들(히1:1) ⇨ 그리스도(갈4:4~6)].

❷ **사실성(事實性)** : 특별계시는 단순히 말씀과 교리의 전달만으로 끝나지 않고 실제로 성취되기 때문에 사실성을 지닌다(사55:11). 예를 들어 구약의 메시아 예언은 그리스도의 초림으로 성취되었다(눅24:25~27,44~48). 따라서 특별계시는 살아 실재하시는 하나님 인격의 반영이다.

❸ **목적성(目的性)** : 특별계시는 죄인의 구원을 최대 목적으로 하기 때문에 목적성을 지닌다. 특별계시의 절정을 '그리스도의 성육신'으로 보는 이유도 구원이 그리스도를 통해서만 가능하기 때문이다(행4:12). 특별계시의 역사적 절정인 그리스도는 십자가에서의 구원 사역을 통하여 죄인들에게 새 생명의 길을 열어 주셨다(행3:18~26).

4) 하나님의 계시와 신 인식

하나님의 자기 계시는 신 인식의 근거이다. 그런데 인간은 성령님의 조명을 받은 이성과 믿음을 통하여 참된 신 인식에 도달할 수 있다. 이때 이성과 믿음은 함께 작용하여 신 인식에 도달할 수 있다. 중세 유럽 최고의 지성인 어거스틴은 "이해하기 위해서 믿으라!"고 함으로 '가슴으로 믿고 머리로 이해하는 신앙'을 주창하였고, 한편 아퀴나스(Thomas Aquinas, 1225~1274)는 "믿기 위해서 이해하라!"고 함으로, '머리로 이해하고 가슴으로 믿는 신앙'을 주창하였다. 필자는 참된 하나님 인식에 도달하기 위해서 '이성'과 '믿음'이 협동해야 한다고 생각한다.

(1) 이성의 역할

하나의 지식이 성립하려면 3가지 요소가 작용한다:
① 무엇을 알아보려고 하는 사람(主體)
② 알아보려는 행동의 대상(客體)
③ 이 두 가지를 종합해서 하나의 가치 내용으로 판단하고 정리해 주는 방법(理性) 등이다.

이 3가지가 상호 작용하여 인식이 가능하게 된다(知識). 그런데 문제는 이 이성이 바르게 역할을 해 주지 못할 때에는 아무리 주체가 있고 객체가 있어도 정확한 지식(참된 지식)을 가질 수 없다. 더욱이 인간의 유한성(인간의 '피조성'과 '죄성') 때문에 인간의 이성적 작용만 가지고 참된 지식에 온전히 도달할 수 없다(사29:14;고전1:19,20).

(2) 신앙의 역할

그렇다면 우리의 이성은 신 인식에 전혀 도움이 안 되는가? 이 경우에 신을 인식할 수 있는 도구로서의 이성은 순수한 이성이 아니라 신앙의 빛에 의하여 조명된 이성이다(시36:9). 다시 말하여 참된 신 인식에 도달하기 위하여, 이성이 신앙과 함께 해야 함을 나타낸다. 그래서 어거스틴은 이사야서 7:9을 인용하였다: "만일 너희가 굳게 믿지 아니하면 너희는 '굳게 서지'(이해하지, 70인역) 못하리라" 여기에 기독교 인식론의 근본적인 방법론이 있다. 즉 신앙과 이성이 함께 할 때 우리는 온전한 신 인식에 도달할 수 있다는 것이다(골1:9,2:2;딤후2:7).

(3) 신 인식

이성과 믿음은 함께 작용할 때 결국 참된 신인식인 '기노스코'(γινώσκω, 알다, to know)에 도달하게 된다. 신구약 성서시대의 성도들과 2천년 기독교회를 빛냈던 신앙의 위인들은 '하나님을 아는 것'(잠9:10;호4:1,6,6:3;요17:3)을 통하여 완전성화에 이른 사람들이다. 성화는 예수님을 닮아가는 것을 의미하는데(롬8:29;갈4:19), 예수님을 닮아가는 것은 하나님을 알지 못하고는 불가능하기 때문이다(벧후1:2,3). '알다'(know)라는 단어를 히브리어로 '야다'(יָדַע)라고 하는데, 이는 이지적(理智的) 차원이 아닌 살아있는 인격적 만남(personal relationships)을 통해 아는 것을 의미한다. 또한 히브리적 사유에서 파생된 헬라어의 '기노스코'(알다) 역시 "추측이나 억측이 아닌 실상 그대로 대상을 파악하는 것"(to see things as they truly are; it is removed from opinion or speculation)을 뜻한다. 이렇게 '하나님을 아는 것'은 반드시 하나님께 대한 적극적 응답과 절대적인 순종을 포함한다. 이러한 응답과 순종은 철저한 자기 부인과 이웃사랑으로 표출되는데, 이 표출된 인격과 행실이 바로 빛인 것이다(엡5:9;요일2:10). 이 빛을 통하여 하나님은 영광을 받으신다(마5:13~16).

5) 하나님을 아는 백성들

바울 사도는 빌립보서 3:7~9에서 변화된 그의 세계관과 인생관을 보여주는 놀라운 고백을 하고 있다. 그는 마치 풍랑을 만난 배에서 생명을 구하려고 전부 버리는 것처럼 그리스도 외에 세상의 모든 것들을 버렸다고 하였다. 심지어 모든 것을 '배설물'(스퀴발라 σκύβαλα, 음식 찌꺼기, 쓰레기, 똥거름)로 여길 정도였다. 이 얼마나 놀라운 일인가! 무엇이 그로 하여금 이렇게 만들었는가? 그것은 '예수님을 아는 지식' 때문이다. 여기서 '지식'(그노시스 γνῶσις)은 단순한 이지적 지식이 아니라 그리스도와의 인격적 만남을 통한 영적 교제와 연합을 의미한다(딤후1:12). 이는 바울이 영생하시는 하나님과 대면하여 하나님을 알고 있다는 자의식을 가질 뿐 아니라 하나님이 그를 알고 있다는 것도 포함된다(마7:23;눅13:27⇔요10:14,15,27;고전8:3;갈4:9;딤후2:19). 더욱 놀라운 사실은 악령들도 바울이 하나님의 자녀인 것을 알고 있었다(행16:16~18,19:13~16). 이것은 바울에게 뿐 아니라 모든 하나님의 자녀들에게 그대로 적용된다. 더 나아가 세상도 우리가 하나님의 자녀인 것을 알게 된다(마5:13~16;요17:23;빌2:15). 결국 하나님에 대한 나의 참된 인식은 자신·하나님·마귀·세상 등에 확실히 드러난다.

(1) '…을 아는 것'과 '…에 관하여 아는 것'

〈하나님을 아는 것(Knowing)〉과 〈하나님에 관하여 아는 것(Knowing about)〉은 전혀 다르다. 전자는 하나님과의 인격적 만남을 통한 참된 지식을 의미하는 반면(엡1:17, 4:13;골1:10;벧후1:2, 3, 8;요일2:13, 14, 4:6), 후자는 하나님과의 인격적 만남 없이 지식적으로 이해하고 있는 것을 말한다(눅11:52;롬1:21, 2:19;고전1:21, 2:6;딤후3:7;요일2:4).

① 사람은 하나님에 대한 참된 지식 없이 하나님에 관하여 많이 알 수 있다(마2:4~6).
 (One can know a great deal about God without much knowledge of him)
② 사람은 하나님에 대한 참된 지식 없이 경건에 관하여 많이 알 수 있다(딤후3:5).
 (One can know a great deal about godliness without much knowledge of God)

(2) 하나님을 참으로 아는지에 대한 증거

하나님을 참으로 알고 있는지에 대한 확증(Evidence of knowing God)은 여러 가지 증거를 통해 나타나는데, 그 답을 다니엘서에서 찾을 수 있다.

① 하나님을 참으로 아는 성도는 하나님을 위해 큰 열심을 낸다(고전15:10;골1:29).
 (Those who know God have great energy for God)
 ➡ "오직 자기의 하나님을 아는 백성은 강하여 용맹을 떨치리라"(단11:32)
  ("the people who know their God shall firm and take action," *RSV*譯)
② 하나님을 참으로 아는 성도는 하나님의 사상으로 가득 차 있다(골1:9).
 (Those who know God have great thought of God)
 ➡ "영원 무궁히 하나님의 이름을 찬송할 것은 지혜와 권능이 그에게 있음이로다"(단2:20)
③ 하나님을 참으로 아는 성도는 하나님을 위해 담대하다(빌1:20).
 (Those who know God show great boldness for God)
 ➡ "다니엘이 이 조서에 어인이 찍힌 것을 알고도 자기 집에 돌아가서는 윗방에 올라가 예루살렘으로 향한 창문을 열고 전에 하던 대로 하루 세 번씩 무릎을 꿇고 기도하며 그의 하나님께 감사하였더라"(단6:10)
④ 하나님을 참으로 아는 성도는 하나님 안에서 참된 만족을 누린다(빌4:10~13).
 (Those who know God have great contentment in God)
 ➡ "그렇게 하지 아니하실지라도 왕이여 우리가 왕의 신들을 섬기지도 아니하고 왕이 세우신 금 신상에게 절하지도 아니할 줄을 아옵소서"(단3:18)

(J. I. Packer, *Knowing God*, pp. 27~32)

무신론적 세계관에 의한 가치관의 혼란과 윤리 의식의 붕괴

세계관이란 이 세계를 바라보는 눈, 즉 세상을 보는 관점을 지칭하는 말이다. 그런데 이 세상에 대해 어떤 안경(세계관)을 끼고 보느냐(인식하느냐)에 따라 세상에 대한 평가가 달라진다. 다시 말해 '인식의 틀' 혹은 '지각의 틀'이 곧 세계관인 것이다. 필자는 본 단원에서 '무신론적 세계관'(닫힌 체계)에 근거한 '세속적 인식론'은 우리를 진리에 도달하게 할 수 없고, '유신론적 세계관'(열린 체계)에 근거한 '성경적 인식론'만이 참된 진리로 우리를 이끌 수 있음을 언급하였다. 무신론적 세계관은 '가치관의 혼란'과 '윤리 의식의 붕괴'로 이어진다.

❶ **가치관의 혼란** – 하나님을 배제하면, 우리가 '인간'과 '자연'의 정체성을 올바로 인식하는 것 자체가 불가능해진다. 그러므로 무신론을 전제로 윤리와 도덕을 설명하려는 사람들은 '인간이 왜 도덕적이어야 하느냐'라는 근본적 질문에 전혀 답변을 할 수 없다. 하나님이 없다면, 비인격적인 것+시간+우연은 인격적인 인간의 기원이 될 수 없으며, 비인격적인 것+시간+우연이 만들어낸 도덕적 가치관은 단지 사회적이며 생물학적 진화의 부산물이요 신기루에 지나지 않는다. 그래서 하나님이 없다면, 도덕은 개인적 취향의 문제로 전락하고 만다. 하나님이 없다면, 조그만 먼지 덩어리에서 진화된 자연의 우연한 부산물인 인간에 의해 발전된 '도덕'이 절대적이라고 생각할 아무런 이유가 없지 않은가? 절대적 도덕관념은 절대자인 하나님으로부터만 나올 수 있다. 그런데 아이러니 하게도 하나님을 부인하며 인간의 진화를 주장하는 사람들조차 살인, 강간, 학대 등이 나쁘다는 객관적 도덕법을 함묵적(緘黙的)으로 인정한다. 이것은 진화론적 관점으로 풀리지 않는 인간의 자기모순인 것이다. 곧 이것은 인간이 도덕의 기반이 되는 하나님을 거부한다 할지라도 어느 누구도 그 거부의 기반 위에서 사는 것이 불가능함을 보여준다.

❷ **윤리 의식의 붕괴** – 오늘날 현대인은 총체적 위기에 직면해 있다. 여기서 '위기'라 함은 모든 분야에서 인간 윤리 의식의 혼란 및 부재를 의미한다. 그 발단은 '자연'과 '인간'을 진리의 근거로 삼는 인본주의가 '도덕적 상대주의'를 표방했기 때문이다. 이들에게 절대적 윤리의 준거(準據)가 되는 초월적 하나님이 없기 때문에 절대적 가치가 있을 수 없다. 그러므로 무신론적 세계관에 근거를 둔 가치관과 인생관은 인간의 타락한 본성적 욕구를 충족시키기 위해 결국 윤리 의식을 말살하는 방향으로 나아가는 것이 지극히 당연하다. 인간이 하나님에 대한 신앙을 저버리면, 모든 것이 의미를 상실하게 되며 만사가 자유방임으로 흐르게 된다. 이것은 바로 19세기 도스토예프스키(Fyodor Dostoevsky, 1821~1881)를 괴롭혔던 문제이다: "만일 내가 이 세상에서 필연코 죽어 소멸한다면, 나는 무엇 때문에 예절 바르게 살아야 하며 착한 일을 행해야 하는가? 만일 영혼이 불멸하지 않는다면, 나에게 정해진 기간만 어물거리면서 살면 되지, 남이야 죽든 말든 내게 무슨 상관인가? 어차피 나도 죽을 것이고 다른 모든 사람들도 죽어 완전히 사라져 버릴 것이니까 말이다." 실존주의 소설가 도스토예프스키는 신의 부재를 통한 인간성 상실을 극복하기 위해 성경에 계시된 하나님과 그리스도께 귀의하였다.

제3부 성서론

성경이 절대적 진리라는 합리적 증거가 있다

제1장 성서적 논증
 1. 성경의 권위
 2. 성경의 영감
 3. 성경의 속성
 4. 성경의 해석

제2장 신학적 논증
 1. 영감설의 종류
 2. 성경의 무오
 3. 경전의 종류
 4. 성경의 번역
 5. 역본의 오류

제1장 성서적 논증

들어가는 말

이 시대에 필요한 절대적 진리

다윈의 친구인 생물학자 헉슬리(T.H. Huxley, 1825~1895)는 1890년에 이미 "앞으로 사람들은 저마다 옳다고 생각하는 것을 자유롭게 믿을 것이다"라고 예견했다. 그의 말대로 오늘날 사람들은 자신의 믿음이나 주장이 비논리적이고 맹신에 지나지 않는다 할지라도 전혀 개의치 않는다. 중요한 것은 '이것이 내게 무슨 의미를 지니는가' 하는 가치관의 문제일 뿐이다. 무엇이든 진리로 여겨지면 그 사람에게 진리로 고착되는 것이 현실이다. 그러므로 저마다 자유롭게 자신의 생각과 신념을 토로하면서 진리와 거짓을 가려내려 하지 않는다. 더욱이 현대인은 성경이 '하나님의 말씀'임을 믿지 않는다. 대부분의 사람들은 하나님이 천지를 창조하셨다고 하는 성경의 가르침을 신화로 간주하면서 엉뚱한 곳에서 존재의 기원에 대한 해답을 찾느라 분주하다. 우리가 그들에게 "오직 성경에서 그 답을 찾을 수 있다"고 말하면, 그들은 우리를 불쌍하다는 듯이 쳐다보면서 시대에 뒤떨어진 무식하고 고지식한 사람으로 몰아붙이기 일쑤다.

이러한 가치관과 더불어 현대인들에게 더욱 심각한 문제는 하나님이 침묵하고 계신다는 절망적인 개념이다. 그리고 인간은 광대한 우주에 떠 다니는 티끌에 불과한 지구에 살면서 우주 속을 정처 없이 표류하고 있는 존재에 불과하다고 생각한다. 그러다가 결국 인간은 죽어서 무덤에 묻히게 되니까 '세상에 있는 모든 것은 무의미하다'라고 절규한 무신론자 버트란트 러셀(Bertrand Russell, 1872~1970)의 말에 동의한다. 초인 사상으로 히틀러에게 지대한 영향을 끼친 독일의 철학자 니체(Friedrich Nietzsche, 1844~1900)가 이렇게 반문했다: "우리는 하나님을 살해했다. 그러나 누가 우리 손에 묻은 피를 씻어 줄 것인가?" 이런 그의 부르짖음은 하나님을 거부했으면서도 그 마음의 공허감을 채울 수 없어 광기를 부리는 인간의 처량한 모습을 잘 묘사해 주고 있다. 바로 이런 인간들을 위해 하나님의 말씀이 존재한다.

그런데 객관적 진리의 개념이 사라지고 주관적 인본주의 사고가 지배하는 시대에 그리스도인들이 성경을 하나님 말씀으로 믿는 기독교 신앙에 대한 확신을 세상 사람들에게 심어주지 못한다면 세상에는 정말 희망이 없다. 우리 그리스도인들은 잘못된 세계관들에 맞서서 싸워 저들을 구원하라고 하나님이 '진리의 말씀'인 성경을 주셨음을 명심해야 한다.

프랜시스 쉐퍼(Francis Schaeffer, 1912~1984)가 말했듯이 오직 철저한 성경적 견해만이 '상대론적 가치관'의 강력한 공격을 막아낼 수 있다. 오늘날 그리스도인들이 싸워야 할 전투는 영적인 것이지 단순히 사회 도처에 만연된 음란물을 퇴치하거나 잘못된 교육제도를 바로 잡는 정도의 도덕적 개선이 아니다. 이 시대의 타락상과 절망감은 현대인들이 다음과 같은 질문에 대해 확실한 답을 성경에서 얻지 못하기 때문에 부수적으로 나타나는 징후에 불과하기 때문이다: '하나님은 죄인인 인간과 화목할 수 있는 길을 계시해 주셨는가? 정말로 옳고 그름을 판단할 수 있는 객관적 기준이 있는가? 객관적 사실에 입각한 것임으로 누구든지 확신할 수 있는 참된 신앙이 있는가? 구체적으로 말해서 하나님이 우리들에게 계시하신 절대적 진리가 있는가?'

사람들이 성경을 기록된 하나님의 말씀으로 믿지 않는 이유는 무엇일까? 그들은 제각기 구미에 맞는 종교를 신봉하면서 종교 사이에는 별다른 차이가 없다고 생각하기 때문이다. 과연 성경이 다른 모든 종교의 사상과 교리의 허구성을 드러내 주는 확실한 근거가 있는가? 만일 성경이 하나님의 계시된 절대 진리의 말씀이라면 그에 상응하는 일관성·확실성·신빙성이 뒤따라야 할 것이다.

필자는 본 글에서 성경은 하나님이 우리에게 인간의 언어로 계시해 주신 말씀임을 입증하고자 한다. 오늘날과 같은 과학적 사고가 발달한 시대에 성경의 진실성을 확신하기 위해서는 합리적인 증거들을 살펴볼 필요가 있다. 이러한 연구는 우선 성도들 자신을 말씀에 근거하여 신앙심을 확립시키고, 더 나아가 불신자들에게 성경을 하나님의 말씀으로 강력하게 소개할 수 있는 용기를 불어넣어 줄 것이다.

1. 성경의 권위

과연 성경은 어떤 책인가? 주지하다시피 기독교 교리는 66권의 '정경'(正經, Canon)으로 구성된 성경 말씀에 담긴 구원의 원리를 추출하여 이를 체계화한 것이다. 그런데 '캐논'(Canon, 카논 κανών)의 문자적 의미는 '곧은 막대기'(a straight rod)나 '재는 갈대'(a measuring reed)이다. 이것은 두 가지 측면에서 적용되는데, 능동적으로 '시금석'이나 '측정의 기준'(a test or standard of measurement)을 뜻하며, 수동적으로 '측정된 것'(that which has been measured)을 뜻한다.

다시 말해 주관적으로 '정경'은 '믿음의 자'(the rule of faith)이고, 객관적으로 '정경'은 '표준검사(the standard tests)에 따라 잰 것'을 의미한다. 그러므로 바울은 "이 규례(카노니 κανόνι)를 (따라)행하라"(갈6:16, walk according to this rule)고 하였다.

그러면 무슨 근거로 이런 절대적 권위를 말하는가? 성경은 스스로 하나님의 말씀임을 증거하고 있다. 성경에는 다른 책과는 달리 '하나님이 이르시되' 혹은 '여호와께서 이르시되'라는 선포가 3,800번 가량 나온다. 구약의 성서 기자는 구약성경을 '하나님의 말씀'(잠30:5;사40:8)이라고 했고, 바울도 구약성경을 '하나님의 말씀'(롬3:2)이라고 했다. 그리고 무엇보다 중요한 것은 예수님도 구약성경을 '하나님의 말씀'이라고 하셨다(요10:35). 또한 성령님이 이 같은 사실을 직접 증거하고 계시다(행1:16). 성경의 기자들은 크나큰 희생을 치르면서도 성경의 신적 기원을 굳게 믿었는데, 예레미야는 하나님으로부터 직접 계시를 받아(렘11:1~3) 그 말씀을 지키려 할 때 사람들이 그를 죽이려 했고(렘11:21) 심지어 가족들조차 그를 배척했지만(렘12:6) 그는 자신이 받은 말씀을 결코 포기하지 않았다. 더욱이 바울은 자신이 기록한 것을 '하나님의 계명'으로 인식하고 있었고(고전14:37) 신자들도 이를 인정했다(살전2:13). 베드로도 확실하고 변치 않는 하나님의 말씀에 주의하라고 권면했고(벧후1:23~25), 요한도 자신의 가르침이 하나님으로부터 왔음을 인식하면서 그의 가르침을 저버리는 것은 하나님을 저버리는 것이라고 주장하였다(요일4:6). 특히 베드로후서 3:16에 언급한 '다른 성경'(KJV에는 "the other scriptures"-"다른 성경들")이란 구약성경을 포함하여 베드로가 본서를 기록하던 A.D. 60년대 후반기에 이미 신약성경으로 인정받은 책들이 상당수 존재했음을 시사한다.

이처럼 성경이 하나님의 말씀이라는 사실을 성경으로 증거하는 것은 〈순환논리〉(循環論理)가 아닌가?

〈순환논리〉란 어떤 것을 참이라 가정하고 그 가정을 다른 가정을 증명하는 데 사용하여, 그렇게 해서 증명된 가정을 참이라고 증명하는 데 사용하는 것을 의미한다. 예를 들면 '헬라인들의 관점에서는 헬라 문화만이 참 문화이다'(전제), '헬라인들만이 헬라 문화를 갖고 있다'(본론), '그러므로 헬라인들만이 문화인이다'(결론). 이처럼 전제의 명제와 본론의 명제가 서로 의존적이어서 무조건 전제나 본론의 명제가 결론으로 귀결될 수밖에 없도록 짜여진 그릇된 논증 방법이 〈순환논리〉이다. 많은 사람들은 성경과 성경에 근거하여 수립된 교리가 바로 대표적인 〈순환논리〉라고 말한다. 즉 오직 성경만이 기독교 교리의 원전이며(전제), 성경만이 무오한 하나님의 말씀이기 때문에(본론) 결국 기독교 교리는 진리라고(결론) 우긴다는 것이다. 하지만 성경이 하나님의 말씀이라고 믿는 객관적 증거들을 우리는 가지고 있다. 거기에는 '외적 증거'와 '내적 증거'가 있다.

1) 성경이 하나님의 말씀임을 증명하는 외적 증거들

(1) 기적들

성경 이외에도 이적 현상을 기록한 책들이 많다. 그러나 이를 잘 살펴보면 모두 인간이 이해 못하는 자연 현상을 이용했거나 마귀의 술수에 불과하다(출7:11,12;신13:1~5;행8:9~14;살후2:9,10;계13:13,14). 하지만 성경에 기록된 기적들은 천지 만물을 창조하신 하나님만이 행하실 수 있는 자연법칙을 초월한 것들이다. 구약의 모세나 선지자들, 그리스도와 사도들은 많은 기적들을 행하였다. 불교의 고우타마 싯다르타나 이슬람교의 마호메트, 유교의 공자는 기적을 전혀 행하지 못했다. 하지만 성경은 계시의 말씀만이 아니라 많은 기적으로 하나님의 진리에 신적 권위를 부여해 주고 있다(왕상18:24~40;행14:3,19:11,12;살전1:5;히2:3,4). 그러므로 존 포스터는 "기적은 하나님 말씀의 강단(講壇)으로 사람들을 불러 모으는 우주의 거대한 종(鐘)이다"라고 했다.

🔍 모세를 대적한 얀네와 얌브레(딤후3:8)

얀네와 얌브레는 후기 유대 문헌이나 이방 문헌 그리고 초기 기독교 문헌에서 발견되는데, 모세가 하나님의 종으로서 이스라엘 백성들을 출애굽시키기 위해 갖가지 하나님의 이적들을 행할 때 맞섰던 바로의 술객들로 묘사된다(출7:11,22,8:7,18,19). 이들 문헌에서 얀네와 얌브레는 '사기꾼'이었다가 나중에 유대교로 개종을 가장한 후 광야에서 이스라엘 백성들을 설득하여 금송아지를 만들게 하고 거기에 절하게 만든 장본인들로 기록되어 있다(출32:1).

신약성경에서 기적을 말할 때 3가지 단어를 병행하여 사용한다(행2:22,6:8).
① '뒤나미스'(δύναμις, power, 權能, 행1:8) – 모든 일을 행할 수 있는 인격적인 하나님의 힘 ['하나님의 능력'(마22:29); '그리스도의 능력'(고전5:4); '성령의 능력'(롬15:13); '복음의 능력'(롬1:16); '십자가의 능력'(고전1:18); '그리스도의 부활에 나타난 하나님의 능력'(엡1:19,20); '성도들의 부활에 나타날 하나님의 능력'(고후13:4)].
② '테라스'(τέρας, wonder, 奇事, 행2:19) – 사람의 호흡을 멎게 할 정도의 기이하고 자극적인 일.
③ '세메이온'(σημείον, sign, 表蹟, 행2:43) – 인간을 신앙으로 이끌기 위한 하나님 사랑의 표현.

하나님이 기적을 일으키시는 동기는 그가 모든 신들 위에 뛰어난 참 신이심을 증거하기 위함이다(출15:11;신3:24;시86:10). 또한 이러한 권능과 기사와 표적을 보고 그리스도를 믿음으로 하나님께 돌아오라는 복음의 초청이 강조되고 있다(롬15:18,19;고후12:12).

✍ 기적과 신화의 차이

　기적은 역사성을 지니지만 신화는 역사성이 결여되어 있다. 예를 들어 불교의 교조인 고우타마 싯다르타는 기적을 행하지 못했다. 『불교 경전』을 보면, 삼대독자를 잃어버린 한 과부가 비탄에 빠져 먹지도 못하고 자지도 않고 울기만 했다. 어느 날 석가를 찾아와 자신의 슬픔을 하소연했다: "부처님, 저는 유복자를 잃고 살아갈 용기마저 상실했습니다. 이 슬픔에서 벗어날 길을 가르쳐 주십시오." 가만히 듣고 있던 부처는 이렇게 말하였다. "가엾은 아주머니, 내게 한 가지 방법이 있소. 지금 곧 가서 사람이 죽은 일이 없는 집을 일곱 군데 찾아내어 쌀 한 움큼씩 얻어 오시오. 그러면 내가 그 슬픔에서 벗어나는 길을 가르쳐 주겠소." 과부는 바삐 마을로 쌀을 얻으러 나갔다. 며칠이 지난 뒤 그 과부는 한 움큼의 쌀도 얻지 못한 채 맥이 빠져 석가에게로 돌아왔다. 부처가 물었다. "사람이 죽지 않은 집이 있습니까?" 그제야 과부는 부처가 한 말의 깊은 뜻을 스스로 알아차리게 되었다. 이 기사는 예수님이 비탄에 잠긴 나인 성 과부의 죽은 아들을 주저 없이 살려내시는 기적과 얼마나 대조적인가?(눅7:11~17)

　이슬람교 역시 불교와 마찬가지다. 마호메트는 모세가 기적을 행한 것처럼 기적을 보여 달라고 요청받았을 때 그는 이렇게 대답했다: "기적은 알라 신에게만 해당한다. 나는 단지 평범한 선지자에 불과하다." 하지만 이슬람교도들은 오늘날 마호메트가 수많은 기적을 행했다고 믿고 있다. 이슬람교의 전통에 의하면, 마호메트는 노새를 타고 승천했으며, 친구의 부러진 다리를 고쳐 주고 적은 음식으로 많은 사람들을 먹였으며, 심지어 나뭇가지로 강철 검을 만드는 등 초자연적인 기적을 행했다는 것이다. 이슬람교의 기적은 주로 『하디스(Hadith)』라고 하는 이슬람교의 구전 전승을 수록한 책에 수백 개 기록되어 있다. 그런데 문제는 『하디스(Hadith)』가 마호메트 사후 200~300년 이후 문서화되었다는 것이다. 이 기간은 누구라도 신화적 인물로 만들 수 있다. 『불교 경전』에서도 종종 고우타마 싯다르타가 기적을 행한 것으로 묘사하고 있는 것은 후기 사람들이 부처를 신격화했기 때문이다. 이런 신화적인 기적 이야기와는 달리 성경의 모든 기적 사건은 역사성을 지닌다. 그래서 그 기적 사건은 우리의 신앙을 견고케 하는 데 큰 도움을 준다.

　오늘날 우리는 불교나 이슬람교에서 종종 '기적 같은 초자연적 현상'을 발견할 수 있다. 이런 초자연적 현상들은 악령들의 역사에 의한 것이 주류를 이룬다. 이슬람교의 경우, 명상과 황홀경의 체험을 통해 치유와 거짓 기적을 경험하는 신앙, 반복적인 춤 동작을 통해 무아지경에 빠지거나 꾸란과 알라의 이름으로 행해지는 주술, 죽은 이슬람교 성자들이나 죽은 자들을 통한 중보, 부적이나 마술을 사용한 축귀 의식, 나무와 돌 숭배 의식 등 정령숭배적 종교의식들이 무슬림들의 신앙과 의식을 지배하고 있다. (김동문 지음, 『이슬람 신화 깨기, 무슬림 바로보기』, 98쪽)

(2) 예언들

성경 속에는 참으로 많은 예언들이 기록되어 있는데, 그 많은 예언들이 지금까지 모두 성취된 사실을 통하여 성경이 하나님의 말씀임을 알 수 있다. 예를 들어 메시아의 초림에 대한 구약의 예언들은 456 차례나 나타나 있는데 신약시대에 그 모든 예언들이 구체적으로 이루어졌다(눅24:25~27,44~48;행3:18,24,10:43,13:27). 또 다른 예언들도 이미 성취되었고, 또 성취되어 가는 과정 중이다(눅21:22;계10:7,17:17). 그러므로 베드로는 "예언은 인간의 생각에서 나온 것이 아니라 사람들이 성령에 이끌려서 하나님으로부터 말씀을 받아 전한 것이다"(벧후1:21, *공동번역*)라고 하였다. 물론 인간은 논리적 추론을 통하여 미래를 어느 정도 예측할 수 있으나 완전히 알 수는 없다. 미래에 대해 완전하고도 정확한 예견은 전지(全知)하신 하나님만이 가질 수 있는 능력이다. 성경이 하나님의 말씀이 아니라면 먼 미래에 일어날 사건들을 정확히 적중시킬 수 없다(신18:20~22;렘28:9;합2:3).

1 성경 예언의 정확한 성취

성경 예언의 정확한 성취는 성경이 하나님의 말씀임을 입증해 준다(사46:9,10). 하나님은 우리에게 자신의 예언과 이방 종교들의 예언을 비교해 보라고 말씀하신다(사41:21~29). 이제 몇 가지 예언들을 살펴보려고 한다.(어윈 루처, 임종원 옮김, 『성경을 믿어야 하는 일곱 가지 이유』, 101~109쪽)

① 바사 왕 고레스에 대한 예언

이사야 선지자가 이사야서를 기록할 당시(B.C. 700~680) 바벨론은 아직 역사의 전면에 그 모습을 드러내기 전이었다. 그러나 이사야는 바벨론이 예루살렘을 함락시키고 유다 백성을 포로로 잡아갈 것이라고 예언했는데(사39:1~8;왕하20:12~19), 100여년 후 정확히 성취되었다. 예루살렘은 세 차례의 포위 공격을 당한 끝에 결국 B.C. 586년에 함락되고 말았다(대하36:5~21).

한편 이사야는 바벨론의 예루살렘 함락뿐 아니라 바사제국의 바벨론 정복에 대해서도 예언하였다(사13:1~14:23,21:1~10,47:1~15). 이사야가 이사야서를 기록할 당시 바사는 앗수르에 조공을 바치면서 생존을 모색한 약소국가에 불과했다. 그러나 이사야는 바사가 장차 세계 대제국으로 성장해 바벨론을 정복하리라고 예언했는데, 이사야가 예언한 지 약 100~150년 후인 B.C. 539년 그 예언이 정확하게 성취되었다.

이 뿐 아니라 바사 왕이 바벨론 포로로 지내던 유대인들의 예루살렘 귀환을 허용하리라고 예언했는데 이 역시 그대로 성취되었다. 더 놀라운 사실은 고레스가 태어나기 백 몇십년 전에 이미 그의 이름과 외교정책을 정확히 예언한 것이다(사44:26~28, 45:1~3). 바사제국의 창건자인 고레스가 B.C. 559~530년에 바사를 통치하였으며 B.C. 539년에 바벨론을 정복하였음을 모든 역사가들이 인정하는 사실이다. 그들은 고레스가 바벨론을 정복한 직후인 B.C. 538년에 유대인들의 본토 귀환을 허용하는 조서를 반포하였다고 증거한다.

② 두로에 대한 예언

에스겔 선지자는 하나님이 바벨론 왕 느부갓네살로 하여금 기마병과 백성의 큰 무리를 거느리고 와서 두로를 공격할 것이라고 예언했다(겔26:3~6, 12~14). 이상의 예언들을 정리해 보면, 첫째, 느부갓네살이 두로를 파괴할 것이다. 둘째, 많은 나라가 두로를 대적할 것이다. 셋째, 두로는 폐허화될 것이다. 넷째, 어부들이 그 자리에 그물을 펼칠 것이다. 다섯째, 두로의 잔해는 물속에 잠겨 재건되지 못할 것이다.

이 모든 예언은 느부갓네살과 알렉산더 대왕에 의해 성취되었다. 역사적 전말을 이해하려면 두로가 연안에 자리한 성읍과 섬에 자리한 성으로 이루어졌음을 알아야 한다. 느부갓네살은 연안에 자리한 두로 성을 13년 동안 포위 공격한 끝에 함락하였다. 그러나 그 때 그 성읍 주민 중 많은 사람들이 배를 타고 섬으로 피신하였다. 그들은 바닷가에서 800미터 정도 떨어진 그 섬에 강력한 요새를 건설하였다. 연안의 두로 성읍을 함락시키느라 군사력을 소진한 느부갓네살은 그 섬을 공략하지 못하였다. 비록 연안의 성읍은 황폐화되었지만 섬에 건설된 두로 성은 이후 240년 동안 건재하였다. 그러므로 두로의 잔해가 물속에 잠겨 재건되지 못하고, 많은 나라가 두로를 대적할 것이라고 한 에스겔의 예언은 빗나간 듯이 보였다.

그런데 알렉산더 대왕이 두로를 치기 위해 군사를 이끌고 나타났다. 그가 바사를 정복한 다음 팔레스타인 연안으로 진군하여 두로 부근에 당도한 때는 B.C. 333년이었다. 자신의 배후에 두로 같은 강력한 성읍을 남겨둔 채 애굽 원정길에 오르는 것은 어리석은 전략이라 생각한 그는 섬의 요새를 정복하고 두로의 전함들을 궤멸시키기로 결심했다.

섬에 자리한 두로 성이 요새화되어 있었으므로 알렉산더의 군사들은 성 위에서 내던지는 돌들을 피해 그곳에 접근할 수 없었다. 이 때 알렉산더의 한 군장이 연안에서 섬까지 제방을 쌓아 접근하는 방법을 생각해 냈다. 연안에 자리한 두로의 잔해들을 헐어 바다 속에 쏟아 부었던 것이다. 이로써 두로의 잔해가 물 속에 잠기리란 에스겔의 예언이 그대로 성취되었다.

알렉산더는 제방을 완성하고 두로의 요새를 공략할 함대를 조직하였다. 그는 시돈, 아라두스, 비블로스에서 80척, 로도에서 10척, 루기아에서 10척, 구브로에서 120척의 배를 모아 연합함대를 조직했다. 이는 곧 많은 나라가 두로를 대적할 것이라는 성경 예언의 성취다. 알렉산더는 두로의 요새를 포위 공격한 지 3년 만에 그 성을 정복했다. 이 때 두로인들은 8,000명이 전사했고, 2,000여 명이 처형당했으며, 3,000여 명의 여자와 어린아이들이 노예로 팔렸다. 이후 두로 성은 재건되지 못했다. 오늘날 어부들은 폐허가 된 두로의 옛터에 그물을 펼쳐 말리고 있는데, 이는 에스겔의 예언이 정확히 성취되었음을 보여준다.

2 성경 예언의 정확성과 확률

진정한 예언이 갖추어야 할 3가지 요소는
① 예언의 내용이 상세하고 구체적이어야 한다.
② 예언의 성취가 한 점도 틀림없이 100% 정확하게 이루어져야 한다.
③ 예언의 기간이 오랜 시간 지나야 한다[그리스도의 동정녀 탄생 예언(사7:14)과 메시아의 베들레헴 탄생의 예언(미5:2)은 700~800년 전에, 그리고 이스라엘의 고토 귀환 예언(겔36~39장)은 무려 2600년 전에 예언되었었다].

이 3가지 요건을 다 갖춘 예언은 성경밖에 없다(마5:18).

미국의 저명한 과학자요 수학자인 피터 W. 스토우너 박사는 성경에 나타난 두로의 멸망에 관한 구체적인 예언들(사23:1~18;겔26:1~21;욜3:4~8;암1:9,10)이 그대로 성취될 확률을 계산해 보았다. 그 결과 확률은 4억 분의 1이었다. 또 바벨론의 멸망에 관한 여러 세부 사항들(사13:1~22;렘50:1~46)이 그대로 성취될 확률을 계산해 보았는데 100억 분의 1이었다. 그리고 그리스도의 초림에 관한 예언들이 성취될 확률은 10의 32자승 분의 1($1/10^{32}$)이었다. 이처럼 성경의 예언들은 인간의 계산법으로는 실현 불가능한 예언들이 수두룩하게 들어 있지만 많은 예언들이 그대로 성취되었다. 이는 성경의 예언들이 인간의 능력을 초월하는 신적인 기원과 절대적 권위를 가지고 있음을 증명해 주고 있다.(세일 해리슨, 『이스라엘에 대한 성경의 예언과 성취』 국민일보사, 1993 참조)

(3) 영향력

성경은 인류 역사에 지대한 영향을 끼쳤다. 프랑스의 시인 빅토르 위고(Victor M. Hugo, 1802~1885)는 "영국이 셰익스피어를 만들었다면 성경은 영국을 만들었다"고 말했다. 이처럼 영국은 원래 야만족이었으나 성경을 받아들임으로 신사의 나라가 되었다. 역사적으로 보면 위대한 사상이 담긴 책을 쓴 사람이나 위대한 사상적인 영향을 끼친 사람 중의 많은 이들이 성경의 영향을 받은 사람들이다. 예를 들어 세계 4대 문학책이 성경에 근거를 두고 있다: 단테(A. Dante, 1265~1321)의 『신곡』은 기독교의 내세관을 묘사하고 있으며, 밀턴(John Milton, 1608~1674)의 『실낙원』은 성경의 낙원 상실 기사를 중심으로 하고 있다. 또 괴테(J. W. Goethe, 1749~1832)의 『파우스트』는 신과 인간의 대화를 묘사하고 있으며, 셰익스피어(W. Shakespeare, 1564~1616)의 작품들은 아가서의 사상에 그 근거를 둔다. 또 세계 각국의 헌법에 영향을 끼친 영국과 미국의 헌법은 모두 모세의 율법에 기초하고 있다.

🔍 성경의 말씀을 통하여 회심한 신앙인들

- 어거스틴(Augustine, 354~430, 서방 교회의 최대 교부) : 로마서 13:13,14
- 마틴 루터(Martin Luther, 1483~1546, 독일의 종교개혁자) : 갈라디아서 3:11
- 존 칼빈(John Calvin, 1509~1564, 프랑스의 종교 개혁자) : 이사야서 53장
- 존 웨슬리(John Wesley, 1703~1791, 영국의 부흥운동가) : 로마서 1:17
- 윌리엄 쿠퍼(William Cowper, 1731~1800, 영국의 시인) : 로마서 3:25
- 스펄전(1834~1892, 영국의 위대한 설교가) : 이사야서 45:12
- 존 윌리엄(John William, 1821~1905, YMCA 창설자) : 고린도전서 15:1~4
- 리빙스턴(David Livingstone, 1813~1873, 아프리카 선교사) : 사도행전 16:31

"이 위대한 책은 하나님이 사람에게 주신 가장 좋은 선물이다."
(아브라함 링컨, Abraham Lincoln, 1809~1865)

2) 성경이 하나님의 말씀임을 증명하는 내적 증거들

(1) 통일성

전체 66권으로 구성된 신구약 성경은 40여 명의 많은 저자들이 약 1500여 년이란 장구한 세월에 걸쳐 기록한 책이다. 저자들의 직업과 신분과 성격이 다양하며 그들이 살았던 시대와 정황도 각기 다르다. 따라서 성경은 그 세부적인 내용에 있어 〈다양성〉을 지니고 있다. 그런데 놀랍게도 66권 성경이 그 내용과 사상에 있어 한 편의 장중한 오케스트라와 같이 치밀한 통일과 조화(행15:15)를 이루는 까닭은 무엇인가?

그 이유는 성경이 한 목표를 향하고 있기 때문이다. 그 목표는 인간 구원을 위한 하나님의 구원 성취 역사를 질서 정연하게 전개해 주고 있으며, 그 구원의 주체가 예수 그리스도임을 성경은 증거하고 있다(눅24:25~27, 44~45;요5:39;행17:11,12;딤후3:15). 따라서 성경은 상호간에 모순되고 충돌하거나 먼저 있던 것이 뒤에 온 것 때문에 폐기되는 일이 없다(마5:21~48의 "옛 사람에게 말한 바"는 율법 자체에 대한 반대가 아니라 옛 사람의 잘못된 해석을 시정하려는 의도).

(2) 적응성

성경은 현실과 관계없는 헛된 이론이나 호사가들의 관심사를 기록한 것이 아니라 죄와 구원 문제, 내세와 영생 문제 등 인간이 본질적으로 해결해야 할 절실한 요구에 적절하고 유효한 대답을 주고 있다. 하나님이 성경의 저자가 아니라면 인간의 본질적 문제에 대해 확실한 해결책을 제시하지 못했을 것이다:

① 성경은 인간 불행의 근본 원인은 죄임을 분명히 제시하고(렘2:19,5:25;롬3:10~18), 죄 아래 있는 인간의 상태를 적나라하게 드러낸다(시37:20;롬1:18;엡2:1~3).
② 성경은 죄 문제를 해결하는 정확한 방법 즉, 예수 그리스도를 통한 구원의 길을 나타내고 있다(마1:21).
③ 성경은 인간 영혼 속에 변화를 일으켜 참된 만족과 기쁨을 공급해 준다(시19:8, 119:111;렘15:16;요일1:4). 이처럼 성경은 모든 인간의 문제에 부응한다.

따라서 성경은 인간을 창조하셨기 때문에 인간 영혼을 치유할 수 있는 하나님에 의해 만들어진 책이다(시107:20,119:25,93;겔37:1~10).

(3) 절대성

성경은 인간이 만든 저술과 근본적인 차이점이 있다. 아무리 훌륭한 것이라 할지라도 유한한 인간의 저술은 상대적 가치만을 지닌다. 그러나 성경은 모든 시대 모든 사람들에게 통용될 수 있는 보편성과 절대성을 갖고 있다. 그 이유는 성경이 시간과 공간을 초월하여 계시는 하나님으로부터 왔기 때문이다. 따라서 성경은 도덕적 원리와 참된 진리의 기초를 제공해 줄 수 있으며, 선악(善惡)과 진위(眞僞)의 기준을 제시해 줄 수 있다.

다윗은 "주의 말씀이 영원히 하늘에 굳게 섰사오며"(시119:89,152)라고 고백했다. 이 말씀의 뜻은 성경이 시간 속이 아니라 영원 속에 그 기원을 두고 있음을 나타내고 있다. 다시 말해 이 세상이 창조되기 훨씬 전에 시간이 존재하기 전부터 성경이 하나님의 마음속에 존재하였다. 그리고 영원 속에서 인간이라는 통로를 통해 시간 속으로 들어온 것이 성경이다. 그래서 시간과 세상은 지나가도 성경에 기록된 하나님의 말씀은 영원히 존재한다(시119:160;사40:8;마24:35;눅21:33;벧전1:25).

특강 난해한 성경구절 해석

질문1: 창11:26과 행7:4에 보면 아브라함이 하란을 떠날 때 135세여야 하는데 75세인 이유

사도행전 7:4에 대한 답은 다음과 같다: 아브라함은 하란 땅에 거하다가 아버지 데라가 죽은 후에 그 하란 땅을 떠나 가나안 땅으로 들어갔으며, 그가 하란을 떠날 때의 나이는 75세였다(창12:4). 그런데 여기서 연대에 문제가 발생한다. 즉 데라는 아브라함을 70세에 낳았고(창11:26), 아브라함이 75세에 하란을 떠났으므로 그때 데라의 나이는 145세가 된다. 그러나 하란 땅에서 죽은 데라의 나이는 205세로 기록되어 있다(창11:32). 60년 차이가 발생하는 것이다. 이 문제는 두 가지 측면에서 접근 가능하다:

첫째, 창세기 11:26의 기술을 문자 그대로 받아드리지 않으면 해결된다. 즉, "데라는 칠십세에 아브람과 나홀과 하란을 낳았더라"는 문장을 문자적으로 보면, 데라는 1년 동안에 세 명의 아들을 낳은 셈이 된다. 아브람과 나홀과 하란은 쌍둥이가 아니고 나이 차이가 있는 형제간이므로 이는 불가능하다. 따라서 데라는 맏아들 하란을 70세에 낳았고(창11:26~28) 60년이 흐른 130세에 아브람을 낳은 것이다. 그리고 아브라함이 75세에 하란을 떠나기 직전 데라는 205세의 나이로 사망한 것이다.

둘째, 구약시대에 사마리아인들이 만든 성경인『사마리아 오경』창세기 11:32에는 데라가 205세가 아닌 145세에 사망한 것으로 기록되어있다. 그리고 스데반은 이『사마리아 오경』의 기록과 일치하는 헬라어 역본을 참고하여 말한 것으로 볼 수 있다. 그러면 데라는 아브라함을 70세에 낳았고 75세 된 아브라함이 하란 땅을 떠나기 직전 145세의 나이로 죽은 것이 된다.

창세기 기자가 족보를 기록할 때 필요한 부분만 선별적으로 기록하였다는 점과 때로는 4,5대의 할아버지를 아버지로 기록하는 등 축약해 기록했다는 것을 감안할 때, 그리고 데라가 1년 동안 하란과 나홀과 아브라함을 동시에 낳을 수 없었다는 점을 감안할 때 전자의 견해가 더욱 타당하다. 그러나 후자의 견해 역시 가능성 있음을 참작해야 할 것이다.

질문2: 요11:2과 12:1을 보면 마르다의 향유 사건과 나사로를 살리신 사건의 선후가 다른 이유

요한이 마리아에 대하여 요한복음 11:1,2절에서 자세하게 언급한 것은 성경에 등장하는

'다른 마리아' 곧 '막달라 마리아'와 동일인이 아님을 밝히려는 의도로 보인다. 아마도 요한이 본서를 썼던 1세기 후반 이방인 성도들 가운데 이름이 같았던 이 두 사람을 혼동한 경우가 있었던 모양인데, 요한은 목격자로서 이 둘이 같은 사람이 아님을 부연하고 있다. '베다니의 마리아'가 행한 일에 대한 구체적 기록이 요한복음 12:1~8에 나온다(마26:6~13;막14:3~9). 혹자는 누가가 기록한 예수님의 공생애 초기에 나오는 또 하나의 도유 사건에서 등장하는 '죄 많은 여인'(눅7:36~50)이 본 절에 나오는 '베다니의 마리아'라고 주장하지만, 전혀 근거가 없다. 이 두 사건은 다른 시기, 다른 장소, 다른 정황 중에 일어난 별개의 사건이기 때문이다.

한편 본 절(요11:1,2)에 기록된 향유 도유 사건은 나사로 부활 사건보다 후에 있었던 사건이다(요12:1). 그럼에도 불구하고 본 절에서 이 사건이 과거형으로 기록된 것은 사도 요한이 본서를 기록한 시점에서 이 사건 역시 이미 일어난 사건이기 때문이다. 요한복음 11:1,2에서 굳이 이러한 사실을 밝힌 것은 베다니의 마리아가 행한 도유 사건에 사람들의 관심을 집중시키려는 의도가 깔려있다. 그 만큼 '베다니 마리아'의 도유 사건은 당시 성도들에게 널리 알려져 있었다.

질문3: 마태복음 1:1~17과 누가복음 3:23~38에 기록되어 있는 예수님의 족보 내용이 다른 이유

『한국교회는 예수를 배반했다』란 책을 쓴 류상태는 마태복음과 누가복음에 기록된 예수님의 족보가 서로 큰 차이를 보이기 때문에 예수님은 다윗의 후손이 아닐 가능성이 있고, 성경은 모순투성이의 책이라고 속단했다. 과연 그럴까?(류상태 지음, 『한국교회는 예수를 배반했다』, 122~125쪽)

기독교의 역사가 유세비우스(Eusebius, A.D. 263~339)는 그의 책 『교회사』에서 율리우스 아프리카누스(Julius Africanus, A.D. 180~250, 최초의 기독교 역사가)가 예수님의 족보에 대하여 기록한 것을 다음과 같이 인용하였다: 마태복음은 요셉의 혈통적 족보를 기록하고 있고, 누가복음은 요셉의 법적 족보를 기록하고 있다. 마태복음에 나오는 요셉의 아버지 야곱(마1:16)과 누가복음에 나오는 요셉의 아버지 헬리(눅3:23)는 아버지는 다르지만 어머니가 같은 형제지간이었다. 헬리가 아들 없이 죽자, 동생 야곱이 형수와 결혼하여 요셉을 낳은 것이다. 따라서 요셉은 혈통적으로는 야곱의 아들이지만 법적으로는 헬리의 아들이 되는 것이다.

이와 같은 사실을 염두에 두고 마태복음과 누가복음의 족보를 연구한다면, 두 복음서에 나오는 차이는 쉽게 극복될 수 있을 것이다.(Eusebius, *The History of The Church*, pp. 53~56)

특강 무덤을 파는 현대기독교인

마귀가 하나님의 교회를 무력화시키는 방법은 교회를 세속화하는 것이다.

교회의 세속화란 신자의 삶에서 하나님과 그 말씀의 영향력이 약화되고 세상 풍조가 강화되는 것을 말한다.

이러한 교회의 세속화는 1900년 이래 오늘날까지 무신론자들이나 종교를 갖지 않은 사람들(불가지론자, 유물론자)이 차지하는 비율을 0.2%에서 21.3%로 100배 증가시켰으며 매일 7,600여명의 기독교인들이 현재 교회로부터 이탈되는 현상을 초래했다.

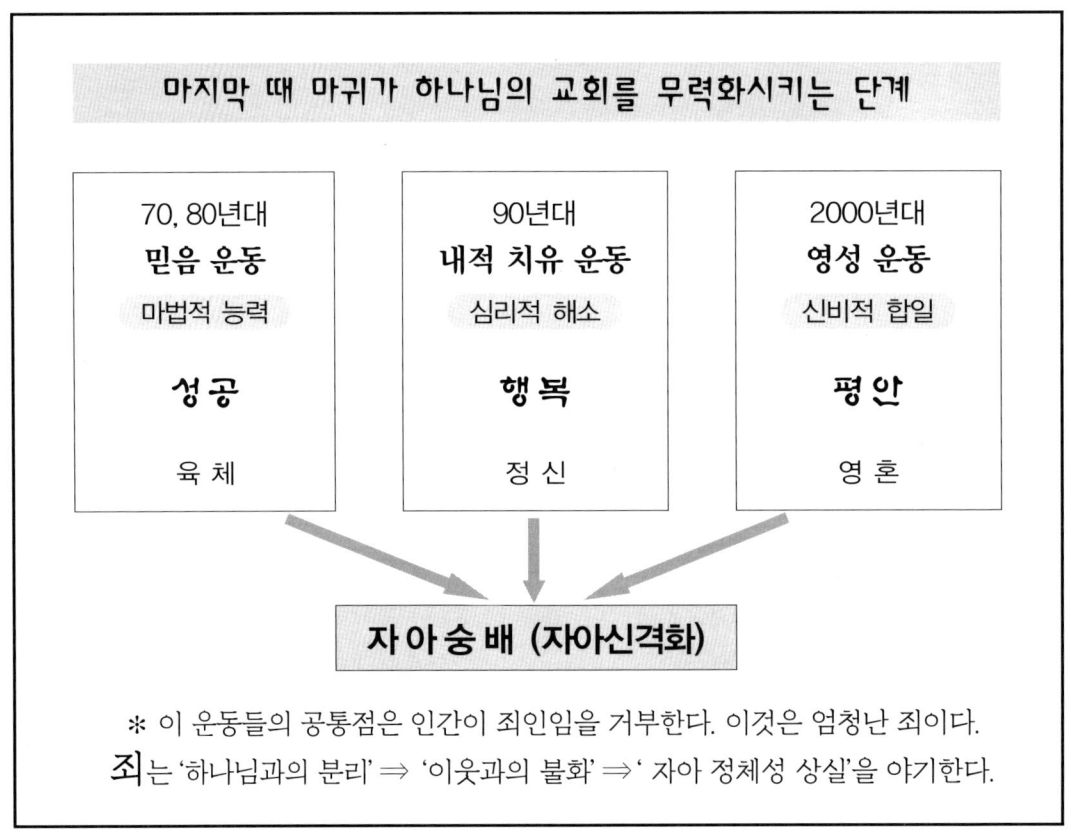

1. 믿음 운동의 문제점 – 믿음 운동에서 말하는 믿음은 하나님의 뜻에 순종하는 인격적 하나님에 대한 믿음이 아니라 인간의 욕망을 성취하기 위한 수단으로서의 신념이며, 믿음 운동에서 언급하는 하나님은 신념의 법칙에 따라 움직이는 마법의 지팡이에 불과하다.

2. 내적 치유 운동의 문제점 – 내적 치유 운동은 하나님의 영광이 아닌 인간의 행복에, 더욱이 영적 행복이 아닌 육적 행복에, 그리고 새사람의 변혁을 통한 영적 성숙이 아닌 감정의 응어리 해소를 통한 옛사람의 만족에 초점 맞추어져 있으며, 또한 죄를 상처의 개념으로 변질시켰다.

3. 영성 운동의 문제점 – 영성 운동은 가톨릭의 관상기도에서 출발하였으나, 점차 동양 신비주의 영성으로 전락하여 명상 운동으로 변질되어가고 있다.

이 세 운동은 인간을 죄인으로 규정하는 복음주의 신학을 '벌레신학'(Worm Theology)이라고 비난한다. 즉 인간이 죄인임을 거부하는 것이다.

죄의 결과는 '하나님과의 분리' ⇒ '이웃과의 불화' ⇒ '자아 정체성 상실'의 단계를 거쳐 결국은 절망에 이르게 되어 파멸을 가져온다.

(데이브 헌트 외, 『기독교의 미혹』 도서출판 포도원, 1991)

(Hank Hanegraaff, *Christianity in Crisis*, Harvest House Publisher, 1993)

"도움을 얻으려고 이집트로 내려가는 자들에게 화가 있을 것이다. 그들은 말과 전차와 마병과 같은 이집트의 막강한 군사력은 의지하면서도 이스라엘의 거룩하신 하나님 여호와를 의지하지 않고 그의 도움을 구하지도 않는다." (사31:1, 현대인의 성경)

"내 백성은 두 가지 죄악을 저질렀다. 그것은 생수의 원천인 나를 버리고 떠난 것과 스스로 웅덩이들을 판 것이다. 그들은 그 웅덩이들에 빗물이 고이기를 기다렸으나 그 웅덩이들이 모두 갈라 터져서 물을 저장할 수 없게 되었다." (렘2:13, 현대어성경)

2. 성경의 영감

　많은 사람들이 성경은 '하나님의 감동'으로 되었다는 말에 대해 그 정확한 의미를 파악하지 못하고 있다. '하나님의 감동'이라는 표현을 하나님이 영적 감화력을 성경 기자에게 주어 성경을 기록하도록 자극했다는 정도로 이해하려는 경향이 있다. 하지만 성경이 하나님의 감동으로 되었다는 말 즉 '성경의 영감설'은 그 이상의 심오한 의미를 함축하고 있다. 곧 '하나님의 감동'이라는 개념은 성경 자체의 특성을 나타내는 매우 중요한 의미를 지닌 말이다.

　그런데 디모데후서 3:16, "모든 성경은 하나님의 감동으로 된 것"이라는 구절은 신학자들이 '성경의 영감설'을 설명할 때 빈번히 인용하는 구절인데, 사실 본 구절은 위에서 필자가 언급한 '성경의 영감성'에 대한 설명과 전혀 다른 의미를 내포하고 있다. 신학자들이 성경은 하나님의 영감으로 기록된 책이라고 말할 때의 성경의 영감성을 설명해 주는 데 더 적절한 구절은 디모데후서 3:16이 아니라 베드로후서 1:21이다.

　베드로후서 1:21, "예언은 언제든지 사람의 뜻으로 낸 것이 아니요 오직 성령의 감동하심을 받은 사람들이 하나님께 받아 말한 것임이라"에서 언급하고 있는 성령의 '감동'(페로 φἐρω)은 디모데후서 3:16의 '감동'(데오프뉴스토스 θεὸπνευστος)과 다른 단어를 사용하고 있다. 본문에서 말하는 '감동'(페로)은 '짐을 나르다'(bear)는 뜻으로, 배를 항구로 무사히 이끌어오듯, 성령님께서 예언이 잘못되지 않게 바로 인도하신다는 뜻이다. 이렇듯 성경이 영감받았다는 것은 성경기자가 오류를 범하지 않도록 인도해주셨다는 뜻이다.

1) 영감의 필요성

성경은 하나님이 직접 손으로 쓰신 것이 아니라 죄로 오염된 인간 저자를 경유하여 하나님의 말씀을 전달했는데, 성경이 어떻게 전혀 오류 없이 순전한 하나님의 말씀으로서의 권위를 지닐 수 있겠는가? 이에 대한 답은 하나님의 계시를 온전히 보존하기 위해 '영감'이 필요하다는 것이다. 만일 하나님 자신이 계시하셨을지라도 그 계시가 정확히 기록되지 못한다면 그 하나님의 계시는 오류가 있다. 그러므로 '영감'은 계시의 정확성을 보존하기 위해 필수적 요소이다.

하나님께서 구원의 계시를 기록하도록 인간 저자를 부르셨고, 그들의 사상·언어·경험들을 자유롭게 사용하게 하시되 그들의 사상과 문자 하나에 이르기까지 전혀 오류가 없도록 인간 저자의 마음에 역사하시는 성령의 초자연적인 감화를 뜻한다.

시편 12:6, "여호와의 말씀은 순결함이여, 흙 도가니에 일곱 번 단련한 은 같도다"

여기서 진흙으로 만든 '흙 도가니'는 약한 인간의 요소를 의미하며, '은'은 인간을 통해 전해진 하나님의 말씀을, '불'은 은의 순수성을 보장해주는 성령의 역사를, '일곱 번'은 성령의 완전한 인도하심을 의미한다(시18:30, 119:140).

2) 영감의 정의

(1) 인스피레이션

'영감'에 해당하는 영어 단어 '인스피레이션'(inspiration)은 본래 '숨을 불어넣다'[inspiration 〉 inspire(라틴어, in : into + spirare : to breathe)]를 의미하는 라틴어 '인스피로'(inspiro)에서 유래하였다. 이것을 성경에 적용시키면 하나님께서 인간의 글 속에 숨을 불어넣어서 그것들로 하여금 역동적인 것이 되도록 했다는 의미가 된다. 이것은 창세기 2:7에서 하나님이 인간을 창조하실 때 하나님의 숨(생명)을 불어넣어 사람이 살아있는 존재가 되었다는 것과 일맥상통한다. 즉 "여호와 하나님이 흙으로 사람을 지으시고 생기를 그 코에 불어넣으시니 (breathed into) 사람이 생령이 된지라".

(2) 스피레이션

하지만 위의 사실은 바울이 디모데후서 3:16에서 말한 "하나님의 감동"을 잘못 설명한 것이다. "하나님의 감동"에 해당하는 헬라어는 '데오프뉴스토스'(θεόπνευστος, God-breathed)로서 이는 하나님을 의미하는 '데오스'(θεός)와 '내쉬다' '내뿜다'를 의미하는 '프네오'(πνέω)의 합성어이다. 그러니까 '하나님의 감동'이란 하나님이 내뿜는 호흡이라는 뜻이 된다. 따라서 '하나님의 감동'은 '하나님의 숨결이 불어넣어진'의 의미가 아니라 '하나님이 성경을 내쉬셨다'라고 번역하는 것이 더 정확하다. 영감은 하나님의 내쉬는 호흡으로, 하나님이 인간의 글 가운데 하나님의 숨결을 불어넣어 성경을 만드신 것이 아니라 하나님 호흡의 숨결이 곧 성경이다. 즉 은유적으로 말하면, 성경은 하나님의 '입 기운'이다. 그러므로 성경은 생명을 표출하는 하나님 능력의 외류(外流, outflowing)이다.

구약성경에서 '하나님의 입'은 하나님 말씀의 출처로 언급되어 있다:

"여호와의 말씀으로 하늘이 지음이 되었으며 그 만상이 그 입 기운으로 이루었도다"(시 33:6)["The LORD **merely spoke**, and the heavens were created. He **breathed the word**, and all the stars were born." *NLT*譯. 본 절에 의하면 '하나님이 말씀하셨다'(merely spoke)는 구절과 '말씀을 내쉬셨다'(breathed the word)는 구절은 같은 개념을 전달하고 있다].

여기서 "그 입 기운"이란 히브리어는 '하나님이 감동하시다'는 헬라어와 같은 말이다. 그 입 기운으로 세상만물을 창조하신 하나님은 동일한 입 기운을 성경으로부터 뿜어내고 계신 것이다.(B. B. Warfield, *The Inspiration and Authority of the Bible*, pp. 245~265)

그러므로 inspiration 보다는 spiration으로 번역하는 것이 더 정확하다. 따라서 흠정역성경(KJV)에서 본문을 "모든 성경은 하나님의 영감에 의해 주어졌다"(All Scripture is given by inspiration of God)로 번역한 것보다 1973년 NIV가 "모든 성경은 하나님이 내쉰 숨이다"(All Scripture is God-breathed)로 번역한 것이 원문의 뜻에 더 가깝다.

성경은 하나님의 내쉬는 숨(날숨)이기 때문에, '성경이 말씀하시기를'이란 표현은 '하나님이 말씀하시기를'과 같은 의미이다('The Scripture says' are the equivalent of 'God says': 롬4:3⇔창15:6 / 롬9:17⇔출9:16 / 갈3:8⇔창12:1~3 / 딤전5:18⇔신25:4 / 행4:24,25⇔신2:1,2).

그리고 이스라엘의 바벨론 포로기 이후, 히브리어 구약성경을 그 당시 국제어였던 아람어로 번역하였는데(느8:8), 이것을 '탈굼역'(Targum)이라 한다. 탈굼역에서는 '여호와'를 '말씀' 혹은 '하나님의 말씀'으로 번역하였다.

특히 초월적 하나님이 피조물에게 임하여 자신을 나타내는 것을 '영광'이라고 하는데, '영광'을 탈굼어로는 '쉐키나'(Shekinah)라 칭한다. '쉐키나'라는 단어는 탈굼역에서만 발견되는 하나님의 실재적 임재(the actual presence of God, 레26:11, "I will live among you, and I will not despise you." 요1:14,15 참조)를 나타내는 독특한 표현 방식이다. 그런데 탈굼역에서 '여호와의 쉐키나'(Shekinah of Yahweh)는 '하나님의 말씀'(the word of God)과 동의어로 사용되었다. 따라서 성경은 하나님의 실질적 임재를 나타내는 '쉐키나'라 말할 수 있다(출40:34,35).(Merrill C. Tenney, *The Zondervan Pictorial Encyclopedia of the Bible*, Vols. 5, pp. 388~391)

3. 성경의 속성

성경은 모든 논리의 종결이요, 모든 행위의 궁극적 표준이며, 신앙의 유일하고 확고한 기초(A. W. 핑크)이다. 따라서 세상 철학 지식으로 성경을 삭제한 〈사두개적 교훈〉(마22:23, 29)이나 인간의 전통 권위로 성경을 추가한 〈바리새적 교훈〉(막7:5,8,9)을 경계해야 한다(신4:2,12:32;수1:7,8;잠30:6;계22:18). 왜냐하면 성경은 하나님이 인간에게 주신 완성된 계시이기 때문이다. 그렇기 때문에 인간의 모든 이성·전통·경험은 성경의 판단에 종속되어야 한다. 성경은 하나님의 말씀이기 때문에 인간의 모든 권위 위에 존재한다(약1:23~25).

1) 성경의 필요성

악어는 어금니가 없지만 몸속에 모래주머니가 있어서 먹이를 대충 삼켜도 소화를 잘 시킬 수 있다. 그런데 한 가지 재미있는 것은 악어의 위 속에는 모래주머니의 모래알보다 훨씬 큰 돌멩이가 들어 있어서 중심을 잡아준다는 것이다. 이 돌멩이 덕분에 악어가 수영을 할 때도 그 기다란 몸체가 앞뒤로 뒤집히거나 어느 한쪽으로 기울어지지 않고 평형을 유지할 수 있는 것이다. 이것은 마치 배 밑바닥에 무거운 짐을 싣는 이치와 같다.

그렇다면 우리 성도들은 이 세상이라는 넓은 바다에서 중심을 잡고 살아가기 위해 어떤 위석(胃石)을 가지고 있는가? 세상의 혼란한 가치관과 피폐한 정신과 물질문화 속에서 자칫 중심을 잃기 쉬운 세대를 사는 우리들을 확실하게 붙잡아 줄 위석은 무엇인가? 그것은 바로 하나님의 말씀인 성경이다. 성경이야말로 우리에게 더할 나위 없이 좋은 위석이 될 것이다. 시편 119:133, "나의 행보를 주의 말씀에 굳게 세우시고 아무 죄악이 나를 주장치 못하게 하소서".

2) 성경의 권위성

성경은 그 기원에 있어 절대자 하나님의 계시 말씀이요, 그 성격에 있어 성령으로 영감되었기 때문에 오류가 없는 신적 권위를 갖는다. 이 세상에는 권위 있다고 인정되는 책들이 많다. 종교·문학·철학·역사·과학 등 여러 분야를 통해 많은 사람들에게 큰 영향력을 끼쳤다. 그러나 이런 책들은 정도의 차이는 있지만 오류를 포함하고 있으며 시대의 흐름에 따라 다른 권위 있는 책이 등장하면 그 권위는 퇴색되고 만다. 반면에 성경은 시간이 흐르는 것과 관계없이 그 권위는 절대 불변하다(요2:22). 이런 의미에서 절대 권위를 갖고 있는 책은 성경 밖에 없다(대하34:14~33).

지금으로부터 약 200년 전 당시 프랑스의 유명한 사상가였던 볼테르(F. Voltaire, 1694~1778)는 "100년 안에 성경이 없어질 것"이라고 예언했다. 그러나 참으로 아이러니 하게도 성경이 100년 안에 없어질 것이라고 예언했던 바로 그의 집 그 자리에는 그가 죽은 지 반세기도 지나기 전에 프랑스의 성서공회 사무실로 사용되어 성경이 빽빽하게 쌓이게 되었다. 이 사실도 성경의 권위는 세태의 변화에 따라 흔들리지 않는다는 것을 입증한다.

3) 성경의 명료성

성경 전체를 통하여 구원에 필요한 지식은 단순하고 이해될 만한 방식으로 전달되었기 때문에 누구든지 성령의 도움으로 성경을 상고하면 그것을 쉽게 이해할 수 있다. 이런 의미에서 성경의 구원 진리는 남녀노소와 빈부귀천과 유무식을 막론하고 '누구에게든지' 열려있다(시19:7~10). 그러므로 성경을 통해 구원을 열심히 추구하고 영적 진리를 사모하는 자들은 누구든지 구원의 길로 나아갈 수 있다. 그렇다고 성경의 모든 내용이 쉽게 열리는 것은 아니다. 성령의 도우심과 더불어 전문적인 신학자와 목회자의 도움을 필요로 한다(행8:26~38,18:24~28). 여기서의 명료성이란 성경을 통해 구원에 필요한 만큼의 기본 지식은 누구에게나 열려 있다는 뜻이다(딤후3:15).

4) 성경의 충족성

성경은 우주 제반 사실들을 다루고 있지는 않으나 인간의 신앙과 구원에 관해서는 성경만으로 충분하다. 성경은 인류의 완전한 역사를 보여주고 있지 않으며, 일반 과학적인 기술 정보도 세세히 제공하고 있지 않다. 또 아무리 뒤져봐도 화학 공식이나 전자 공학의 이론을 찾아 볼 수 없다. 사실상 성경은 예수 그리스도에 관한 신상 정보조차 확실하게 제공하고 있지 않다. 그 까닭은 성경이 모든 지식을 가르쳐주기 위해 기록된 책이 아니기 때문이다. 따라서 성경의 충족성이란 세상의 모든 지식을 다 가르쳐준다는 의미에서의 충족성이 아니라 다만 사람이 하나님을 어떻게 믿을 것과 또한 하나님이 사람에게 요구하는 것이 무엇인가를 알려주기에 충족하다는 것이다(요20:31). 그렇다! 성경은 우리의 신앙과 행위의 법칙이 되기에 충족하다. 그래서 핫지(A. A. Hodge)는 "구원의 도에 있어, 만일 성경 이외에 다른 어떤 것이 필요했더라면, 성경은 반드시 그것을 우리들에게 알려주었을 것이다"라고 했다.

📖 성경만으로 '상처가 난 내적 자아'의 치유가 불가능한가?

옥성호의 책 『심리학에 물든 부족한 기독교』(부흥과 개혁사, 2007)는 세속화된 현대교회에 경고의 메시지를 전하고 있다. 다음은 그의 글 일부를 필자가 정리한 것이다:

「복음이 부끄러운 많은 교회들은 복음을 선포하는 예언자가 되기를 포기하고 대신 사람들의 스트레스를 치료하는 정신과 의사, 세일즈맨, 코미디언 또는 무당이 되어가고 있다. 사단이 현대교회를 무너뜨리는 도구로 활용하는 세 가지 방법은 심리학, 마케팅, 엔터테인먼트인데, 이 세 가지를 모두 관통하는 것은 바로 뉴에이지 사상이다.

오늘날 '기독교 심리학'은 프로이트(Sigmund Freud, 1856~1939)와 융(Carl Jung, 1875~1961)의 이론에 바탕을 두고 있다. 그런데 심리학이라는 단어 앞에 '기독교'라는 단어를 첨가함으로 '기독교 심리학'은 일반 심리학과 전혀 다른 '성경에 근거한 심리학'이라고 착각하도록 하는 데 성공했다.

오늘날 그리스도인들이 기독교 심리학의 영향을 받아, 성경적 구원은 치료의 입문과정에 불과하고 내적 치유 상담을 통하여 무의식 세계를 치료하는 것이 진짜 '전인치료'(全人治療)라는 구원의 이원화에 빠지고 있다. 기독교 심리학자들은 '상처가 난 내적 자아'는 성령충만과 하나님 말씀만으로 치유하는 것이 불가능하다고 주장한다. 하지만 성경이 가르치는 구원은 전인치료를 내포하고 있음을 우리가 간과해서는 안 된다(살전5:23,24;딤후3:16,17).」

✐ 하나님 말씀의 효력

❶ 성경은 살아있고 운동력이 있다 (히4:12)

이 말은 엄청난 폭발력을 갖고 있는 힘(active+work)이 성경에 있다는 것이다. 이것은 정지된 상태가 아니라 '인격성'과 '역동성'을 동반한 핵에너지보다 더 큰 힘을 의미한다. 그 이유는 하나님의 말씀이 곧 하나님의 의지를 대변해 주기 때문이다(시33:9~11;사14:24,26, 27). 성경이 하나님께 불순종하는 사람에게는 경고와 심판을, 하나님께 순종하는 사람에게는 약속과 복을 주시는 힘을 갖는다(Morris). 따라서 성경은 살아 역사하는 책이다(살전2:13).

❷ 성경은 인간에게 생명을 준다 (벧전1:23)

성경은 인간에게 영생을 주며(요5:39,12:50;행13:46,48), 생명 그 자체이다(요6:63,68).

❸ 성경은 인간을 죄로부터 지킨다 (시119:11)

본문에서 '마음에 두었다'(treasured up, 마음에 새기다, 소중히 하다)는 단어는 보화로서 마음에 저장해 두었다는 뜻이다. 이 말의 뜻은 말씀이 드러나지 못하도록 감추어 두었다는 것이 아니라 필요할 때마다 즉각적으로 사용할 수 있도록 소중히 보관해 두었다는 뜻이다(욥23:12, "그분이 내리신 명령을 떠나 살지 않고 친히 하신 그 말씀을 보물처럼 내 가슴에 꼬옥 보듬지." 현대어성경).

❹ 성경은 인간을 마귀로부터 보호한다 (요일2:14)

마귀가 제일 두려워하는 것은 하나님의 말씀이다. 그래서 말씀은 성도들의 무기이다(엡6:17). 예수님은 하나님의 말씀을 사용하는데 모범을 보이셨다(눅4:1~13 ⇔ 신6:13,16, 8:3). 예수님이 세례받으신 후 누가복음 4:1에는 "성령의 충만"을 받았다고 기록되어 있지만, 말씀으로 마귀의 시험을 이기신 후에 누가복음 4:14에는 "성령의 권능"을 덧입었다고 기록되어 있다. 이렇듯 하나님의 말씀에 굳게 서서 마귀와의 영적 전쟁에서 승리하는 것이 성령의 권능을 표출하는 참된 길임을 시사해준다.

특강 | 신앙 성장에 있어서 성경의 중요한 역할

"모든 성경은 하나님의 감동으로 된 것으로 <u>교훈</u>과 <u>책망</u>과 <u>바르게 함</u>과 <u>의로 교육</u>하기에 <u>유익</u>하니 이는 하나님의 사람으로 <u>온전케</u> 하며 모든 선한 일을 행하기에 <u>온전케</u> 하려 함이니라"

(디모데후서 3:16,17)

디모데후서 3:16,17은 헬라어 원어를 연구해 보면 영적 성장의 단계를 발견할 수 있다.

1 '유익하다'[오펠리모스 ὠφέλιμος, Profitable]는 말은 교훈과 책망과 바르게 함과 의로 교육하기에 유익하다는 말이다. 영적 성숙의 과정을 통과하는 단계마다 어려움은 있지만 성도들을 온전케 하기 때문에 궁극적으로 유익하다는 것이다.

2 ⓐ '교훈'[디다스칼리안 διδασκαλίαν, for doctrine (teaching)]한다는 것은 구원을 얻을 수 있도록 죄인에게 진리를 정확하게 이해시키고,

ⓑ '책망'[엘레그콘 ἐλεγχόν, for reproof(the effective kind that brings conviction by showing the sinner he is guilty)]한다는 것은 하나님의 말씀을 듣고 죄를 깨우쳐 회개에 이르도록 인도하여,

ⓒ '바르게 함'[에파노르도신 ἐπανόρθωσιν, for correction(restoration and improvement- correction of error and discipline in obedience)]이란 죄인을 하나님과 올바른 관계로 회복시켜주고 오류를 교정하여 하나님께 순종하는 법을 배우게 하며,

ⓓ '의로 교육'[파이데이안 παιδείαν, for instruction in righteousness(training believers in holy living, in conformity to God's will in thought, purpose and action)]한다는 것은 하나님의 뜻에 생각과 목적과 행동이 일치하는 거룩한 삶을 살도록 성도들을 철저하게 영적으로 훈련시키는 것을 의미한다.

3 이러한 네 단계의 영적 과정을 거치면 두 가지 측면에서 성도들은 온전케 된다 :

ⓐ 첫 번째로 '온전케'[아르티오스 ἄρτιος, that the christian may be perfect(fitted, capable, able to meet the emergencies that come and the daily demands made upon him)] 한다는 것은 성도들이 매일 필요로 하는 것들을 채워주고 예측불허의 어떤 난관에도 능히 대처해 나아갈 수 있는 성도로 만들며,

ⓑ 두 번째로 '온전케'[엑세르티스메노스 ἐξηρτισμένος, thoroughly furnished(fully equipped) unto all good works(of every kind)]한다는 것은 무슨 일에든지 세상 속에서 완전히 자격을 갖춘 일꾼으로 성도들을 세운다는 의미이다(딤전5:10;딤후2:21;딛3:1).

(*The Complete Biblical Library*, Zeta~Kappa, p. 87)

4. 성경의 해석

　계몽주의 시대 이후 권위를 주장하는 모든 것은 자율적 이성의 심판대 앞에서 자신의 정당함을 증명해야만 했다. 이러한 비판적 검증을 통하여 이전에 권위 있었던 것으로 여겨졌던 많은 것들이 근거 없는 것으로 거부되었다. 많은 기독교인들은 근대의 〈비판적 이성의 정신〉을 기꺼이 받아들이며 그 이성이 전통적 권위에 문제 제기하는 것을 동의하지만, 그 비판의 범위를 성경 연구와 해석에까지 미치게 되면 강력히 거부한다. 그러나 성경 연구에 있어서 〈비평적 이성의 정신〉이 필요한 이유는 성경 자체의 문제보다는 성경에 대해 '인간이 수립한 전통적인 해석'을 절대화하려는 《교조주의》(doctrinism)에 빠지지 않기 위해서이다. 《교조주의》에 빠지면 《죽음의 권위주의》(deadening authoritarianism)에 사로잡혀 인간을 그 이론에 속박시키고 규제하면서 생명을 살리기보다 오히려 죽이는 역할을 하게 된다. 이러한 죽은 정통주의를 우리는 〈스콜라적 정통주의〉(Scholastic Orthodoxy)라 부른다. 이는 중세의 스콜라 신학이 바로 이런 폐악을 지니고 있었기 때문이다.

🔍 무너져 가는 교황권의 지탱을 위해 만든 정책, 마녀사냥

　13세기부터 16세기까지 유럽에는 페스트가 만연하여 유럽 전체 인구의 1/4이 감소하였다. 그런데 그 원인이 마녀에게 있다고 생각하여 마녀재판이 횡행하였다. 1404년 한 해 동안에 최소한 3,000명 이상이 마귀와 관계를 맺었다는 이유로 처형되었다. 스페인에서만 10,220명이 화형을 당하였고, 97,371명을 노예로 만들어 배를 젓게 하였다. 이런 횡포 때문에 스페인의 경우 200년 동안 2천만 명에서 600만 명으로 인구가 줄어들었다.

당시 사람들은 악마가 아름다운 천사의 가면을 쓰거나 아니면 훌륭한 신체적 조건을 갖추고 나타난다고 생각했다. 그래서 아름다운 용모나 좋은 체격을 가진 남녀는 신앙에 열중하여 마녀로 보이지 않으려 애썼다. 그리고 마녀를 확인하는 방법도 잔인했다. 마녀는 신체의 어느 부분에 얼룩과 같은 마크가 있어 그 부분에는 감각이 없다고 생각했다. 따라서 그 부분을 찔러 만약에 통증과 출혈이 없다면 마녀로 판정된다.

이런 방법 외에 마녀의 식별을 위해 주로 동원되는 것이 고문이었다. 마녀의 피의자들은 악마와 계약을 맺었다는 자백을 할 때까지 계속해서 고문을 받았다. 마녀 피의자에게는 양자택일만이 있었다. 고통을 덜 받고 화형장에서 죽느냐, 아니면 계속해서 소름끼치는 고문을 당하느냐였다. 고문의 방법으로는 두 손을 묶어 공중에 매달았다가 갑자기 땅에 메어치기, 엄지손가락을 죄는 고문도구로 손가락 으깨기, 불로 달궈진 낫이 달린 의자나 가시 박힌 신, 불에 달군 쇠가 고문에 사용되었다.

초기에는 기독교를 믿지 않는 이교도들 가운데서 무당을 마녀로 몰아 주된 공격의 목표로 삼았으나 나중에는 이단자를 마녀로 규정했다. 중세 교회는 무너져 가는 교황권을 지탱하고 인간이 만들어 놓은 교권에 저항하는 수많은 성도들을 마귀와 관계했다는 죄명을 뒤집어 씌워 잔인하게 죽였다. 15세기 초에 종교재판을 통하여 무고히 죽어간 숫자가 900만 명에 이른다.

영국의 손아귀에서 조국 프랑스를 구원한 19살의 어린 소녀 잔다르크(1412~1431)가 화형을 당한 죄명은 마귀와 성교를 한 마녀라는 것이었다. 그러나 그녀는 불길 속에서도 볼 수 있도록 십자가를 앞에 붙들어 매달아 달라고 요청을 했고, 그녀가 마지막 남긴 말은 "예수님"이었다. 16세기 재세례파 역시 기성 교파의 신학방법론과 다르게 예수님을 믿는다는 이유 때문에 무수히 죽었다. (폴임 지음, 『한눈으로 보는 세계사 1000장면』, 제3권, 99, 107, 136, 137쪽)

자신의 교리를 절대화한 종교개혁자 칼빈의 비극

천주교의 종교재판을 보고 자란 칼빈(John Calvin, 1509~64)은 특히 종교적인 범죄자들을 잔인하게 처벌하였다. 춤췄다고 투옥하고 설교를 들을 때 웃었다고 투옥했으며 부모를 구타한 소녀는 목졸라 처형했고, 귀신 쫓는 사람도 마법사로 몰아 사형시켰다. 그가 스위스 제네바 시의 종교법원에서 절대적인 권세를 지녔던 4년 동안 76명을 추방하거나 투옥시켰고 58명을 처형했다.

처형시킨 이유는 주로 예정설, 성경의 권위 문제, 삼위일체설, 유아세례, 성만찬 등의 해석을 칼빈과 달리 했다는 것 때문이었다. 특히 성경 해석에 있어서 한 구절이라도 칼빈과 일치하지 않으면 이단으로 몰렸다. 일단 이단으로 몰리면 죄질의 경중에 따라 추방이나 투옥 혹은 사형 당하였다.

구루엣(Gruet)은 자신의 책에 칼빈의 주장을 어리석은 교리라고 썼다는 이유로 반역과 모독죄로 목이 잘리는 죽임을 당했으며, 또 칼빈이 설립한 종교법원의 파문권에 도전했다는 죄로 버텔류(Berthelieu)와 그의 지지자들 역시 교수형에 처해졌다. 칼빈은 자기에게 비판적이거나 반대하는 자들은 전부 이단과 반역죄로 처단하였다.

우리는 교회의 선배들이 저지른 이러한 어리석고도 무서운 죄를 다시 반복해서는 안 될 것이다. (조찬선 지음, 『기독교 죄악사』, 하권, 91~95쪽)

로마 카톨릭은 성도들을 큰 돌공에 묶어 머리를 뽑고 얼굴 가죽을 벗겨 죽였다

어떤 그리스도인은 나무에 벌거벗긴 채 매달려 순교당했다

여자 성도는 벌거벗긴 채 밧줄에 매달려 가슴을 난자당해 순교당했다

로마 카톨릭에 의하여 아쥐(Aches)는 절구에 찧겨 순교당했다

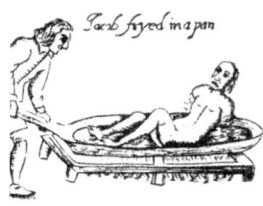
야곱이라는 성도는 프라이팬에 구워 태워져서 순교당했다

다른 그리스도인은 거꾸로 매달려 불에 그을러 순교당했다

어떤 성도는 귀가 잘렸고 나중에 목이 베어져 순교당했다

이 그리스도인은 거꾸로 매달려 피가 응고되어 죽었다

이온(Iohn)이란 성도는 기름가마에 끓여져서 순교당했다

어떤 그리스도인은 로마 카톨릭에 의해서 창에 찔려 순교당했다

다른 그리스도인들은 항문에서 입까지 창에 찔려 순교했다

한 성도는 팔이 잘려도 찬송하며 순교했다

(폴임 지음, 『한눈으로 보는 세계사 1000 장면』, 제3권, 137쪽)

제3부 성서론 … 성경이 절대적 진리라는 합리적 증거가 있다 | 115

1) 성경해석의 원칙론

(1) 성경은 문헌적·역사적 비평의 도움으로 해석

예수님의 참 인간성을 부인할 때 '가현론자'(docetists)가 되는 것처럼, 만일 우리가 성경 기자들이 성령에 의하여 기계적으로 움직인 꼭두각시라고 말하면 우리는 〈가현론적 성서론〉을 신봉하는 결과를 초래하기 쉽다. 따라서 우리가 예수 그리스도의 인성을 긍정한다면, 또한 우리는 성경 기자들의 인간성도 존중해야 한다. 이런 측면에서 성경해석은 '신뢰의 해석학'(hermeneutics of trust)과 '의심의 해석학'(hermeneutics of suspicion)을 동시에 수용해야 하는데, 이 두 가지는 서로 모순되는 것이 아니다. 필자가 여기에서 언급한 '의심의 해석학'이란 진리 추구를 위한 방편으로서의 '방법론적 의심'(methodological doubt)이지, 맹목적인 '병적 의심'(lethal doubt)은 아니다. 성경은 그 속에 보배를 지닌 질그릇과 같기 때문에(고후4:7) 기계적인 반복보다 창의적인 비판과정이 필요하다.

(2) 성경은 삼위일체 하나님 중심적으로 해석

성경의 무대에서 주연 배우는 하나님이시다. 성경은 여러 가지 측면을 지니고 있으나 그 중심 주제는 죄와 비참함에 억눌린 피조물을 향한 하나님의 구원을 다루고 있다. 여기서 성경을 하나님 중심적으로 해석한다는 말은 〈그리스도 중심적〉(christocentric)이기는 하지만 〈그리스도 일원론적〉(christomonistic)이지는 않다. 그리스도인들은 성경을 삼위일체 하나님의 역사에 대한 증언으로 읽는다. 성경이 증언하는 하나님은 천지를 창조하신 성부 하나님과 온 세상을 위하여 중재자가 되신 성자 하나님, 새로운 생명을 가져다주시는 성령 하나님이다(사63:7~10;롬15:16,30;고후13:13;히9:14;벧전1:2). 그러므로 성경해석은 삼위일체 하나님의 사역에 초점을 둘 때 안전하다.

(3) 성경은 인간의 정황을 따라 해석

성경은 인간의 개인적·사회적 삶의 정황에 따라 해석되어야 한다. 성경해석에 있어서 인간 개개인이 처한 삶의 정황(context)에서 야기되는 불안과 좌절, 소외와 고독 등이 무시되어서는 안 된다. 그리고 여러 다양한 계층에서 나오는 경험과 필요, 갈망 등이 젖어있는 정황을 따라 성경해석은 검증받아야 한다. 고난과 가난을 많이 겪은 사람들은 성경해석의 좋은 자료를 제공하는데, 자신이 고난을 겪어보지 못한 사람들은 대개의 경우 이 부분에 대한 성경의 내용을 제대로 파악할 수 없다.

예를 들어 유대인들은 오랜 세월 동안 고난의 역사를 살아왔기 때문에 그들의 성경해석은 보통 사람들이 쉽게 간과해 버리는 세상의 악과 고통의 현실에 훨씬 더 민감하다. 또 흑인들이나 남미사람들은 오랜 세월 동안 억압을 받아온 제 3세계의 눈을 가지고 성경해석을 하기 때문에 안락한 중산층 백인의 가치를 종종 성경의 가치와 동일시하는 제 1세계의 성경 해석에 커다란 도전을 준다. 따라서 다양한 인간의 현실적 상황에 비추어 성경해석을 시도하는 것은 예언자들의 정의에 대한 부르짖음을 쉽게 이해할 수 있도록 만든다(사29:9~14, 30:8~14).

성경 비평의 여러 분야

과거 한때 성경 본문의 진위를 가리는 것을 주목적으로 하는 본문 비평을 '하등 비평'(low criticism)이라 하고, 그 외의 모든 비평을 '고등 비평'(high criticism)이라 하였다.

하등 비평은 성경의 원문 복원을 시도함으로 건설적이고, 고등 비평은 인간의 이성을 근거로 성경을 과학적으로 분석했기 때문에 파괴적인 행위라고 복음주의 신학에서 금기시하였다. 하지만 오늘날 성경 비평을 객관적 사실의 분석과 종합을 통해 성경의 무오성과 영감성을 확인하며 검증하는 과정, 또는 정확한 해석을 위한 과학적 자료 수집 과정으로 평가하고, 이를 기독교 변증을 위한 도구로 적극 활용하는 유능한 복음주의 신학자들의 출현으로 말미암아 이런 구분은 무의미하게 되었다. 이제 우리는 성경을 무오한 하나님의 말씀으로 인정하는 복음주의 신학자들의 성경 비평과 성경을 일반 문학작품 정도로 취급하는 자유주의 신학자들의 성경 비평 두 가지로 구분해야 할 시점에 와 있다.

성경 비평의 주요 분야를 6가지로 나누면 다음과 같다. 물론 각각의 분야는 이론적으로는 구분이 되지만, 실제적으로는 서로 긴밀한 관계를 유지한다.

1. 본문 비평(Textual Criticism) – 정확한 원문의 복원을 시도하는 작업.
2. 자료 비평(Source Criticism) – 성경의 한 저자가 다른 저자의 글을 어떻게 인용했는가 그 자료의 출처를 밝히는 작업.
3. 편집 비평(Redaction Criticism) – 기존 자료를 성경 저자가 편집자 입장에서 재구성한 부분을 연구 분석하는 작업.
   [※ 자유주의 신학자들의 모세오경 문서설: 모세오경의 저자를 모세로 인정하지 않고 네 가지 자료가 각기 전승되어 오다가 바벨론 포로기 이후 모세오경으로 편집되었다는 학설. 하나님의 이름을 여호와로 규정하는 J 문서; 하나님의 이름을 엘로힘으로 지칭하는 E 문서; 신명기 법전을 D 문서; 제사 법전을 P 문서로 구분]
4. 전승 비평(Tradition Criticism) – 성경의 어느 한 기사가 진술(구술)된 시점부터 그것이 성경에 문자로 기록될 시기까지 어떤 전달 과정을 거쳤는가를 연구.
5. 양식 비평(Form Criticism) – 성경 본문의 시나 편지 등 문학 형식을 연구.
6. 역사 비평(Historical Criticism) – 각 성경의 기록 연대와 역사적 상황 규명.

2) 성경해석의 방법론

(1) 성경은 열린 마음과 탐구 정신으로 연구

물론 탐구자가 참된 그리스도인이어야 하지만, 사람들이 이미 설정해 놓은 전제들에 대해 비평적 자세와 열린 마음으로 성경에 접근해야 한다.

(2) 성경은 본문의 문화적 삶의 자리에 비추어 연구

우리는 성경 단어의 문법적 해석에 만족해서는 안 되며 본문이 쓰이게 된 역사적·신학적 배경을 연구해야 한다.

(3) 성경은 자기 시대의 문화적 상황과 연관해 연구

우리는 현대인들의 언어와 사고 형태로 성경을 번역하여 해석해야 한다. 물론 성령님만이 사람들을 믿음으로 이끌 수 있지만 그들이 지성적으로 이해할 수 있도록 최선을 다해야 한다.

🔍 성경 구절의 적용에 대한 오류

한 젊은 청년이 어느 여자를 열렬히 사랑하다가 그만 실연당하고 말았다. 이제는 살 가치도 없고 일할 보람도 찾지 못한 채 일찍 이 세상을 하직하는 것이 옳겠다고 판단했다. '나 같은 사람이 살아 무엇하나? 하지만 이제까지 내가 예수님을 믿는 사람이니까, 죽기 전에 성경이나 몇 줄 읽고 죽어야겠다.' 이렇게 다짐하고 성경을 펴 읽었다. 그런데 공교롭게도 펴서 읽은 성경구절이 "유다가 나가서 목매어 죽으니라"(마27:5)가 나왔다. 청년은 몹시 언짢았다. 아무래도 나는 목매어 죽어야 할 인생인가보다 생각하면서 그래도 아쉬움이 남아 다시 펴 읽은 곳은 "가서 너도 이와 같이 하라"(눅10:37)는 말씀이었다. 이 청년은 마침내 부아가 치밀었다. '이럴 수가 있나, 아니 위로는 못해 줄망정 목매어 죽으라니… 그럴 수 없다. 다시 한번 찾아보자!' 이번에는 마음속에 오기가 생기면서 죽지 말아야겠다는 생각이 들었다. 그러나 '아니야, 이번에는 하나님이 정확하게 말씀하실 꺼야!' 하면서 끝으로 한 군데만 더 보기로 하였다. 그런데 글쎄 이번에는 "어느 때까지 둘 사이에서 머뭇머뭇 하려느냐"(왕상18:21)라고 적혀 있지 않은가!

4,5세기의 그리스도인들은 이교의 점술에 영향을 받아 성경을 통해 자신들의 앞날을 알기 원했다. 그 목적으로 예배당이나 제단, 특히 성인(聖人)의 무덤에 성경을 놓고, 성경 구절로 앞날을 인도해 달라며 금식하고 기도하면서 성인에게 빌었다. 성경을 펴는 순간 처음 눈에 띄는 구절에서 응답을 찾았다. 이것을 가리켜 '소르테스 상토룸'(거룩한 점)이라고 한다. 465년 〈비인 공의회〉와 508년 〈아그데 공의회〉는 그런 관행을 금하는 법령을 통과시켰다.

하나님은 성경을 펴는 순간 눈에 들어오는 첫 구절을 통해서도 역사하신다

빌퀴스 쉬이크(Bilquis Sheikh)는 파키스탄의 왕족이며 이슬람교에서 기독교로 개종하였다. 그녀는 성경을 통하여 살아계신 하나님을 경험했는데, 딸이 가져다 준 성경을 펴 첫 눈에 들어오는 구절을 읽고 말씀의 위력 앞에 고꾸라져 그리스도를 구주로 영접하게 된다.

하나님은 종종 특별한 방식으로 우리에게 역사하신다는 사실도 간과해서는 안 된다.

『투니(딸)가 책상 위에 놓인 성경을 발견한 것은 바로 그때였다. "어머나, 이거 성경 아니에요?" 딸애가 깜짝 놀라는 얼굴로 물었다. "한번 열어서 뭐라고 써 있는지 보시지 그래요." 우리 가족에게는 종교서적이라면 소홀히 여기지 않는 습관이 있었다. 그럴 뿐만 아니라 거룩한 책을 손에 잡히는 대로 편 다음 눈을 감고 손가락으로 집어, 그 구절을 읽고 그것을 예언처럼 받아들이곤 했다. 나는 가벼운 마음으로 성경을 열고 그 펼쳐진 곳을 내려다보았다. 그런데 참으로 신기한 일이라고 밖에 할 수 없는 일이 일어났다. 내 시선은 책 오른쪽 페이지 아래에 있는 구절에 집중되었고, 곧 눈에 들어오는 그 구절을 읽기 위해 허리를 굽혔다. 로마서 9:25,26, "내가 내 백성 아닌 자를 내 백성이라, 사랑하지 아니한 자를 사랑한 자라 부르리라 너희는 내 백성이 아니라 한 그 곳에서 그들이 살아계신 하나님의 아들이라 일컬음을 받으리라"

나는 숨을 죽이고 몸을 떨었다. … "엄마, 뭐라고 써 있죠?" 투니가 눈을 반짝거리면서 물었다. 나는 이런 게임이 즐겁지 않다며 몇 마디 중얼거린 후 성경책을 덮어두고 화제를 바꾸었다. 그러나 그 구절은 마음속에서 장작에 불이 붙은 것처럼 활활 타오르고 있었다.』 (빌퀴스 쉬이크, 『나는 감히 신을 아버지라 부르게 되었다』, 30,31쪽)

3) 성경해석학과 성경해적질의 차이

'성경해석학'(exegesis, 접두어 'ex'는 '밖으로' 라는 뜻)이란 성경이 전달하고자 하는 의도를 정확히 끄집어내어 바르게 해석하는 것을 의미하고, '성경해적질'(eisegesis, 접두어 'eis'는 '안으로' 라는 뜻)이란 인간의 탐욕에서 기인한 주관적 생각을 성경해석의 기본 틀로 삼아 성경을 왜곡되게 해석하는 것을 의미한다. (이국진 지음, 『예수는 있다』, 133쪽)

예수님은 그 당시 종교지도자들과 왜 정면대결의 국면으로 치달았을까? 예수님이 모세의 율법을 인정하셨는데 왜 당시 종교 지도자들과 충돌하셨을까? 그 질문에 대한 답은 '구전율법'에 대한 예수님의 태도 때문이다. 성경에서 '구전율법'(口傳律法)은 '장로들의 유전'(the tradition of the elders)으로 성경에 기록되어있다(마15:2;막7:3,5). 예수님과 갈등을 빚은 것은 '성문율법'(成文律法)이 아니라 '구전율법'의 잘못된 부분을 수용하지 않고 비판하였기 때문이다(막7:6~14).

이러한 구전율법은 바벨론 포로기 이후 '랍비'로 칭하는 서기관 학파에 의해 형성되기 시작했다:

① **미드라쉬(Midrash)** – B.C. 300년경 모세오경 한 절 한 절 주석.
② **미쉬나(Mishinah)** – B.C. 200년경 형성. 서기관들은 일생 이것을 암기.
③ **탈무드(Talmud)** – A.D. 800년경 형성.

이들 구전율법에는 다음과 같은 괴이한 내용들이 기록되어 있었다. 이는 중세 스콜라 신학이 '펜 위에 천사가 몇 명이나 올라가 춤출 수 있을까' 혹은 '신부가 축성(祝聖)한 성수(聖水)에 파리가 빠지면 그 물이 더러워지는가 아니면 파리가 거룩해지는가'와 같은 어리석은 질문들이다:

♠ 아내가 밥을 태운 이유로 이혼이 가능한가?
♠ 안식일에 매듭을 묶는 것이 허용되는가?
♠ 사람이 쥐를 만나면 부정하게 되는가?
♠ 정결한 새의 알에 부정한 새가 앉아도 그 알은 정결할까?
♠ 개가 시체의 살을 먹고 어떤 집의 문 앞에 누워있으면 그 집은 부정한가?

예를 들어, 안식일과 관련하여 안식일에 매듭을 묶는 것이 노동으로 간주되어 매듭을 묶을 수 없다. 그러나 머리에 사용하는 망이나 샌들, 벨트의 매듭은 맬 수 있었다. 그 이유는 한 손으로 풀 수 있는 매듭은 매듭으로 간주되지 않았기 때문이다.

안식일과 관련된 법을 어기지 않기 위해 유대인들은 교묘한 장치를 개발하였다. 즉 안식일에는 1,000m 이상 걷는 것이 금지되었기 때문에, 이것을 교묘히 회피하기 위해 안식일 하루 전에 1,000m 거리에 '거주지 설정' 해 놓고 두 끼 식사를 가지고 가서, 한 끼는 그 날 먹고, 다른 한 끼는 그곳에 묻어주었다가 안식일날 거주지로 설정해 놓은 곳으로 걸어가 그 음식을 먹고 다시 1,000m를 이동할 수 있었다.

4) 믿는 자에게만 열리는 성경

우리들은 본 글을 통해 성경이 하나님의 말씀이라는 사실을 인정할 수밖에 없는 갖가지 이유들을 살펴보았다. 하나님은 사람의 입을 통하여 그의 말씀을 전하셨다(삼하23:2;렘

30:4;암3:1;미4:4;행3:18,21,4:25). 따라서 "성경에 기록되었으되"(it is written in the Scripture)는 "하나님께서 말씀하시기를"(God has said it)과 동일한 표현이다. 마틴 루터는 "성경이 말하는 것은 하나님께서 말씀하시는 것이다"라고 단언했다. 그럼에도 불구하고 여전히 믿지 못하는 회의론자들은 계속해서 또 다른 증거를 요구할 것이다. 결국 성경의 권위에 어린아이처럼 단순히 순복하려는 자에게만 성경의 비밀은 열린다(마11:25).

이에 대하여 예수님은 다음과 같이 분명히 언급하셨다:

"사람이 하나님의 뜻을 행하려 하면 이 교훈이 하나님께로서 왔는지 내가 스스로 말함인지 알리라"(요7:17).

이 말씀의 의미는 믿고 순복할 마음이 없는 자들은 성경의 여러 증거에도 불구하고 여전히 믿지 못하게 될 것이라는 것이다. 성경은 객관적으로 고찰할 수 없는 신학적 문제에 대해서도 언급하고 있기 때문에 믿음이 요구된다(요6:36⇔벧전1:8,9). 역사적 탐구 결과 로마 제국 당시에 그리스도께서 십자가에 달려 죽으셨음을 뒷받침해 주는 증거를 발견할 수는 있다할지라도 그분이 우리의 죄를 위해 죽으셨다는 사실을 입증할 수는 없다. 따라서 그리스도에 대한 믿음을 거부하는 회의론자들은 물증이 많다 하더라도 믿지 않을 것이다(요9:1~34,11:45~53;히3:7~19).

사실 사람들은 인간의 본성, 하나님과 인간의 관계에 대한 성경의 가르침을 즉각적으로 받아들이기를 주저한다. 그 이유는

첫째로, 인간이 악하기 때문이다. 성경은 인간의 본성이 악하며 하나님 앞에서 모두 죄인이라고 선언하고 있다(롬3:9~18). 그래서 예수님은 인간이 영적 빛보다 영적 어두움을 더 좋아하여 하나님의 말씀을 한사코 거부하고 있다고 지적하셨다(요3:19~21). 그러므로 사람들은 의도적으로 성경의 가르침을 외면하고 믿음으로 나아가기를 거부한다.

둘째로, 자신의 힘만으로 의심을 떨쳐버리고 믿음에 이르는 것이 불가능하기 때문이다(요6:44). 오직 성령님의 능력으로만 사람들을 회심시켜 믿음을 갖게 할 수 있다(고전12:3). 이는 곧 역사적 탐구만으로 예수 그리스도를 믿을 수 없고 성령님께서 역사 하셔야만 믿을 수 있게 됨을 의미한다(행16:14,15;고전2:4,5). 그러기 위해서 성경을 읽을 때 성령님의 조명을 구하며 하나님 앞에 겸허한 자세로 나아와야 한다(시119:18). 성령님의 역사와 더불어 성경이 증거하는 그리스도가 구주이심을 점차 확신하게 되면 마침내 지적 장벽을 뛰어넘어 주님은 '진리'이심이 믿어지게 될 것이다. 그리고 이전에 성경을 믿는 데 걸림돌로 작용했던 역사적·과학적 난제들도 영적인 눈이 열리면서 자연히 해소될 것이다(고전2:9~13).

특강 구전율법과 예수님

"너희는 이르되 사람이 아버지에게나 어머니에게나 말하기를 내가 드려 유익하게 할 것이 고르반 곧 하나님께 드림이 되었다고 하기만 하면 그만이라 하고 제 아버지나 어머니에게 다시 아무 것도 하여 드리기를 허락하지 아니하여 너희가 전한 전통으로 하나님의 말씀을 폐하며 또 이같은 일을 많이 행하느니라 하시고"(마가복음 7:11~13)

1 구전율법에 의해 내려오는 '고르반' 전통의 폐단을 비판하신 예수님

본문에서 '고르반'은 구약성경에서 주로 '예물'(레2:1,4,12)이라는 뜻으로 사용된 히브리어 '코르반'(קרבן)의 음역이다. 예수님 당시에 이 단어는 하나의 맹세어로서 어떤 물건에 대하여 '고르반' 곧 '하나님께 드리는 제물'이라고 맹세만 하면 그 물건은 아무도 손을 대지 못하게 되어 있었다. 따라서 부모나 다른 사람에게 어떤 물건을 주기 싫으면 단지 '고르반'이라고 맹세하기만 하면 되었던 것이다. 이는 예수님이 지적하신 대로 그 당시 거짓 맹세가 얼마나 성행했는지 우리로 짐작케 한다(마5:33,34, 23:16~22). 아마도 초기에 '고르반' 전통이 하나님께 자기 물건을 헌신해 드리려는 참된 신앙에서 시작되었을 것이다. 그러나 시간의 경과와 더불어 그 진실성은 상실되고 본문의 12절에서 예수님이 언급하신 것처럼 부모 부양을 피하려는 수단으로 고르반 전통은 전락하고 말았던 것이다. 여기서 우리가 주목할 사실은 이런 잘못된 신앙 전통을 그 당시 종교지도자였던 바리새인과 서기관들이 백성들에게 가르쳤다는 것이다.

2 구전율법을 어김으로 바리새인을 화나게 하신 예수님

① 안식일: 밀밭 사이로 가며 밀 이삭 비벼 먹은 사건, 병자 고친 사건(마12:1~13).
② 정결례: 바리새인과 서기관들은 예루살렘으로부터 100km나 떨어진 갈릴리로 와서 이 문제로 예수님께 따졌다(마15:1~20). 예수님을 초청한 바리새인이 예수님이 손 씻지 않고 잡수시는 것을 보고 경악(눅11:37,38).
③ 더러운 친구들: 죄인들을 식탁에 초대(눅15:2). 그들의 잔치에 참석(마9:10). 바리

새인들이 이러한 예수님의 행동을 보고 "보라, 저 사람은 먹기를 탐하는 자요, 포도주를 즐기는 자요, 세리와 죄인의 친구로다"(마11:29;눅7:34).

뿐만 아니라 예수님은 이처럼 '구전전승의 수호자'인 바리새인들을 격노케 했을 뿐 아니라 성전을 청결케 함으로(막11:15~17) '성전 전통의 수호자'인 사두개인들조차 격노케 했다.

③ 죽음의 길을 자초하신 예수님

① 예수님이 안식일에 제자들이 곡식 까부는 것을 옹호(막2:23~28).
② 바리새인은 예수님이 율법을 어긴 것에 대해 경고(막2:24).
③ 바리새인들은 예수님을 송사 하려 감시하기 시작(막3:2).
④ 경고를 받은 후에도 예수님은 안식일에 병자를 고침으로 긴장 고조(막3:5).
⑤ 바리새인들이 예수님을 죽일 계획 세움(막3:6).

이렇듯 예수님이 그 당시의 종교지도자들과 정면충돌한 이유는 바로 '성경해석학'과 '성경 해적질'의 차이에 기인한 것이었다. 예수님은 성경을 그 의도대로 정확히 해석하려 했고, 그 당시 종교지도자들은 인간의 전통에 근거하여 성경을 왜곡시켰기 때문이다(마5:21~48).
(도널드 그레이빌,『돈, 교회, 권력, 그리고 하나님 나라』, 187~220쪽)

제2장 신학적 논증

들어가는 말

신뢰할 수 있는 절대 불변의 진리

메릴랜드 우주항공사에서는 컴퓨터로 10만 년 전까지를 소급해서 달의 궤도와 태양의 궤도를 조사하고 있었다. 그래야 인공위성의 충돌을 막을 수 있기 때문이다. 그런데 걸출한 우주과학자들이 조사를 한 결과 이 우주 시간의 10만 년 동안 24시간의 오차가 있음을 발견하였다. 그 이유를 규명해 내지 못하면 3,650만 분의 1의 오차가 생길 수 있고, 그것으로 인해 인공위성 사이의 충돌 사고도 가능하기 때문이다. 스텝들이 고심하고 있는 것을 옆에서 듣고 있던 타이피스트가 말하였다:

"소장님, 저는 그리스도인입니다. 우리 어머니께서 옛날에 저에게 성경 이야기를 들려주실 때 여호수아가 기도하니 태양이 멈추었다는 말씀을 하셨습니다."

소장은 그 말에 코웃음을 쳤다. 그러나 연구실로 돌아온 소장의 귀에 아까 타이피스트의 말이 자꾸만 메아리쳤다. 그래서 몰래 여호수아서를 읽어보았다:

"태양이 중천에 머물러서 거의 종일토록 속히 내려가지 아니하였다"(수10:13)

소장은 조용히 컴퓨터로 그 당시의 시간을 검색해 보고 깜짝 놀랐다. 그는 거기서 23시간 20분이 없어진 것을 발견했다. 소장은 흥분했다. 어쩌면 나머지 40분도 성경에서 발견할 수 있을지 모른다고 생각했기 때문이다. 그리하여 그는 열심히 성경을 읽으며 조사하였다.

드디어 그는 열왕기하 20장에서 이스라엘 왕 히스기야가 죽을병에 걸렸을 때 하나님께 부르짖어 15년의 생명을 연장 받은 내용을 보게 되었다. 그는 히스기야 왕이 그 징조를 보여 달라고 간구했을 때 하나님께서 해의 그림자를 10도 물러가게 하셨다는 말씀을 보고 놀라 흥분하지 않을 수 없었다. 해시계는 24시간을 360도 원으로 만든 것이다. 그 중에 10도란 정확히 40분을 의미했기 때문이다. 소장은 곧 의자에서 내려와 무릎을 꿇었다:
"하나님, 당신의 정확 무오성에 한 과학자가 이렇게 경건히 무릎을 꿇습니다."

이 사건이야말로 과학을 통해 성경은 무오한 하나님의 말씀임이 입증되는 놀라운 순간이었다.
여기에 성경과 불경(佛經)의 차이가 있다. 불경은 대부분 '여시아문'(如是我聞)이란 네 글자로 시작된다. 그것은 "이렇게 나는 들었다"라는 뜻이다. 석가가 세상을 떠나자 많은 제자들이 비탄에 젖었다. 하지만 석가의 가르침을 후대에 남기고자 하는 제자들이 한 자리에 모였다. 그러나 석가의 말에 대한 기억이 사람들마다 달랐다. 따라서 석가가 정확히 어떤 경우에 뭐라고 말했는가 단정하기란 어려웠다. 하는 수 없이 '나' 또는 '우리는' 이렇게 들었다는 단서를 앞에 달아 글로 남기기로 했다. 이것이 불경의 시작이다. 그러면 성경은 어떤가? "하나님이 가라사대"로 시작하는 성경을 보며 우리는 무엇을 깨달을 수 있는가? 성경은 사람이 기억으로 더듬어 기록한, 그래서 자칫 오류가 있을 수도 있는 그런 책이 결코 아니다. 실로 성경은 일점 일획도 잘못이 없는 정확 무오한 진리인 것이다.

오늘날까지 기독교인들의 일반적인 의식은 과학이 발달할수록 성경의 신빙성이 떨어질 것을 우려하는 것이었다. 마치 성경이 비과학적이요 역사성이 결여된 책인 것처럼 말이다. 그러나 진실된 양심을 가진 사람이라면 과학문명이 무서울 정도로 발전하고 있는 오늘날에도 여전히 성경은 변함없는 진리임을 부인할 수 없을 것이다. 왜냐하면 성경이 하나님의 말씀이라는 내적·외적 증거들을 스스로 지니고 있을 뿐 아니라 과학적·고고학적 증거들을 많이 확보하고 있기 때문이다.

인류 역사에 가장 위대했던 물리학자 아인슈타인(Albert Einstein, 1879~1955)은 성경을 믿는 그리스도인이 아니었지만, 그가 일생동안 물리학을 연구하는 가운데 성경의 진실성을 입증해 주는 놀라운 결론에 도달하였다:
"우주 만물을 창조하시고 그것들에게 자연법칙을 부여하신 초월자가 계신다. …자연은 초월자의 권능과 지성을 드러낸다. 초월자의 창조 행위와 비교할 때 인간의 사고와 행동은 너무나 보잘것없다."

이러한 그의 고백이 시사하는 바는 누구라도 진실된 탐구자들은 성경을 부인하거나 무신론자가 될 수 없음을 나타내고 있다(롬1:20).

1. 영감설의 종류

　본 단원에서 우리가 '성경의 영감'을 다룰 때, 영감이 이중적 측면을 갖고 있음을 간과해서는 안 된다. 이미 필자는 앞서 이에 대하여 언급한 바 있다.

　첫째, 성경의 인간 측면으로서, 성경이 기록될 때 인간 저자를 통하여 오류가 발생하지 않도록 성령님께서 '감동'(벧후1:21)하셨다는 사실이다. 이 때에 사용된 헬라어 단어는 페로(φέρω)인데, '페로'는 '짐을 나르다'(bear, carry, 눅23:26;히13:13), '인도하다'(lead) 혹은 '강력하게 몰아가다'(propel, 행2:2, "rushing"의 원형과 같은 단어)는 뜻으로, 바다의 폭풍우 속에서 배에 쇠로 된 밧줄을 묶어 배를 항구로 무사히 이끌어오듯, 성령님께서 인간 저자를 인도하여 하나님의 말씀을 기록할 때 오류를 범하지 않도록 인도하신다는 뜻이다. 여기서의 감동은 영어 단어 'inspiration'으로 번역하는 것이 타당하다.

　둘째, 성경의 하나님 측면으로서, 인간 저자를 통하여 기록된 성경 말씀은 하나님의 내쉬는 숨결 곧 하나님의 생명을 뿜어내는 하나님 능력의 외류(外流, outflowing)이다. 이 때에 사용된 헬라어 단어는 '데오프뉴스토스'(θεόπνευστος)인데, '데오프뉴스토스'는 성경 디모데후서 3:16에 단 한 번 나타난다. 여기서의 '감동'은 영어 단어 'spiration'으로 번역하는 것이 타당하다.

우리는 본 단원에서 인간 측면의 '영감'을 논하고자 한다. 그런데 우리는 과연 성경의 영감을 어디에 기초하여 믿어야 하는가? 단순히 성경이 영감되었다고 무조건 믿고 만족하면 되는 것인가? 영감에 대한 이론정립은 신앙에 도움이 안 된다고 말하는 사람들도 있다. 하지만 이런 주장은 잘못된 것이다. 성경의 영감을 어떤 각도에서 이해하고 있느냐에 따라 성경을 대하는 자세에 지대한 영향이 미칠 것이기 때문이다. 그러므로 우리는 과연 성경이 어떤 종류의 영감을 받았는지, 또 어느 정도 영감 되었는지를 다루는 것은 매우 중요하다.

1) 다양한 성경 영감설

성경 영감설에는 직관적·기계적·조명적·유기적 영감설 등이 있는데, 이들 중 유기적 영감설이 가장 성경적인 학설이다.

(1) 직관적 영감설(Intuitional Inspiration)

직관적 영감설은 '천부적 영감설' 혹은 '자연 영감설'(Natural Inspiration)이라고도 부른다. 이 이론은 종교적 천재라 불리는 이들이 타고난 재능에 힘입어 자연적 통찰력을 통해 성경을 기록했다는 주장이다. 이는 마치 모차르트나 톨스토이같이 예술적 재능을 타고난 사람들이 음악이나 문학의 걸작품을 만드는 것과 같다. 이 이론은 인간의 이성을 최고의 가치기준으로 인정하며 하나님의 초능력을 부정하는 자유주의 신학자 중에서도 좌익에 속하는 사람들의 견해이다. 만일 이 주장대로라면 히브리인들은 종교적 영역에 특별한 재능을 갖춘 민족이며, 성경의 영감성은 다른 위대한 철학적·종교적 사상가들 즉, 플라톤이나 부처의 가르침과 별로 다를 바가 없는 위대한 종교적 문서로 전락할 것이다.

이 이론은 3가지 측면에서 받아들일 수 없다:
❶ 인간의 진리에 대한 통찰력은 죄로 인해 약화되어 초자연적인 지혜자의 가르침과 인도 없이 스스로의 힘으로는 오류를 범할 수밖에 없다.
❷ 이 견해를 따를 경우 도덕적·종교적 진리들은 객관적 실재가 아닌 주관적 사견이 되고 말 것이다.
❸ 이 이론은 지혜의 근원이시며 인격적 존재인 하나님을 부정하고 사람을 우주의 최고 지적 능력의 소유자로 만든다.

(2) 기계적 영감설(Mechanical Inspiration)

기계적 영감설은 '신적 구술설'(Divine Dictation)이라고도 하는데, 성경을 기록할 때 자신들의 생각이나 즐겨 쓰는 표현, 개인 성향이 성경 기록에 나타나지 않도록 그들의 심리활동이 정지된 상태에서 단순한 기계적 도구로 사용되었다는 이론이다. 그리하여 성경의 체제나 문체는 인간적 요소가 전혀 없는 성령의 문체요, 문법도 성령의 문법이기 때문에 완전하다고 주장한다. 이는 마치 출가한 딸에게 편지를 써야 하는 글 모르는 할머니가 손자를 시켜 부르는 대로 받아쓰게 하는 속기사와 같은 역할만 성경 기자들이 했다는 주장이다. 이 견해의 대표적 신학자는 후커(Hooker, 1554~1600)인데, 그는 "성경 저자들은 자신들의 말을 아무것도 말하거나 기록하지 않았고 성령이 그들의 입에 넣어주시는 대로 한 음절 한 음절 발음하였다"고 했다.

이 이론은 다음 측면에서 받아들일 수 없다:

기계적 영감설은 성경 저자들을 아무런 개성이 없는 로봇처럼 만든다. 그런데 성경 속에는 분명 성경 기자들의 각각 다른 독특한 개성, 문체, 경험 등이 나타나 있다. 예를 들어 요한은 한정된 어휘를 가지고 간단한 문체로 썼고, 누가는 방대한 어휘를 갖고 좀더 복잡한 문체로 글을 썼다. 그리고 학문이 얕은 베드로의 글은 단순하며, 많이 공부한 바울은 철학적이며 신학적인 깊이가 있다.

(3) 조명적 영감설(Illuminative Inspiration)

조명적 영감설은 '역동적 영감설'(Dynamic Inspiration)이라고도 하며, 모든 그리스도인들이 영적 통찰력을 갖고 있는데, 그중에 성령의 역사를 통해 더 많은 통찰력을 지닌 그리스도인들이 성경을 기록했다는 이론이다. 따라서 성경기자들이 받은 영감은 일반 신자들이 받는 영감과 종류에 있어 동일하나 정도의 차이가 있을 뿐이라고 주장한다. 조명적 영감설은 기계적 영감설의 폐단을 수정하려는 것이기는 하지만 영감의 대상을 성경이 아닌 성경 저자로 만들었을 뿐 아니라 영감은 특별한 것이 아니라 일반적인 것으로 여겨 성경의 결함을 인정하는 이론이다. 이 견해의 대표적인 사람은 독일의 철학자요 신학자인 슐라이어마허(F. Schleiermacher, 1768~1834)이다.

이 이론은 다음 측면에서 받아들일 수 없다:

조명은 영감과 다르다. 영감은 성경을 기록하는 사람에게 계시를 오류 없이 기록하도록 역사하시는 것을 의미하고, 조명은 문자 그대로 성령께서 죄로 어두워진 우리의 심령을 밝게 비추어 성경 말씀을 깨닫도록 인도하시는 것을 가리킨다. 이 조명이 없다면 인간은 성경에 대한 지식(knowledge)은 알 수 있으나 거기에 담긴 진리(truth) 자체를 깨달을 수 없다. 아무리 유능한 신학자라도 성령의 조명을 통한 믿음의 눈으로 성경을 연구하지 않는 한, 경건한 신앙으로 성령의 조명하심을 얻은 무식한 사람만큼도 성경의 실체를 깨달을 수 없다. 따라서 조명적 영감설은 영감과 조명의 차이를 혼동한 이론이다.

(4) 유기적 영감설(Organic Inspiration)

유기적 영감설은 정통 신학자들의 견해로서, 성령은 성경 기자의 개성·교육 정도·문화적 관습 등 그들의 고유한 인격을 유지하면서 주님의 뜻에 위배되지 않도록 성경 기록 과정에서 인간 기자의 영육을 유기적으로 섭리·간섭하셨다는 견해이다. 즉 성경을 기록할 때 초자연적 영감을 주셨으나 인간적인 요소를 생생하게 사용하셔서 기록된 글에 개인적 특성이 잘 드러나도록 하셨다는 이론이다(빌3:17~19). 따라서 성령의 유기적 영감을 받은 기자는 자신의 개성을 살리면서도 정확하게 하나님의 뜻을 기록할 수 있었다. 이는 자유의지를 가진 인간을 섭리하시는 하나님의 구원 섭리와도 잘 부합하는 이론이다(막12:36,37).

2) 성경 영감의 범위

이제 유기적인 영감을 인정한다 하여도 성경의 어느 부분이 영감되었다는 말인가?
성경의 모든 부분이 영감된 것인가, 아니면 단지 부분적인 영감인가?
사상·부분·완전 영감설 중 완전 영감설이 예수님의 견해와 일치한다.

(1) 사상 영감(Conceptual Inspiration)

사상 영감은 성경의 전체적인 사상은 영감되었지만, 사상을 표현하는 문자나 용어들은 저자 임의대로 선택하여 사용했다는 이론이다. 즉 하나님은 기자에게 사상이나 개념을 주시고 기자는 자신의 언어로 그 사상을 표현한 것이다. 언어 선택에 있어서 하나님의 지도 없이 자유롭게 자신의 언어를 선택했기 때문에 성경 기록에 오류가 있을 수 있으며 성경은 불완전하다는 것이다.

(2) 부분 영감(Partial Inspiration)

부분 영감은 성경 전체가 영감된 것이 아니라 신앙과 윤리 부분만 영감되었다는 견해로 역사·과학·연대 등의 비신앙적인 부분은 인간적인 관점으로 쓰여졌음으로 역사적·시대적·고고학적·과학적 오류가 있다는 주장이다.

(3) 완전 영감(Plenary Inspiration)

완전 영감은 하나님의 영감이 성경 66권 모든 부분에 제한 없이 미쳤다는 이론이다. 종교적·도덕적 진리뿐만 아니라 역사적·과학적 내용도 모두 오류가 없이 진리라는 이론이다. 더욱이 성경의 문자 하나 하나에까지 하나님의 영감이 미쳐서 하나님께서 인간에게 전달하시려는 진리가 올바로 표현되고 오류 없이 완전하게 기록되었다는 것을 '완전축자영감'(完全逐字靈感)이라 한다.

> 오늘날 자유주의 신학자들이 역사적 사실이 아닌 설화나 꾸며낸 이야기라고 주장하는 구약의 사건들과 인물들에 대하여 예수님은 그들의 역사성을 확언하셨다:

- 첫사람 아담과 이브의 역사성 : 창2:21~23 ⇔ 마19:5,6;막10:6~9
- 노아 홍수의 역사성 : 창7:1~5 ⇔ 마24:37~39
- 요나가 물고기 뱃속에 삼일간 있었던 사건의 역사성 : 욘1:17 ⇔ 마12:38~40
- 소돔과 고모라 성 멸망의 역사성 : 창19:23~25 ⇔ 눅17:28,29

✎ 전체 영감과 축자 영감

성경에 관한 예수 그리스도의 견해는 매우 중요하다. 그리스도의 성경관은 모든 그리스도인의 성경관을 결정하는 규범이 되어야 하기 때문이다.

① 예수님은 구약성경을 인용하시면서 구약 전체가 영감으로 쓰였음을 인정하셨다:
"진실로 너희에게 이르노니 천지가 없어지기 전에는 율법의 일점 일획도 결코 없어지지 아니하고 다 이루리라"(마5:18).
여기서 '일점'이란 히브리어 문자에서 가장 작은 글자인 '요오드'(׳)를 가리키며, 헬라어에서는 '이오타'(ι) 정도의 작은 문자를 뜻한다. '일획'은 '케라이아'(κεραία)로 작은 돌출부를 뜻하며, 비슷하게 생긴 두 히브리 단어 사이의 세미한 차이를 의미한다. 예를 들어 영어의 O와 Q에 있어서의 차이는 Q의 돌출부분에 있는 것과 같다. 결국 예수님은 여기에서 구약성경이 '붓 하나 살짝 움직인 정도'의 아주 조그만 내용조차도 모두 하나님의 영감된 말씀의 권위를 갖는다는 것을 분명히 하고 계신다.

② 예수님은 하나님의 아들이라 불릴 수 있는 그의 권리에 대하여 유대인과 논쟁을 벌이는 동안에 시편 82:6을 인용하셨다:

"성경은 폐하지 못하나니"(요10:35).

여기서 "폐하다"(뤼데나이 λυθῆναι)란 말은 오류가 발견되어 권위가 서지 않는다는 뜻이다. 예수님은 구약 가운데 별로 중요하게 여겨지지 않는 사소한 구절 하나를 인용한 후 성경은 결코 폐해지거나 무시될 수 없다고 말씀하셨다. 이 구절은 구약성경의 권위가 절대적이며 하나님의 영감에 의한 것임을 암시하고 있다.

③ 예수님은 구약성경을 인용하실 때 단어·음절·구두점까지를 중요하게 여기셨다:

마태복음 22:32은 출애굽기 3:6의 "나는 네 조상의 하나님이니 아브라함의 하나님, 이삭의 하나님, 야곱의 하나님이니라"는 말씀을 인용하였다.

여기서의 강조점은 동사의 시제에 있다. 이 시제 때문에 "하나님은 죽은 자의 하나님이 아니요 산 자의 하나님이시니라"는 결론으로 나아가게 된다. 본문에서 1인칭 be 동사인 '에이미'(εἰμι, am)란 현재 동사를 사용하여 오늘날도 여전히 아브라함과 이삭과 야곱이 살아 있음을 보여준다. 즉, 아브라함과 이삭과 야곱 등 과거에 죽은 사람들의 입장에서 보았을 때는 죽은 상태에 있지만, 하나님의 입장에서 보았을 때는 살아 있는 상태에 있는 것이다(눅20;37,38). 여기서 이 모든 논리를 주도하는 것은 '에이미'라는 단어이다.

또 마태복음 22:44의 요점은 소유격 접미사(나의)에 있다. "주께서 내(나의) 주께 이르시되" 이 경우에 다윗이 "성령에 감동하여" 소유격 접미사를 사용했다고 예수님이 분명히 말씀하셨다.

✍ 성경구절의 정교한 배열에 감추어진 하나님의 의도

다음 구절들을 헬라어 원어에 입각하여 다시 번역하면 다음과 같다:

"나는 알파와 오메가요 시작과 끝이라"(계1:8, "I am the Alpha and the Omega-the beginning and the end," *NLT*譯).

"나는 처음이요 나중이라"(계1:17, "I am the First and the Last." *NLT*譯).

"나는 알파와 오메가요 시작과 끝이라"(계21:6, "I am the Alpha and the Omega - the Beginning and the End." *NLT*譯).

"나는 알파와 오메가요 처음과 나중이요 시작과 끝이라"(계22:13, "I am the Alpha and

the Omega, the First and the Last, the Beginning and the End."*NLT譯*).

이 네 구절은 서로 떨어져 있으면서도 **평행 대구적 배열**(平行 對句的 配列)을 통해 모두 성부(계1:8, 21:6)와 성자(계1:17, 22:13)의 신적 자기 선언을 강력하게 표출하고 있다(사41:4, 44:6, 48:12).

특히 계시록 1:8과 22:13은 '하나님의 생명 부여'에 초점 맞추어져 있는 반면, 계시록 1:17과 21:6은 '그리스도의 지상 재림'과 관련되어 있다. 이는 계시록이 예수님의 재림 사건 자체보다 이를 통하여 성도들에게 하나님의 생명을 온전히 부어 주시는 것이 하나님의 궁극적 관심사임을 확연히 드러낸다(빌3:20, 21; 골3:4; 요일3:2; 벧전5:1).

또한 계시록 1:8과 1:17이 계시록의 서론 부분에, 계시록 21:6과 22:13이 계시록의 결론 부분에 위치하고 있는 것은 성부와 성자가 동일하게 계시록의 모든 사건을 주관하시고 구속사를 섭리하시는 전능하신 하나님임을 선언하기 위해서이다(고전8:6).

🔍 성경 필사의 정확성, 서기관의 성경 쓰기

예수님 이전 구약 시대로부터 오늘날에 이르기까지 유대인들은 성경을 필사할 때 한 자 한 자 틀리지 않고 정확하게 쓰기 위하여 혼신의 힘을 다한다. 덕분에 성경 사본들은 다른 어떤 문서보다도 더 정확하게 보존될 수 있었다. 예수님 당시 성경을 필사했던 사람들을 가리켜 서기관(쏘페르)이라 불렀다.

2세기의 유명한 랍비 메이르는 서기관이 하는 일의 중요성을 강조하면서, "요드(׳) 한자라도 빼거나 더하지 마시오! 그렇게 하면 전 세계가 파괴될 것입니다"라고 말했다. 히브리어에서 가장 작은 글자인 '요드'(׳) 하나를 잘못 쓸 때 온 세상이 멸망한다는 그들의 가르침은 그들이 얼마나 성경 필사를 신중하고도 엄격한 일로 생각했는지 단적으로 보여준다. 그래서 대부분의 서기관들은 성경 본문을 대부분 암송하지만 기억에 의존하여 성경을 필사하는 것은 엄격히 금지되어 있다. 이는 조그만 실수도 막기 위함이다. 따라서 모든 서기관들은 그들 앞에 놓여 있는 대본을 한 자 한 자 일일이 살펴보며 필사한다. 성경을 필사하는 데는 한 자 보고 한 자 쓰고 한 자 보고 한 자 쓰는 철저함이 요구되기 때문이다.

오늘날 예루살렘 '메아샤아림'에 사는 아브라함 서기관의 삶을 살펴보면 어느 정도 예수님 당시 서기관의 삶을 엿볼 수 있다.

「새벽 일찍 일어난 아브라함 쏘페르는 먼저 목욕부터 하였다. 온 몸을 정성껏 닦아 어느 한 구석도 더럽지 않게 했다. 목욕을 마친 그는 매일의 습관대로 회당에 가서 오늘도 거룩한 일을 하기 전에 먼저 하나님께 기도하였다. 집으로 돌아와 간단히 식사하고 작업실로 들어갔다. 그곳에는 여러 종류의 가죽들이 여기 저기 흩어져 있는데, 책상에 앉자 오늘 사용할 양피지를 쭉 펼쳐 놓고 잉크와 새의 깃털로 만든 펜을 정돈한 후에 다시 한 번 기도하였다. 아브라함은 책상에 앉아서 거위 깃털 펜을 뾰족하게 깎았다. 그리고 글을 쓰기 전에 잠시 묵상하고 마음을 가다듬었다. 그의 아버지와 할아버지의 손길이 머물렀던 성경을 응시하며 잠시 기도하였다. "내가 오늘 토라 두루마리를 기록하는 것은 토라의 거룩함을 수호하기 위함입니다." 기도를 마친 아브라함은 필사하기 시작하였다.」

3) 성경의 무오성

이제 성경의 모든 말씀이 영감에 의한 하나님의 말씀이라는 사실을 알게 되었다. 그렇다면 성경은 '신뢰성'과 '무오성'을 지닌다. 성경의 무오성을 다루는 이유는 '무오 교리'는 '완전영감 교리'의 당연한 결과이기 때문이다. 만일 성경에 오류가 있다면 구원의 지침서로서의 하나님 말씀임을 믿기가 어렵기 때문이다. 교회는 역사적으로 성경의 무오를 주장해 왔다.

루터는 "성경에 오류가 없다. 성경에는 결코 오류가 있을 수 없다. 성경이 모순되게 보이는 것은 무감각하고 완고한 위선자들에게만 그렇게 보여질 뿐이다"라고 했다. 그런데 왜 성경의 오류를 적극적으로 주장하는 사람들이 있는가? 문제는 성경 자체의 '오류'(誤謬)에 있는 것이 아니라 해석자들이 명쾌히 풀지 못하는 '난제'(難題)일 뿐이다. 사실 모순처럼 보이는 구절들은 고고학이나 과학의 발달과 더불어 풀리는 경우가 많다. 그러므로 현재 우리 지식수준으로 성경을 해석하면서 모순된다고 속단하는 것은 금물이다.(성경의 모순처럼 보이는 난제들에 대한 명쾌한 답을 얻는데 참고할 수 있는 좋은 서적은 글리슨 아처의 『성경 난제 백과사전』이다)

(1) 제한 무오(Limited Inerrancy)

성경이 구원의 가르침에는 무오하지만, 과학과 역사적 측면에는 성경이 기록되던 당시의 일반적인 지식의 수준을 뛰어넘지 못하기 때문에 오류가 있다는 주장.

(2) 목적 무오(Inerrancy of Purpose)

성경이 사실이거나 정확하기 때문에 무오한 것이 아니라, 성경의 목적은 그리스도와 인간이 서로 인격적 교제를 나누게 하는 데 있기 때문에 그 목적을 온전히 성취시킨다는 의미에서 무오하다는 주장.

(3) 완전 무오(Full Inerrancy)

성경이 일차적으로 과학적이고 역사적인 자료를 주려는 목적을 갖고 있지는 않지만 그것이 주장하고 있는 과학적이고 역사적인 내용은 온전히 사실이라는 주장.

따라서 제한·목적·완전 무오 중 완전무오가 가장 성경적 학설이다.

📖 둥근 지구 위에 앉으신 하나님

이사야 40:22은 지구가 '둥근 원'이라고 가르치고 있다:

"그는 땅 위 궁창에 앉으시나니 땅에 사는 사람들은 메뚜기 같으니라…"

이 기록에 나오는 "땅 위 궁창에 앉으시다"는 말씀은 영어 성경에서는 '지구의 둥근 원 위에 하나님이 앉아 계신다'(It is God who sits above the circle of the earth, *NLT* 譯)로 번역할 수 있다. 여기서 '궁창'(후그 חוג)에 해당하는 영어 'circle'은 '둥근 원'을 가리키는 말이다. 그러므로 이 말씀은 지구가 둥글기 때문에 공중도 둥글고 지평선 역시 둥글다는 것을 나타낸다.

또한 욥기 26:10은 수평선이 둥글다는 사실도 기록하고 있다:

"수면에 경계를 그으시니 빛과 어둠이 함께 끝나는 곳이니라"

본문에서 '경계를 그으셨다'는 말은 수면에 원을 그리셨다는 뜻이다.

["He hath compassed(후그 חוג) the waters with bounds…." *KJV* 譯 /

"He created the horizon when he separated the waters." *NLT* 譯 /

"I was there when he established the heavens, when he drew the horizon on the oceans." *NLT* 譯].

이렇게 지구가 둥글다는 사실을 예수님께서도 언급하셨다. 예수님이 재림하실 때 지구 한 쪽의 사람들은 식사를 준비하는 아침이 될 것이고, 다른 한 쪽은 밖에서 일하는 낮이 될 것이며, 또 다른 한 쪽은 누워 자는 밤이 될 것이라고 하셨다(마24:40,41;눅17:34~35). 예수님 당시의 A.D 1세기 사람들은 둥근 지구가 자전한다는 사실을 몰랐지만, 하나님이신 예수님은 알고 계셨다.

지구가 둥글다는 사실에 대해 하나님은 욥기 38:9에서도 언급하고 있다:

"그 때에 내가 구름으로 그 의복을 만들고 흑암으로 그 강보를 만들고…"

여기서 하나님은 지구를 강보로 싸셨다는 표현을 하셨다. 강보는 갓난아기를 안는 포대기를 말하는데, 갓난아기를 포대기로 안을 때는 둥글게 둘러싸듯 말아서 안는다. 즉 이 말은 하나님이 흑암으로 지구 주위를 둥글게 둘러씌웠다는 뜻이 된다. 이 말씀의 진실은 오늘날 우주과학의 발달과 더불어 지구가 칠흑같은 캄캄한 우주 공간에 둘러싸인 채 떠있다는 사실을 통해 입증되었다.(안환균, 『변증의 달인』 89, 90쪽)

✍ 우주 공간에 떠 있는 지구

B.C. 2000년경에 기록된 욥기26:7에 나오는 "북편 하늘을 허공에 펴시며 땅을 공간에 다시며"라는 말씀에는 오늘날 확인된 두 가지 과학적 사실을 정확하게 묘사하고 있다.

① **"북편 하늘을 허공에 펴심"**: 이는 북편 하늘에 허공이 있음을 말하고 있는데, 여기서 '북편 하늘'은 북극성·북두칠성·오리온성좌 등이 있는 북반구 하늘을 가리킨다. 현대 과학은 최근에야 이 사실을 알게 되었다. 즉 미국의 3대 천문대에서 망원경으로 관측한 결과, 우리가 관측할 수 있는 우주의 거의 1%에 해당하는 부분이 북극 지방의 하늘에서 비어 있음을 확인한 것이다. 이 텅 빈 공간은 북두칠성 뒤쪽에 위치하며 이 공간의 지름은 3억 광년에 이른다.

② **"땅을 공간에 다심"**: 고대 사람들은 지구가 네모나며 아틀라스 신의 어깨나 우주 코끼리의 등에 올려져 있다고 생각했다. 이런 생각은 이집트의 천문학자 프톨레마이오스(Claudios Ptolemaios, A.D. 85?~165?)가 제안한 이론에 의해 더욱 확고해졌는데, 그는 지구가 태양계의 고정된 중심이며 별이나 혹성들은 지구 주위를 돌고 있다고 생각했다. 이처럼 지구가 고정되어 있다는 생각은 16세기까지 계속되었다. A.D. 1543년 지구는 둥글며 우주 위에 떠 있다고 대담하게 주장한 폴란드 천문학자인 코페르니쿠스(Nicolaus Copernicus, 1473~1543)에 의해 지구가 태양의 주위를 돈다는 지동설이 대두되었다. 그 후 영국의 천체 물리학자 뉴턴(Isaac Newton, 1642~1727)이 만유인력의 법칙을 발표하여 지구가 허공에 떠 있다는 사실을 과학적으로 입증하였다. 더욱이 이 사실은 1968년 12월 아폴로 우주선에 탑승한 미 우주 비행사들이 달을 돌면서 '우주 공간에 떠 있는 지구'를 사진 촬영하여 발송함으로 그 확실성이 입증되었다. 그러나 이들보다 훨씬 앞서, 움직이는 지구에 대해 밝히고 있는 책은 성경이다.

"땅을 공간에 다시며"라는 구절은 지구가 허공(우주 공간)에 떠있는 현상을 분명히 명시하고 있다. 이러한 천체 현상에 대한 욥의 언급은 매우 놀라울 정도이다("… hangs the earths upon or over nothing," *AMP*譯).

특강 성경에 서로 모순처럼 보이는 구절들에 대한 해설

우리가 성경을 연구하는 과정 중에 서로 모순처럼 보이는 구절들을 발견할 때, 성경을 오류투성이의 불완전한 책으로 여기지 말고 상호 보완적 구절들로 이해하는 신앙적 자세가 중요하다. 몇 가지 실례를 들어보고자 한다.

1. 민수기 25:9, "그 염병으로 죽은 자가 <u>이만 사천 명</u>이었더라" ⇔ 고린도전서 10:8, "그들 중의 어떤 사람들이 음행하다가 하루에 <u>이만 삼천 명</u>이 죽었나니 우리는 그들과 같이 음행하지 말자"

하나님께서 이스라엘 백성들이 모압 여인들과 음란에 빠져 바알브올을 섬기자 염병으로 그들을 심판하여 하루에 이만 사천 명이나 몰살시켰다고 민수기 25:9에 기록되어 있다. 그런데 고린도전서 10:8에서 바울은 그 숫자를 이만 삼천 명으로 언급하고 있다. 아마도 바울은 민수기 25:5에 언급된 사사들에 의해 처형된 사람들의 숫자를 공제한 인원수를 말하고 있다고 볼 수 있다. 그것이 아니면, 적어도 민수기 25:9의 내용이 재앙의 전 기간 동안 즉 이틀 동안의 희생자를 언급한 반면, 바울은 하루의 희생자를 언급한 것이라 할 수 있다.

2. 마태복음 27:5, "유다가 은을 성소에 던져 넣고 물러가서 스스로 <u>목매어 죽은지라</u>" ⇔ 사도행전 1:18, "이 사람이 불의의 삯으로 밭을 사고 후에 <u>몸이 곤두박질하여 배가 터져 창자가 다 흘러 나온지라</u>"

마태복음 27:5을 보면 가룟 유다는 스스로 목을 매어 죽은 것으로 기록되어있다. 그런데 마태의 간략한 표현에 비하여 사도행전 1:18의 묘사는 가룟 유다의 자살 광경에 대해 더 구체적이고 섬뜩한 내용을 전하고 있다. 이 두 구절은 어떻게 조화를 이룰 수 있을까? 가룟 유다가 목을 맸던 줄이 끊어지거나 나뭇가지가 부러지면서 그의 몸이 땅으로 떨어졌다. 그리고 아마도 떨어지면서 주위의 바위 같은 것에 심하게 부딪쳐 배가 터지고 창자까지 흘러 나오게 되었던 것으로 보인다. 전설에 의하면 가룟 유다는 몸이 부풀어 오르는 병에 걸려 있었기 때문에 땅에 떨어졌을 때 배가 쉽게 터졌을 것이라고 설명하기도 한다.

한편 사도행전 1:18에서 "곤두박질하여"(프레네스 게노메노스 πρηνὴς γενόμενος)는 '높은 곳에서 머리가 아래를 향하여 거꾸로 내리박혀'라는 의미를 함축한다. 아마도 유다가 목을 맨 장소가 벼랑 끝 같은 곳이어서 줄이 끊어진 뒤에 몇 번 굴러 머리는 땅에 처박히고 결국에는 배가 터지는 비참한 최후를 맞이한 것으로 보인다.

3. 사도행전 9:7, "같이 가던 사람들은 <u>소리만 듣고 아무도 보지 못하여</u> 말을 못하고 서 있더라" ⇔ 사도행전 22:9, "나와 함께 있는 사람들이 <u>빛은 보면서도 나에게 말씀하시는 이의 소리는 듣지 못하더라</u>"

사도행전 22:9은 '바울과 동행하는 사람들이 참으로 빛을 보았다. 그러나 소리는 듣지 못했다'라는 의미를 강조해 준다. 그런데 이와 병행을 이루는 사도행전 9:7에서는 동행자들이 '소리는 듣고 아무도 보지 못했다'라고 기록하여 본문과 차이를 보이고 있다. 그러나 원문을 연구해 보면 그 내용에는 별 차이가 없다. 사도행전 22:9에서 '듣지'로 번역된 '에쿠산'(ἤκουσαν)은 '듣다'라는 의미 뿐 아니라 '이해하다', '순종하다'라는 뜻의 '아쿠오'(ἀκούω)의 부정과거형으로 본문에서는 '이해하다'라는 의미로 사용되었다(마13:15;막8:18). 따라서 바울과 동행했던 사람들은 소리를 듣지 못했다는 것이 아니라, 그 소리의 의미를 이해하는 사람이 없었다는 뜻이다. 다시 말해서 바울의 동행자들이 태양같이 밝은 빛과 천둥 같은 소리를 들었으나 바울 외에는 그 소리의 의미를 정확하게 이해하는 사람이 없었다.

사도행전 26:14은 이것을 입증해 준다: "우리가 다 땅에 엎드러지매 내가 소리를 <u>들으니</u>(에쿠사 ἤκουσα) 히브리 말로 이르되 사울아 사울아 네가 어찌하여 나를 박해하느냐 가시채를 뒷발질하기가 네게 고생이니라"

2. 성경의 무오

신학자들은 성경이 하나님의 말씀이라고 주장하는데 그 의미는 무엇인가?

이 말을 하나님이 성경 기자들에게 자신의 말씀을 한 자 한 자 일러주어 정확하게 적게 하셨다는 의미로 이해하려는 사람이 적지 않다. 그러나 성경이 하나님의 말씀이라고 하는 것은 그런 의미가 아니다. 분별력이 그리 뛰어나지 못한 독자라 할지라도 성경을 대하면 성경 기자들마다 각기 다른 문체와 문학 구조, 문법을 구사하였음을 알 수 있다. 이러한 차이점은 히브리어와 아람어, 헬라어로 기록된 원어 성경에서 더욱 분명히 드러난다. 사도 바울은 성경을 기록할 때 마치 논리 정연한 논문을 쓰듯 했고, 마가가 사용한 헬라어는 세련되지 못하고 문법적으로도 틀린 부분이 있는데 이것은 평소의 언어 습관이 그대로 반영되었기 때문이다.

또 신약 성경에 보면 구약을 그대로 인용하지 않고 이따금 부연 설명한 경우가 있다(시 78:2⇔마13:35;슥9:9⇔마21:5). 그 이유는 도대체 무엇일까?

1) 성경 기록의 3가지 방식

하나님은 적어도 세 가지 방식으로 성경 기자들을 들어 쓰셨다.

(1) 하나님은 성경 기자가 알고 있는 사실을 기록하도록 인도하셨다

예를 들어 누가는 다른 증인들과 마찬가지로 예수님의 생애에 대하여 기록하기에 앞서 자세히 연구 검토하였다(눅 1:3,4). 심지어 그는 그리스도의 생애와 사역에 대해 기록할 때, 자신이 거룩한 성경을 기록하고 있다는 사실조차 자각하지 못하고 있었다. 그는 다만 자신이 목격하고 조사한 것을 사실대로 기록하였을 뿐이다.

(2) 하나님은 성경 기자가 사용하는 문체로 기록하도록 인도하셨다

예를 들어 바울은 자신의 독특한 문체를 자유롭게 구사하면서 교리적 문제에서 개인적 문제에 이르기까지 다양한 내용을 수록하였다. 그는 디모데후서에서 자신이 영원 전부터 우리를 알고 계시는 하나님의 권위에 입각해 말한다고 언급한 후(딤후1:9), 이어서 개인적 당부도 기술하였다(딤후4:13). 이렇듯 하나님은 바울의 문체와 관심거리, 그의 재능을 사용해 하나님의 말씀을 기록하도록 하셨다.

(3) 하나님은 성경 기자가 정확하게 말씀을 받아 적도록 인도하셨다

모세가 "너는 나 외에는 다른 신들을 네게 두지 말라"(출20:3)는 하나님의 말씀을 기록하였는데, 그 자신의 독특한 문체가 가미될 여지가 전혀 없었다. 십계명이 바로 그 좋은 예이다. 하지만 하나님이 성경 기자에게 그대로 받아 적도록 한 경우는 드물고, 대부분의 경우 그들의 고유한 문체를 사용해 말씀을 기록하도록 인도하셨다.

2) 성경의 이중 저작권

(1) 성경의 이중 기원

성경을 보는 두 가지 관점이 있다. 하나는 '자연주의자들의 견해'로서, 그들은 성경이 단순한 인간의 저작물에 불과하다고 주장한다. 그들은 인간이 하나님에 대해 갖고있는 관념을 글로 기록한 것이 곧 성경이라고 주장한다. 그리고 성경에 나오는 이적들을 신화로 간주한다(성경의 인간적 기원 강조).

또 다른 극단은 '근본주의자들의 견해'로서, 그들은 성경이 하나님의 말씀이라는 사실이 부인될까 두려워서 성경에 대한 역사 비평적 분석 작업을 한사코 기피한다. 이들은 성경 기자들이 마치 속기사처럼 하나님이 하신 말씀을 한 자 한 자 받아 적었다고 주장한다(성경의 신적 기원 강조).

이 문제를 극복할 수 있는 유일한 방법은 〈성경의 이중 저작권〉을 인정하는 것이다: 성경은 하나님의 책인 동시에 인간의 책이다. 하나님은 성경의 기록 과정을 주관하시고 자신의 뜻을 거기에 계시하셨다. 그리고 성경 기자들은 이 계시를 인간의 언어와 각자의 문체를 사용해 기록함으로써 후 세대에도 하나님의 말씀을 자연스럽게 대할 수 있도록 하셨다.

그래서 워필드(B. B. Warfield, 1851~1921)는 "영감에 있어서 하나님의 활동은 인간을 대신한 것이 아니라, 성경이 하나님과 인간의 공동 작품이라고 말할 정도로 하나님은 인간과 협력하여 일하셨다"고 하였다.

그런데 어떤 학자들은 성경이 하늘로부터 떨어진 것이 아니라 실수를 범할 수밖에 없는 인간에 의해 기록된 것이기 때문에 그 내용에서 오류가 발견된다고 주장한다. 이런 주장은 전능하신 하나님의 능력을 무시한 데서 비롯된 것이다. 이같은 사실을 우리는 그리스도의 성육신과 성경의 기록을 대비해 보면 재미있는 일치를 발견하게 된다.

성경의 권위는 하나님의 영이 인간의 손으로 그의 말씀을 쓰게 한다는 '마술'에 있는 것이 아니라, 인간적이고 역사적인 재료를 하나님이 그의 도구로 삼아서 이것을 통해 말씀하셨다는 '기적'에 있다(시12:6). 만일 성경이 하나님의 초자연적인 방법으로 인간에게 전달되었다면 인간은 곧 〈성경 숭배주의〉에 빠지고 말 것이다. 그리고 신적인 것은 인간적인 것의 곁에 있는 것이 아니라 그 안에 있다. 왜냐하면 하나님의 말씀이 인간적 도구의 형태를 통해서 인간에게 왔기 때문이다(단9:2). 우리는 종종 성경 속에 있는 인간적 요소를 과소평가하려는 경향이 많다. 만일 우리가 성경의 인간성을 부인한다면 〈성경 영지주의〉와 다를 것이 없다.

마호메트가 기도하는 중에 가브리엘 천사가 불러주는 계시를 그대로 받아썼다는 것이 '꾸란'('꾸란'이란 마호메트에게 주어진 계시의 암송이란 뜻)이며, 요셉 스미스는 기도 중에 천사 모로니가 '영원한 복음으로 가득 찬 황금 판으로 된 책'의 위치를 알려주었고, 그 책을 통하여 '몰몬경'이 나왔다는 것이다. 이런 검증될 수 없는 일방적인 계시가 신빙성이 있겠는가? 성경의 증언 중에 인간의 개입 없이 하나님이 직접 쓰신 글은 십계명의 두 돌비(출31:18, 34:1)와 벨사살 왕 때 벽에 나타난 글뿐이다(단5:5).

(2) 성육신된 말씀과 기록된 말씀

우리가 성경을 연구하다보면 '살아있는 성육신 된 말씀'과 '살아있는 기록된 말씀' 사이에서 놀라운 일치성을 발견하게 된다. 양쪽 다 영원한 생명을 지닌(요일1:2⇔요5:39) 생명의 말씀이라 칭해지고 있다(요일1:1⇔빌2:16). 그래서 예수 그리스도(요1:1;요일1:1;계19:13)와 성경(히4:12;벧전1:23)은 동일하게 '하나님의 말씀'으로 불린다. 다시 말해서 성육신 한 그리스도와 성경은 동등한 권위를 지니고 있는 것이다. 왜냐하면 생명 되시는 주님(요14:6, 11:25)이 하신 말씀 역시 생명이기 때문이다(요6:63,68).

많은 학자들이 의구심을 떨쳐버리지 못하는 부분은 하나님의 계시를 인간 저자가 기록할 때 오류를 범할 수 있지 않았겠는가의 문제이다. 우리는 이것에 대해 확실한 답을 성육신 사건에서 발견할 수 있다. 예수 그리스도는 100% 신성과 100% 인성을 동시에 지니신 분이다. 다시 말해서 그는 완전한 하나님이시면서 동시에 완전한 인간인 것이다. 어떤 사람들이 말하는 것처럼 예수님은 하나님이시기 때문에 단지 외견상 인간으로 보였다거나(가현설적 기독론), 혹은 예수님은 하나님이 아닌 인간에 불과하다고 보는 견해는(인본주의적 기독론) 모두 잘못된 것이다. 예수님이 이 땅에 육신을 입고 오실 때 죄 있는 인간 부모에게서 탄생했지만, 성령의 덮으심을 통하여 죄 없이 태어나실 수 있었다(마1:18;눅1:34~38). 이와 마찬가지로 하나님의 말씀이 죄 있는 인간 저자를 통해 기록되었지만 성령께서 감독하셨기 때문에 전혀 오류가 없다. 만일 우리가 성육신 하신 예수 그리스도의 완전성을 믿는다면(요8:46;히7:26,9:14), 기록된 하나님 말씀의 완전성 역시 믿음으로 쉽게 믿을 수 있을 것이다(시19:7).

3) 성경의 역사성에 대한 고고학적 증거들

성서 고고학의 발전을 통하여 성경의 역사성이 입증되고 있다.(어윈 루처, 임종원 옮김, 『성경을 믿어야 하는 일곱 가지 이유』, 73~83쪽) 그러나 타종교의 기록들은 고고학적으로 증명되지 못한 경우가 허다하다. 몰몬교의 경우 그 창시자 요셉 스미스가 뉴욕 근처의 쿠모라(Cumorah) 산에서 몰몬경을 금판에 적힌 형태로 발견했다고 주장하였다. 또 몰몬경에 네피(Nephi)족 이야기가 나오는데, 네피족은 북미 대륙에 37개의 도시를 건설했으며, 배도 건조하고 동전과 무기도 제조했다는 것이다. 그런데 23만 명의 네피족 사람들이 모두 쿠모라 전투에서 죽었다고 한다. 그런데 만약 이런 문명이 있었다면 고고학적으로 단 하나의 자료라도 발견되어야 하는데 지금까지 아무런 고고학적 발견이 없었다. 하지만 성경과 관련된 고고학적 발견이 무수히 많았다는 사실은 성경의 기록이 모두 역사성에 근거하고 있음을 입증해 준다.

(1) 구약성경의 창조 기사

모세는 하나님의 계시를 받아 창조 기사를 기록하였을까? 아니면 기존 자료들을 참조해 재구성했을까? 이와 관련하여 고고학적 자료들은 그 의문과 해답을 제시해 준다.

니느웨를 발굴하였을 때, 앗수르 왕 앗술바니팔(B.C. 668~626)의 서고에서 수천 개의 점토 서판이 발견되었다. 그 가운데 소위 '창조 서사시'라고 하는 일곱 개의 서판이 있었는데 여기에는 성경의 창조 기사와 일치하는 6일간의 창조와 하루의 안식에 대한 내용이 기록되어 있다. 발견된 창조 설화도 창세기의 개요와 유사하지만 비성서적·다신론적인 내용이 담겨 있다.

연대적으로 볼 때, 바벨론 창조 설화는 창세기보다 적어도 몇백 년 앞선 것이므로 비평가들은 모세가 이교도들의 자료를 참조해 창세기의 창조 기사를 재구성한 것이 분명하다고 주장한다. 하지만 하나님이 모세 이전 세대들에게 창조 사건에 대해 계시하셨는데 그것이 구전되는 과정에서 와전되었을 가능성이 농후하다. 그렇다면 모세 이전의 고대인들이 창조 기사를 글로 기록할 당시, 고대 신화와 혼합하여 기록하였을 것이다. 즉 개요 내용은 완전하지만 각 민족의 종교와 풍습에 따라 각색된 부분이 있다는 것이다. 다시 말해 바벨론인들이 원래의 창조 기사를 다신론에 입각하여 윤색했을 가능성이 크다. 하나님은 모세에게 창조 사건에 대해 정확하게 계시하셨다. 따라서 창세기의 창조 기사와 바벨론의 창조 설화가 유사하다는 사실은 인류가 최초에 공통의 자료를 갖고 있었음을 시사한다. 이는 곧 최초의 인류가 구전을 통해 세상 만물이 어떻게 창조되었는지 정확하게 알고 있었다는 것을 의미이다.

(2) 구약성경의 홍수 기사

앗술바니팔의 서고에서 발굴된 유물들 중에 관심을 끄는 것은 바벨론 홍수 설화가 적혀 있는 '길가메쉬 서사시'라고 하는 서판이다. 고고학자들은 이 홍수 설화가 창세기의 노아 홍수 기사와 단 두 곳만 상충될 뿐 거의 일치함을 발견하였다.

창세기의 홍수 기사와 바벨론의 홍수 설화는 대홍수가 실제로 발생하였음을 확정해 준다. 홍수 이후 노아의 자손들은 각지에 흩어져 살게 되었다. 노아 홍수 기사와 바벨론 홍수 설화가 상충된 부분이 있는 까닭은 그것이 구전되다가 글로 기록되는 과정에서 바벨론인들이 다신론 사상에 입각하여 각색했기 때문인 것이다. 그러므로 우리는 유사한 창조 기사들이 있으며, 그 내용 중 상충되는 부분이 있는 것에 대해 놀랄 필요가 없다. 하나님이 모세에게 창세기를 기록하도록 영감하셨을 때 그에게 주신 계시야말로 정확 무오한 것이다.

(3) 구약성경의 헷 족속 기사

헷 족속은 성경 외의 고대 문헌에 언급이 없다는 이유로 오랫동안 그 존재가 부정되었다(창

15:20, 23:3, 5, 7, 10, 18, 20; 출3:17; 신20:17; 수1:4, 3:10). 그러나 독일의 휴고 빙클러(Hugo Winckler) 교수가 1911~1912년에 보가즈괴이(Bogazköy)에서 1,000여 개의 점토 서판을 발견하였는데, 그 결과 그곳이 고대 헷 제국의 수도였음을 밝혀냈다. 그러므로 지금은 헷 족속의 실재를 부인하는 사람은 아무도 없다.

(4) 신약성경의 그리스도 탄생 기사

비평가들은 그리스도의 탄생에 대한 누가의 기사가 역사적 허구로 가득 차 있다고 주장한다. 그들은 당시 가이사 아구스도가 인구 조사령을 내리지 않았으며, 구레뇨가 수리아의 총독으로 봉직한 것은 이후의 일이라고 주장한다. 그러면서 설령 인구 조사령이 선포되었다고 하더라도 사람들이 반드시 자기 고향에 가서 호적하지 않아도 주거지에서 세금을 낼 수 있었다고 한다. 게다가 가장이 가족을 대표해 호적할 수 있었으므로 굳이 가족이 동행할 필요가 없었다고 주장한다.

저명한 역사가이자 고고학자인 윌리엄 람세이(William Ramsey)는 누가복음의 역사적 내용이 오류로 가득하다는 사실을 증명해 보이려고 탐구하다가 도리어 "누가복음의 역사적 내용은 정확 무오하다"라고 고백하였다. 그는 구레뇨가 수리아 총독으로 두 번 재직하였는데, 한 번은 그리스도 탄생 당시이고, 또 한 번은 그 이후임을 확인하였다. 로마 제국 당시 인구 조사를 실시한 주기에 따르면 누가복음에 언급된 인구 조사는 B.C. 6~5년경에 실시된 것으로 추정되는데 바로 그 무렵에 그리스도께서 탄생하셨다는 것이 정설이다(눅2:1~4). 고대 문헌에 의하면 인구 조사가 시행될 당시, 객지에 거주하는 자들이 고향으로 돌아가 호적을 게재해야 했음도 밝혀졌다.

(5) 신약성경에 기록된 지명, 인명, 사건들

신약에 기록된 지명과 사건의 정확성을 뒷받침해 주는 고고학적 자료들이 계속해서 발견되고 있다. 신약의 지명, 연대기, 제국의 역사, 당시의 풍속에 대한 기록은 성경 외의 문헌의 기록과 정확히 일치한다. 그 중 몇 가지만 예를 들면 다음과 같다:
① 다섯 개의 행각이 있는 베데스다 못이 실제로 발굴되었다(요5:2).
② 한때 빌라도가 실존 인물인지를 의심하는 학자들이 있었다. 그러나 가이사랴에서 발굴된 비문에 의해 그가 로마의 고위 관리였음이 확인되었다.
③ 아테네에서 '알지 못하는 신'을 위한 제단이 실제로 발굴되었다(행17:23).

3. 경전의 종류

성경은 어느 한 저자가 장문의 단일한 책을 쓰는 식으로 기록한 것이 아니다. 성경은 문학 장르를 달리하는 66권의 책으로 된 일종의 전집물이다. 더욱이 각기 개성, 교육 정도, 시대, 공간적 배경을 달리하는 약 40명의 저자들이 성경이라는 전집물을 만들 생각 없이 각각 기록한 것이다. 그러면 자연히 왜 그 많고 많은 문서 중에서 굳이 66권만 성경(정경)인가 하는 의문이 생긴다. '정경'(Canon)에 해당하는 원어는 '카논'(κἀνων)인데, 길이를 재는 나무, 즉 '자'(尺)를 뜻한다.

그러면 유독 66권을 정경으로 인정하는 근거는 무엇인가?

그것은 객관적으로 확실성을 줄 수 있는 속성들이 66권에 있기 때문이다.

- ▶ **영감성** ⇒ 하나님의 계시로서 일점 일획도 틀림없이 영감으로 기록되었는가?
- ▶ **목적성** ⇒ 인간 구원을 위한 하나님의 뜻에 목적을 두는가?
- ▶ **신뢰성** ⇒ 인간 저자가 하나님의 영감 받은 증거가 있는가(소명·기름부음·사도성)?
- ▶ **보편성** ⇒ 교회가 정경으로 인정하는 보편적 확증이 있는가?
- ▶ **보존성** ⇒ 본문이 하나님의 간섭에 의해 훼손됨 없이 온전히 보존되었는가?

1) 정경

구약 히브리어의 헬라어 번역인 70인역은 외경을 포함하여 53권을, 로마가톨릭은 외경을 포함하여 46권을 정경으로 인정했지만, 유대교에서는 사무엘상하, 열왕기상하, 역대상하, 에스라서와 느헤미야서, 그리고 12개의 소선지서 전체를 한 권의 책으로 간주하여 24권(실제적으로 39권)을 구약 정경으로 채택하였다. 유대 역사가 요세푸스(Josephus, A.D. 37~100) 역시 구약성경을 24권으로 단정하고 있다. 개신교는 이 유대교의 랍비 정통을 따라 39권을 정경으로 인정하고 있다.

(1) 구약 정경의 형성

공식적으로 현재의 구약 39권만을 최초로 정경으로 인정한 것은 A.D. 90년경 얌니아 랍비 회의이다. 그러나 이미 그 이전에 예수님께서 구약 전체를 지칭하시면서 '아벨에서부터 사가랴까지'라는 말씀을 주신 것은 그 이전에도 이미 구약 정경의 범위에 대한 확증이 있었다는 결정적 암시가 된다(눅11:51). 왜냐하면 아벨의 기사는 창세기에 있고, 사가랴의 기사는 역대기에 있는데(대하24:20,22), 유대교의 랍비 전통에 따른 히브리 구약 분류 방식상 창세기는 그 첫 권이고 '역대하'는 마지막이기 때문이다. 따라서 누가복음 11:51의 표현은 결국 구약 전체의 범위가 이미 확증되어 있었음을 암시한다. 그래서 정통주의 신학자들은 구약 정경의 형성시기를 포로 이후 시대인 B.C. 440년경으로 추정하고 있다. 한편 히브리인들의 전통적인 구약 분류 방식은 '율법'(토라 הרות) · '예언서'(네빔 ס׳בנ) · '성문서'(케투빔 ס׳בותכ) 등 3 단계로 구분한다(눅24:44).

(2) 신약 정경의 형성

구약이 B.C. 1400년경 모세오경의 기록을 시작으로 B.C. 400년경의 소선지서 · 에스라 · 느헤미야 등의 기록에 이르기까지 약 1000년의 시간차가 있는 반면, 신약 27권은 모두 A.D. 50~100년 사이 즉 50년 상간에 기록되었다. 초대교회는 사도들이 기록한 성경의 권위를 인정하고 그 말씀을 회람하였다. 이렇게 하여 27권의 신약성경이 모두 기록되기 전에 이미 기록된 신약성경들은 구약성경과 더불어 정경으로 인정받았다(살전5:27;골4:16;계1:3). 사도들이 기록한 성경은 사도들에 의해 즉각적으로 그 권위를 인정받았다(벧후3:15,16;유1:17⇔벧후3:2;딤전5:18⇔눅10:17). 신약 27권은 기록 이후 교회의 중요한 이론과 실천의 기준이 되었다. 뿐만 아니라 초대교부들의 각종 기록과 교회와 관련된 역사 문헌들에 광범위하게 인정받고 있었다. A.D. 4세기 중엽부터 정경 확립의 중요성을 깨달은 동서교회는 A.D. 397년 카르타고 종교회의에서 현재와 같은 27권의 정경을 확립하였다.

2) 외경

'외경'(外經 Apocrypha)이란 '숨겨진 책들'이라는 뜻의 헬라어 '아포크뤼프스'(ἀπόκρυφς)를 음역한 것으로 원래는 비전(秘傳)의 지혜를 내포했다는 의미로 좋은 이름이었지만 나중에는 이교적 교훈을 내포했다는 의미로 사용되었고, 제롬에 의해 정경에 들지 못한 책들을 지칭하는데 사용되었다. 외경은 내용과 형식에 있어 성경과 유사하지만 오류가 있는 수많은 문학 작품들이다. 하지만 외경은 그 당시의 사상적 흐름이나 역사적 배경 및 문학 형식을 밝혀주기 때문에 성경 이해에 많은 도움을 준다.

(1) 구약 외경

구약 외경은 주전 2세기경부터 주후 1세기경까지 쓰여진 작품으로 헬라어 70인역과 라틴어 벌게이트역에는 포함되어 있으나 히브리 정경에서는 제외된 14~15권의 책들을 가리킨다. 이 중에서 로마가톨릭교회는 1546년 트렌트 종교회의에서 12권의 외경을 정경으로 채택했다: ① 에스드라 1서(가톨릭 제외) ② 에스드라 2서(가톨릭 제외) ③ 토빗서 ④ 유딧서 ⑤ 에스더 부록 ⑥ 솔로몬 지혜서 ⑦ 집회서 ⑧ 바룩서 ⑨ 예레미야 서신 ⑩ 아사랴의 기도와 세 청년의 노래 ⑪ 수산나 ⑫ 벨과 용 ⑬ 므낫세의 기도(가톨릭 제외) ⑭ 마카비 1서 ⑮ 마카비 2서 등.

(2) 신약 외경

A.D. 2세기 이후에 기록된 신약 외경은 무려 70개에 달한다. 그 가운데 대표적인 것들은 ① 마리아전 ② 야고보 복음 ③ 위(僞)마태복음 ④ 요셉 복음 ⑤ 도마 복음 ⑥ 니고데모 복음 ⑦ 바울 묵시록 ⑧ 베드로전 ⑨ 요한전 ⑩ 안드레전 ⑪ 도마전 ⑫ 클레멘트의 고린도후서 ⑬ 바나바 서신 ⑭ 이그나티우스의 일곱 서신 ⑮ 폴리갑의 빌립보서 ⑯ 나사렛 사람 복음서 ⑰ 예수님이 입갈에게서 받으신 서신과 회답 ⑱ 바울과 세네카의 서신 왕래 등이다.

3) 위경

'위경'(僞經 Pseudepigrapha) 혹은 '가경'(假經)은 B.C. 2세기~A.D. 2세기 사이에 히브리어·아람어·희랍어로 기록되었으며 구약 정경과 외경에 들지 못한 문서들을 총칭한다. 헬라어로는 '프슈데피그라파'(ψευδεπίγραφα)인데, 직역하면 '가짜 제목'이라는 뜻이다. 즉 위경은 구약 정경을 흉내 내어 그 저자로 아담·모세·에녹·이사야 등을 내세우고 있지만 사실은 아니며, 그 내용도 허구적인 것이 많다. 그 가운데 대표적인 것은 ① 십이 족장의 유언 ② 솔로몬의 시편 ③ 예언자들의 생애 ④ 요벨서 ⑤ 욥의 유언 ⑥ 에녹서 ⑦ 이사야의 순교 ⑧ 예레미야의 사적 ⑨ 아담과 하와의 생애 ⑩ 모세 승천기 ⑪ 바룩의 묵시록 ⑫ 마카비 3서 ⑬ 마카비 4서 ⑭ 에녹 2서 ⑮ 바룩 3서 등.

✎ 신구약 중간사의 연구가 필요한 이유

우리 몸에서 허리가 매우 중요하듯이, 구약성경과 신약성경을 연결해주는 부분인 신구약 중간사는 신약성경을 바르게 이해하는 데 중요한 역할을 한다. 우리들이 가지고 있는 성경은 구약이 39권, 신약이 27권으로 구성되어 있는데, 구약과 신약 사이 약 400년간의 역사에 관한 기록이 없다. 신구약 중간기를 반영해 주는 '외경'이나 '위경'은 개신교에서 정경으로 인정하지 않기 때문에 우리들의 관심 밖에 있다. 물론 '외경'이나 '위경'을 정경으로 인정할 수는 없지만, 신약성경을 정확하게 이해하기 위해서는 이들 책들을 연구하는 것이 필수적이다. 신약성경이 기록될 당시의 성도들은 '외경'이나 '위경'의 묵시문학적 작품들에 익숙해져 있었다. 신약성경에 등장하는 영생·천국·천사·부활 등의 많은 개념들이 신구약 중간기에 발달되고 강조되었다. 따라서 신약성경을 해석함에 있어 신구약 중간기의 글들을 연구하지 않는다면 신약성경을 정확히 이해하기 어렵다.

유다서 1:9, "천사들 가운데서 최고의 권위를 가졌던 미가엘도 모세의 시신을 두고 마귀와 논쟁할 때 그 마귀를 비난하거나 조롱하지 않고 '주께서 너를 꾸짖으실 것이다'라고만 말하였습니다."(현대어성경).

본 절만 가지고는 그 내용의 뜻을 정확히 이해하는 것이 불가능하다. 위경『모세 승천기』에 의하면 모세가 죽고 나자 사단이 모세의 시체를 자신의 것이라고 주장하면서 모세가 애굽인을 살해한 것에 대해(출2:12) 모세를 하나님께 고소하겠다고 위협하면서 하나님의 명령에 따라 모세의 시체를 치우려하는 천사장 미가엘을 방해하는 묘사가 기술되어있다. 그러면 왜 미가엘 천사장과 사단은 모세의 시체를 가지고 다투었을까? 모세는 가나안 입성을 눈앞에 두고 느보산에 올라 그 땅을 바라보며 모압 땅에서 생을 마감하였다(신32:49, 34:5). 성경에는 그가 벧브올 맞은편 모압 땅에 있는 골짜기에 장사되었으나 그 묘를 아는 자가 없다고 기록되어있는데(신34:6), 이는 사람들이 위대한 이스라엘 민족의 영도자 모세의 시체를 숭배하는 것을 막기 위한 하나님의 조치로 여겨진다. 한편 유다서 1:14, 15은 위경『에녹 1서』1:9을 인용한 것이다.

✍ 영지주의(靈知主義, Gnosticism) 복음서들을 경계하라!

이미 필자는 신구약 중간기 묵시문학의 주류를 이루는 '외경'이나 '위경'을 연구하는 것이 신약성경을 이해하는 데 중요하다고 하였다. 그런데 여기서 조심해야 할 사항은 이들 '외경'이나 '위경'의 부류에 들어가는 책들 가운데『도마복음서』·『빌립복음서』·『마리아복음서』등 '기독교 영지주의 복음서들'이 섞여 있다는 것이다. '기독교 영지주의 복음서들'은 이원론적 헬라철학을 근간으로 하여 이집트와 페르시아 심지어 인도 등의 신비종교 사상을 혼합한 '혼합주의 사상'으로서 성경의 진리와 완전히 배치되는 허구적 신화로 가득 차 있다. 이들 영지주의 문서들은 인간을 신격화하고 죄의 개념을 자기 인식의 결여로 치부하면서 깨달음을 통한 구원을 강조한다. 신약성경 중에서 요한복음, 바울의 목회서신들, 그리고 요한1, 2, 3서와 베드로후서 및 유다서는 이들 '기독교 영지주의'에 대하여 성도들의 경각심을 촉구하고 있다(딤전1:4, 6:20;딛1:14;벧후1:16~21, 2:2, 3, 14, 3:3~13;요일2:18~27, 4:1~6;유1:16). 영지주의는 오늘날의 뉴에이지 사상과 흡사하다. 초기교회에 영지주의가 침투하여 교회를 혼란에 빠뜨리려 했던 것처럼 오늘날 뉴에이지 사상이 교회에 침투하고 있음에 주목할 필요가 있다. (피터 존스 지음, 『교회와 사탄의 마지막 영적 전쟁』, 참조)

4. 성경의 번역

성경 기록은 인간 저자가 그 기록을 완성한 시점에서 1차적으로 종결되었다. 그러나 인쇄술이 없었던 고대에 그 기록의 전수 및 전파는 일일이 손으로 옮겨 쓴 '필사본'에 의존해야 했다. 원어로 된 필사본을 〈사본〉(codex)이라 칭하며, 필사본으로부터 다른 언어로 옮겨진 성경을 〈역본〉(version)이라 지칭한다. 또한 역본을 다른 언어로 번역한 것을 〈번역본〉(translation)이라 한다. 사실 〈자필 원본〉(original autographs)은 이미 오래 전에 없어졌기 때문에 우리가 현재 가지고 있는 것은 〈원본〉에서 베낀 〈필사본〉뿐이다. 그런데 문제는 베끼는 과정에서 오류가 발생할 수 있기 때문에 〈필사본〉이 〈본문〉과 같은지를 따져보는 '본문 비평'(Textual Criticism)을 해야 한다.

1) 구약성경

구약 히브리어 사본은 시대적 변천에 따라 그 당시의 주도적 언어로 번역되었다. 이스라엘의 바벨론 포로기 이후 국제 공용어였던 아람어 번역인 『탈굼역』, 헬라 문화의 영향력이 전 세계를 지배할 때에는 헬라어 번역인 『70인역』, 로마제국의 공용어였던 라틴어 번역인 『벌게이트』 역본이 있다.

(1) 구약 사본

짐승의 가죽에서 준비된 피지(皮紙)는 히브리어 구약성경을 기록하는 데 가장 많이 사용되는 재료였다. 파피루스가 표준적 기록용품이긴 하지만 내구성 때문에 유태인들은 계속 양피지만 사용해 왔다. 평균적으로 길이 9m이고 폭은 25cm 정도 된다.

구약 사본의 본격적인 전수는 B.C. 5세기 에스라 시대부터 서기관들의 활동에 의해 이루어졌다. 이 일에 종사했던 사람들을 '서기관 학파'라 하는데, 이들의 임무는 성경 사본을 만들고 후손들에게 전수하는 것이었다.

또 그 뒤를 이어 A.D. 500~950년에 히브리어 성경 본문의 전통을 올바로 전수하기 위해 노력한 학자들을 '맛소라 학파'(Masoretes)라 하는데, 이들은 500년간 계속된 연구를 통하여 서기관 학파로부터 이어받은 구약 사본을 기초로 히브리어 맛소라 본문(the Hebrew Masoretic Text)의 전통을 세웠다. 이들은 본문을 매우 주의깊게 필사했으며 각 책의 절, 단어 및 글자까지도 헤아렸다. 이들의 최대 공헌은 자음으로만 되어 있는 본문에다 모음 기호를 삽입한 것이다.

1488년 히브리어 성경이 출판될 때까지 모든 필사본이 손으로 쓰였다. 서기관들의 엄격한 필사 작업 때문에 현재 남아 있는 구약 사본의 수는 매우 적다. 서기관들은 매일 필사를 시작하기 전에 그가 사용하던 갈대 붓을 시험해 보기 위해 먼저 '아말렉'이라는 이름을 쓰고 나서 다시 지운다(이는 신25:19을 문자적으로 실행하기 위한 것). 그 다음 복사할 사본을 큰 소리로 반복해서 읽은 후 그 부분을 필사한다. 필사 도중에 '여호와'라는 신명(神名)이 나오면 즉시 쓰는 일을 멈추고 '내가 그분 이름의 거룩성을 위하여 하나님의 이름을 쓰노라'고 말한다. 그리고 나서 목욕을 하고 마음을 새롭게 하여 붓을 깨끗이 빤 후에 '여호와'의 이름을 기록하였다. 만일 기록하다가 조금이라도 틀린 부분이 있으면 지금까지 사용하던 파피루스 종이 전체를 소각하여 버렸다.

1947년 2월 사해 서북 해안선을 따라 쿰란 와디 계곡 부근의 동굴에서 '사해 두루마리 사본'(Dead Sea Scrolls)이 발견되었다. 이것은 B.C. 1~2세기 작품인데 기존에 존재하던 최고(最古)의 히브리어 사본보다 900년까지 거슬러 올라가는 것으로 오늘날 우리들이 사용하는 히브리어 성경 본문이 바벨론 포로에서 돌아온 에스라 시대에 확정된 본문과 일치함을 밝혀준다는 점에서 매우 중요하다.

(2) 구약 역본

1️⃣ 70인역(Septuagint)

고대 구약 역본들 가운데 가장 오래된 역본으로 알렉산드리아에 사는 유대인들이 B.C.

285~246년 프톨레미 2세의 통치 기간 중에 구약을 번역하였다. 이 역본은 사도 시대에 헬라어를 사용하는 모든 그리스도인들의 표준 구약 성경으로 기독교 출발에 지대한 공헌을 했지만, 맛소라 사본과 상이한 부분이 여럿 발견된다.

2 벌게이트(Vulgate)

알렉산드리아 교부 제롬(Jerome, A.D. 346~420)에 의해 15년간에 걸쳐 완성된 역본으로, 구약 히브리어 본문 전부를 라틴어로 번역하였다. 벌게이트 역은 8세기 이후 서방 세계에서 가장 권위있는 역본으로 사용되었으며, 1546년 트렌트 종교회의에서 가톨릭교회에 의해 공식적인 성경으로 인정되었다. 한 가지 아쉬운 점은 주교인 친구 2명의 극성스런 요청에 의해 외경(토비트서와 유딧서)을 첨가했는데, 이것이 선례가 되어 가톨릭교회 안에서는 외경들이 서서히 정경과 함께 수록되기 시작했다. 사실 제롬은 외경 일부를 수록하면서도 단지 참고의 가치가 있을 뿐 교리와 무오성에 있어 정경과 질적으로 다르다고 못박았다.

아람어(Aramaic)

아람어는 야곱의 외삼촌 라반 당시에도 존재했던(창31:47) 고대 언어로서, B.C. 7~6세기에 차츰 아카드어를 대신하여 근동지방의 국제어가 되었으며, 앗수르의 공식 외교 언어이기도 하다(왕하18:26;사36:11). 나중에는 페르시아 제국의 공용어가 되었다. 아람어는 이스라엘의 바벨론 포로기 이후 히브리어 대신 유대인의 일상 언어로 자리를 잡는다. 구약성경의 다니엘서 2:4~7:28과 에스라서 4:8~6:18,7:12~26은 아람어로 기록될 정도로 그 영향력이 대단하였다. 예수님과 제자들도 아람어를 일상 언어로 사용하였다. 신약성경에도 아람어로 된 용어들이 종종 나타난다: "달리다굼"(막5:41), "에바다"(막7:34), "엘리 엘리 라마 사박다니"(막15:34), "아바"(막14:36;롬8:15;갈4:6). 아람어가 가장 큰 영향력을 가졌던 시기는 B.C. 300경~A.D. 650년경이었고, 그 후 아람어는 아랍어에 밀려났다.

탈굼역(Targum)

탈굼역은 모세오경에 대한 아람어 번역본으로서 이스라엘의 바벨론 포로귀환 이후 제 2성전시대인 B.C. 515년경부터 회당에서 구두로 전승되어 내려오다가 B.C. 2세기 이후 팔레스타인과 바빌로니아에서 만들어진 역본들이다. 구약성경의 아람어 번역본들은 신약성서 시대에 존재하고 있었으며 회당에서 안식일마다 읽혀졌다.

2) 신약성경

히브리어 성경의 경우 서기관들의 엄격하고 일관된 필사 작업의 덕분으로 사본상의 오류를 발견할 수 없는데 비하여, 헬라어로 기록된 신약성경의 경우 필사자들의 신학적 견해에 따라 필사된 사본에 차이가 발생하게 되었다. 따라서 우리는 신약성경의 필사본 중에 가장 정확한 필사본을 선별해내는 것이 중요하게 되었다.

(1) 신약 사본

현재까지 남아 있는 헬라어 신약의 필사본은 대략 5,000여 개로 알려져 있다.

1 파피루스(The Egyptian Papyri)

현존하는 헬라어 신약 사본 중에 가장 오래된 것으로 A.D. 130~300년까지 파피루스에 기록된 신약 필사본이다. 1800년대 말 이집트에서 발견되었다. 이처럼 오랜 기간 보존이 가능했던 이유는 건조한 기후 조건 때문이었다.

2 표준 본문(Textus Receptus)

신약의 필사본 중 80~90%를 차지하는 다수 필사본으로 '비잔틴 본문'(The Byzantine Text)이라고도 부르는데, 이는 다수 필사본이 비잔틴제국 기간 동안(A.D. 312~1453) 거의 모든 지역에서 일반적으로 사용되던 헬라어 사본이기 때문이다. 이 사본은 시리아의 안디옥에서 A.D. 2~4세기경 만들어져 콘스탄티노플인 비잔틴으로 옮겨진 것으로 알려져 있다. 보수주의 신학자들은 이 사본이 초대교회에서 사용되었기 때문에 '전통 본문'(The Traditional Text) 혹은 '공인 본문'(the acknowledged text or Received Text)이라고 명명하고 있으며, 이 사본이 사도시대로부터 오늘날에 이르기까지 신실한 그리스도인들을 통해 전수되었다고 주장한다. 다수 필사본 본문의 수적 우세는 최초의 본문에서 유래했기 때문인 것으로 믿어진다.

3 소수 필사본들

① '시내 사본'(Codex Sinaiticus) : A.D. 4세기경에 쓰인 것으로 추정되며 1844년 시내산에 있는 성 캐더린 수도원에서 발견되었다.
② '알렉산드리아 사본'(Codex Alexandrian) : A.D. 5세기 초로 추정되며, 이집트 알렉산

드리아에서 기록되었고 1627년 콘스탄티노플 주교에 의해 찰스 1세에게 증정된 것이다.

③ '바티칸 사본'(Codex Vaticanus) : A.D. 325~350년경에 기록되었으며 1481년 발견된 이래 로마의 바티칸 도서관에 소장되어 있다.

(2) 신약 역본

1 표준 본문에 의한 역본들

표준 본문을 중심으로 편집하여 출판된 최초의 헬라어 성경은 1516년 화란의 신학자 에라스무스(D. Erasmus, 1469~1536)에 의해서였다. 1522년 마틴 루터는 에라스무스의 헬라어 성경을 독일어로 번역한다. 그리고 1550년에 파리의 인쇄업자 스테파누스(Robert Stephanus, 1503~1559)가 헬라어 신약성경을 펴냈는데, 에라스무스의 성경과 같은 내용이었다.

그 다음으로 프랑스 학자 베자(Theodore Beza, 1519~1605)가 헬라어 성경을 출판하였다. 이후에 1633년 화란의 신학자 엘지버(Elzevirs) 형제가 스테파누스 3판을 근거로 발행한 제2판에 '표준 본문'이라는 이름을 붙였다.

표준 본문에서 1384년 위클리프 성경(Wycliffe's Bible), 1525년 틴데일 성경(Tyndale's Bible), 1535년 커버데일 성경(Coverdale's Bible), 1539년 그레이트 성경(The Great Bible), 1560년 제네바 성경(The Geneva Bible), 1602년 비숍 성경(The Bishops' Bible), 1611년 킹제임스 성경(The King James Bible or The Authorized Version) 등의 영어 번역이 나왔다.

2 알렉산드리아 계열의 사본들에 의한 역본들

표준 역본과는 달리 오리겐(Origen, A.D. 185~254)에 의하여 그리스도의 신성을 약화시키는 역본이 나왔다. 오리겐이 성경을 변개시킨 부분은 모두가 그리스도의 신성과 관련된 부분이었다. 오리겐은 그리스도가 하나님이심을 부인하고 만인구원론을 주장하였다. 이런 신학적인 경향은 곧바로 유세비우스(Eusebius, A.D. 260~340)에게 전수되었다. 콘스탄틴 대제의 명을 받은 유세비우스는 성경을 필사하려고 본문을 선정할 때 오리겐의 '육조경'(Hexapla)을 택하였다. 이렇게 해서 유세비우스가 필사한 50권의 성경이 이미 변질된 성경으로 탄생되었고, 이것을 근거로 382년경에 '라틴 벌게이트'를 번역하였다. 그리고 뒤이어 유세비우스가 필사한 성경은 곧 '시내 사본'과 '바티칸 사본'이 되었다.

1879년 영국 캠브리지에서 두 학자 웨스트코트와 홀트(Westcott & Hort)가 '시내 사본'과 '바티칸 사본'을 근거로 하여 헬라어 신약성경을 편수하였으며, 이 성경에서 1884년 '영어 개역본'(Revised Version)과 1901년 '미국 표준 역본'(American Standard Version), 그리고 '개역 표준 역본'(Revised Standard Version)이 출판되었다.

한편 독일 학자 에버하트 네슬(Eberhard Nestle)이 1898년 웨스트코트와 홀트의 성경, 시내 사본과 바티칸 사본을 근거로 일명 '네슬 본문'(Nestle Text)을 내놓았고, 그의 아들 어윈 네슬(Erwin Nestle)이 커트 알란드(Kurt Aland)와 함께 '네슬 알란드 본문'(Nestle-Aland Text)을 출간하게 된다.

'네슬 헬라어 성경'을 근거로 한글 개역성경의 모체인 중국어 성경이 나왔다. 따라서 한글 개역성경은 네슬판을 온전히 전승한 것도 아니며 첨가와 삭제가 무분별하게 이루어져 본문 비평적 견지에서 본다면 좋은 번역으로 평가받기 힘들다.

다시 말해서 '한글 개역성경'은 정통 사본인 '표준 본문'(Textus Receptus) 대신에 바티칸 계열의 사본을 따르는 '미국 개역성경'(Revised Version)과 '중국 성경'을 번역의 모체로 사용했으며, 더욱이 최초의 번역자였던 '로스' 선교사가 밝힌 번역의 취지에 따르면 '축자 번역'이 아닌 조선말의 의미에 유의하여 조선어의 뜻을 그대로 살리는 '의미 번역'을 하였기 때문에 번역상의 오류와 생략이 많다.

웨스트코트와 홀트의 신학적 입장

성경을 번역하는 신학자의 신학적 견해가 성경 번역에 지대한 영향을 끼친다. 그러므로 성경 번역가가 어떤 신학적 입장을 취하고 있는지 밝혀내는 것은 매우 중요하다. 웨스트코트(Brooke Foss Westcott, 1825~1903)와 홀트(Fenton John Anthony Hort, 1828~1892)는 헬라어에 능통한 학자임에 틀림없지만 그들의 신학사상은 정통신학에서 벗어나 있음에 우리가 주목할 필요가 있다.

홀트의 신학적 입장: 성경을 문학작품으로 취급하며 성경의 무오성과 영감성 및 역사성을 부인한다. 그는 성경에 기록된 지옥과 마귀를 부인하며 그리스도의 속죄를 거부하고 다윈의 진화론을 추종한다.

웨스트코트의 신학적 입장: 성경의 무오성과 영감성 및 역사성을 부인하고 성경에 기록된 기적을 거부하며, 천국의 실재와 예수 그리스도의 재림을 부인한다. 더욱이 그는 마리아를 숭배한다. 오늘날 현대 영어 번역본들이 대부분 웨스트코트와 홀트가 편집한 헬라어 사본을 기초로 하고 있기 때문에 이들의 잘못된 사상이 번역본들에 침투해 있음을 간과해서는 안 된다. (사무엘 C. 김, 『알기 쉬운 성경의 역사』, 139~193쪽)

특강 한글 개역성경과 헬라어 표준본문 비교분석

한글 개역성경과 헬라어 표준본문(Textus Receptus, 약칭 TR) 사이에는 차이점이 많다. 4복음서에서만도 230여 곳, 로마서에서 계시록까지 400여 곳이 서로 다르다. 필자는 한종수 목사의 저서 『개역성경과 헬라어 표준원문 비교연구』를 참고하여 현격한 차이를 보이는 몇 구절만 여기에 예를 들어보려 한다.

● **마태복음 5:44**, "나는 너희에게 이르노니 너희 원수를 사랑하며 ∨ 너희를 핍박하는 자를 위하여 기도하라"

TR, "나는 너희에게 이르노니 너희 원수를 사랑하며, **너희를 저주하는 자들을 축복하고, 너희를 미워하는 자들에게 선을 행하라.** 그리고 악심을 품고 너희를 이용하며 핍박하는 자들을 위하여 기도하라"(But I say unto you, Love your enemies, bless them that curse you, <u>do good to them that hate you</u>, and pray <u>for them which despitefully use you</u>, and persecute you. KJV)

● **마태복음 20:16**, "이와 같이 나중 된 자로서 먼저 되고 먼저 된 자로서 나중 되리라. ∨"

TR, "이와 같이 나중 된 자가 먼저 되고 먼저 된 자가 나중 되리니, **이는 부르심을 받은 자는 많으나 택함을 받은 자는 적기 때문이라**"(So the last shall be first, and the first last : <u>for many be called, but few chosen</u>. KJV)

● **마가복음 10:21**, "예수께서 그를 보시고 사랑하사 가라사대 네게 오히려 한 가지 부족한 것이 있으니 가서 네 있는 것을 다 팔아 가난한 자들을 주라 그리하면 하늘에서 보화가 네게 있으리라 그리고 와서 ∨ 나를 좇으라 하시니"

TR, "예수께서 그를 보시고 사랑하사 가라사대 네게 오히려 한 가지 부족한 것이 있으니 가서 네 있는 것을 다 팔아 가난한 자들을 주라 그리하면 하늘에서 보화가 네게 있으리라 그리고 와서 **십자가를 지고** 나를 좇으라 하시니…"(Then Jesus beholding him loved him, and said unto him, One thing thou lackest : go thy way, sell whatsoever thou hast, and give to the poor, and thou shalt have treasure in heaven : and come, <u>take up the cross</u>, and follow me. KJV)

● **마가복음 10:24**, "제자들이 그 말씀에 놀라는지라 예수께서 다시 대답하여 가라사대 애들아 ∨ 하나님의 나라에 들어가기가 어떻게 어려운지…"

TR, "제자들이 그 말씀에 놀라는지라 예수께서 다시 대답하여 가라사대 애들아 **재물을 의지하는 자들은** 하나님의 나라에 들어가기가 어떻게 어려운지…"(And the disciples were astonished at his words. But Jesus answereth again, and saith unto them, Children, how hard is it for them that trust in riches to enter into the kingdom of God! KJV)

● **누가복음 9:54~56**, "제자 야고보와 요한이 이를 보고 가로되 주여 ∨ 우리가 불을 명하여 하늘로 좇아 내려 저희를 멸하라 하기를 원하시나이까 예수께서 돌아보시며 꾸짖으시고 ∨ 함께 다른 촌으로 가시니라"

TR, "제자 야고보와 요한이 이를 보고 가로되 주여 **엘리야가 한 것같이** ∨ 우리가 불을 명하여 하늘로 좇아 내려 저희를 멸하라 하기를 원하시나이까 예수께서 돌아보시며 꾸짖으시고 **이르시기를 너희들이 무슨 정신으로 말하는지 모르는구나! 인자는 사람의 생명을 멸하러 온 것이 아니요 구원하러 왔노라하시고** 함께 다른 촌으로 가시니라"(And when his disciples James and John saw this, they said, Lord, wilt thou that we command fire to come down from heaven, and consume them, even as Elias did? But he turned, and rebuked them, and said, Ye know not what manner of spirit ye are of, For the Son of man is not come to destroy men's lives, but to save them. And they went to another village. KJV)

● **사도행전 9:5,6**, "대답하되 주여 뉘시오니이까 가라사대 나는 네가 핍박하는 예수라. ∨ 네가 일어나 성으로 들어가라 행할 것을 네게 이를 자가 있느니라 하시니…"

TR, "대답하되 주여 뉘시오니이까 가라사대 나는 네가 핍박하는 예수라. **가시채를 뒷발질하기가 네게 고생이니라. 그가 떨고 놀라며 가로되, 주여 내가 무엇을 하기를 원합니까? 그러자 주께서 그에게** 네가 일어나 성으로 들어가라 행할 것을 네게 이를 자가 있느니라 하시니…"(And he said, Who art thou, Lord? And the Lord said, I am Jesus whom thou persecutest : it is hard for thee to kick against the pricks, And he trembling and astonished said, Lord, what wilt thou have me to do? And the Lord said unto him, Arise, and go into the city, and it shall be told thee what thou must do. KJV)

● **로마서 8:1**, "그러므로 이제 그리스도 예수 안에 있는 자에게는 결코 정죄함이 없나니 ∨"

TR, "그러므로 이제 그리스도 예수 안에 있는 자에게는 결코 정죄함이 없나니, **그들은 육신을 좇지 않고 성령을 좇아 행한다**"(There is therefore now no condemnation to them which are in Christ Jesus, who walk not after the flesh, but after the Spirit. KJV)

5. 역본의 오류

잘못된 번역은 그것으로 끝나는 문제가 아니라 잘못된 신앙으로 이끌어 인간에게 생명을 주는 대신 오히려 멸망에 빠뜨리게 할 위험까지 있다.

역본의 오류에는 크게 3가지가 있는데 '표준 본문'에는 있으나 번역 성경에는 삭제된 말씀(**삭제**)과 반대로 '표준 본문'에는 없는 어구가 번역 성경에 첨가된 경우(**첨가**), 그리고 표준 본문과 다르게 그 내용이 바뀐 말들이다(**변개**). 또 번역자의 주관적이고 신학적인 선입관을 가지고 잘못 번역하는 경우(**오역**)와 본문에 대한 무지 때문에 맥락과 관계없이 성구를 주관적 관점으로 해석하는 경우도 있다(**오용**).(안유섭 지음, 『원어로 여는 성경』 참조)

이러한 문제는 잘못된 사본을 선택하거나 역자의 선입견과 무지, 혹은 의도적인 역자의 변조를 통하여 발생한다. 그중에서 신학적인 의도를 가지고 본문을 변경하는 경우는 그 해가 가히 치명적이다. 때때로 번역자들은 본문의 내용이 자신의 신학적 사고의 흐름과 상치된다고 여겨질 때 본문을 적당히 변형시켜 자신의 신학 방향으로 이끌고 가거나 뜻을 더 잘 통하게 할 수 있다고 생각한다. 이런 번역 태도는 성경을 파괴하는 결과를 초래하는 위험한 행위이다.

우리들은 이런 모든 것들 배후에 마귀가 작용하고 있음을 간과해서는 안 된다. 마귀는 성경을 조작하는 천재적인 두뇌를 지닌 학자들 배후에서 활동하면서 성경에서 강력히 증거하고 있는 예수 그리스도의 신성을 약화시키고, 삼위일체 교리를 희석하며 종국에 가서 뉴에이지의 세계 종교통합 시도를 부추기는 방향으로 유도해 간다. 이 목적을 이루기 위한 마귀의 전술이 다양하다는 것을 우리는 알아야 한다. 마귀는 기독교회사 초기부터 1500년에 이르기까지 성경을 평신도들로부터 박탈해 갔으며, 근대에 이르러 성경 번역하는 사람들을 통하여 6,4000여 단어를 삭제하였고, 현대에 와서는 상대적 가치관을 심어주어 성경에 대한 절대적 믿음을 파괴하거나 성경을 옆에 두고 있으면서도 기계같이 돌아가는 물질문명 속에서 너무 바쁘게 만들어 읽지 못하도록 방해하고 있다.(이송오 지음, 『하나님께서는 한 가지 성경만을 쓰셨다』; 구영재 지음, 『에큐메니즘의 이상과 우상』 참조)

한글 개역성경과 표준본문(TR)을 아래와 같이 비교 분석하였다:

1) 삭제

(1) 삼위일체 교리 삭제

요한일서 5:7,8, "증거하는 이는 성령이시니 성령은 진리니라 ∨ 증거하는 이가 셋이니 성령과 물과 피라 또한 이 셋이 합하여 하나이니라"

TR, "증거하는 이는 성령이시니 성령은 진리니라. **하늘에서 증거하시는 이가 세 분이시니, 아버지와 말씀과 성령이시다. 그리고 이 세 분은 하나이시다. 또한 땅에서** 증거하는 이가 셋이니, 성령과 물과 피라. 이 셋이 합하여 하나이니라." (For there are three that bear record in heaven, the Father, the Word, and the Holy Ghost : and these three are one. And there are three that bear witness in earth, the Spirit, and the water, and the blood : and these three agree in one. KJV)

(2) 예수 그리스도의 신성 삭제

디모데전서 3:16, "…그는 육신으로 나타난 바 되시고…"

TR, "…**하나님**이 육신으로 나타나신 바 되었고…" (God was manifest in the flesh. KJV)

(3) 에티오피아 내시의 신앙고백 삭제

사도행전 8:37, "없음"

TR, "빌립이 말하기를 만일 당신이 온 마음으로 믿는다면 세례를 받을 수 있소. 그러자 나는 예수 그리스도를 하나님의 아들로 믿습니다라고 그가 대답하였다." (And Philip said,

If thou believest with all thine heart, thou mayest. And he answered and said, I believe that Jesus Christ is the Son of God. *KJV*)

2) 첨가

(1) '구원에 이르도록' 첨가

베드로전서 2:2, "갓난 아이들 같이 순전하고 신령한 젖을 사모하라 이는 이로 말미암아 너희로 <u>구원에 이르도록</u> 자라게 하려 함이라"

TR, "갓난 아이들 같이 **말씀의** 신령한 젖을 사모하라 이로 말미암아 너희를 자라게 하려 함이라."(As newborn babes, desire the sincere milk <u>of the word</u>, that ye may grow thereby. *KJV*) ※ '말씀의' 삭제

(2) '하나님의 뜻을 좇아' 첨가

베드로전서 5:2, "너희 중에 있는 하나님의 양 무리를 치되 부득이함으로 하지 말고 <u>오직 하나님의 뜻을 좇아</u> 자원함으로 하며 더러운 이를 위하여 하지 말고 오직 즐거운 뜻으로 하며…"

TR, "너희 중에 있는 하나님의 양 무리를 치되 부득이함으로 하지 말고 자원함으로 하며 더러운 이를 위하여 하지 말고 오직 즐거운 뜻으로 하며…"(Feed the flock of God which is among you, taking the oversight thereof, not by constraint, but willingly; not for filthy lucre, but of a ready mind. *KJV*)

3) 오역

(1) 예언자 이사야로 오역

마가복음 1:2, "<u>선지자 이사야의</u> 글에 보라 내가 내 사자를 네 앞에 보내노니 저가 네 길을 예비하리라"

TR, "**선지자들의** 글에 이르기를 보라 내가 내 사자를 네 앞에 보내노니 저가 네 길을 예비하리라."(As it is written in <u>the prophets</u>, Behold, I send my messenger before thy face, which shall prepare thy way before thee. *KJV*)

4) 변개

(1) 하나님을 향한 찬양을 헌금 행위로 변개

시편 50:23, "감사로 제사를 드리는 자가 나를 영화롭게 하나니 그 행위를 옳게 하는 자에게 내가 하나님의 구원을 보이리라"

TR, "누구든지 찬양을 드리는 자는 나를 영화롭게 하나니 그 행위를 옳게 하는 자에게 내가 하나님의 구원을 보이리라."(Whoso offereth praise glorifieth me: and to him that ordereth his conversation aright will I shew the salvation of God. *KJV*)

(2) '주님'을 '예수여'로 변개

누가복음 23:42, "가로되 예수여 당신의 나라에 임하실 때에 나를 생각하소서 하니…"

TR, "예수께 가로되 **주여** 당신의 나라에 임하실 때에 나를 생각하소서 하니…"(And he said unto Jesus, Lord, remember me when thou comest into thy kingdom. *KJV*)

5) 오용

잘못 적용한 성경 구절들(말씀을 맥락과 함께 읽지 못해 발생한 오해)

(1) "네 시작은 미약하였으나 네 나중은 심히 창대하리라"(욥8:7)

이 구절은 자영업을 하는 사람들이 좋아한다. 하지만 이 구절이 성경에 나온다 하더라도 하나님이 하신 말씀이 아니라 욥을 방문한 빌닷이 한 말로 그다이 세속화된 유대교 신학에서 나온 사상이다.

(2) "여호와의 책을 자세히 읽어 보라 이것들이 하나도 빠진 것이 없고"(사34:16)

이 구절을 하나님의 말씀에는 다 짝이 있다는 의미로 흔히 사용한다. 그러나 본문은 34:1~17의 전체 맥락 속에서 해석해야 한다. 여기서 '이것들'은 성경이 아니라 '짐승들'을 가리킨다.

(3) "여호와께서 사랑하시는 자에게는 잠을 주시는도다"(시127:2)

설교가 시작되면 조는 사람들에게 얼마나 위로가 되었던 구절인가! 하지만 본문의 맥락을 보면 잠에 초점이 있는 것이 아니라 사랑에 있다. 주께서 사랑하는 사람에게는 그가 자는 동안에도 복을 내리신다는 뜻이다.

(4) "내일 일은 내일 염려할 것이요"(마6:34)

이 말은 내일 걱정은 내일 하라는 뜻이 아니다. 본문의 맥락은 마태복음 6:25~33에 나오는 것처럼 전혀 걱정하지 말라는 것이다. 다시 말하면, 도대체 걱정이라는 것은 오늘은 물론이려니와 내일에도 하지 말라는 것이다.

(5) "핀 숯으로 그의 머리에 놓는 것과 일반이요"(잠25:22)

이 구절은 원수 사랑이 원수를 파멸시키는 결과로 끝나는 것처럼 들린다. 왜냐하면 핀 숯을 머리 위에 놓으면 생명에 치명적 타격을 줄 것이니까…. 하지만 이 구절은 원수의 낯을 뜨겁게 하여 부끄러움을 느끼게 한다는 뜻이다.

(6) "율법이 가입한 것은 범죄를 더하게 하려 함이라 그러나 죄가 더한 곳에 은혜가 더욱 넘쳤나니"(롬5:20)

이 구절은 문맥상 죄를 많이 지어야 은혜를 많이 받는다는 뜻이 아니다. 오히려 이 말은 죄가 기승을 부리고 있는 곳에 죄의 세력보다 더 큰 은혜의 능력이 작용하였다는 것을 경험적으로 고백하는 말이다. 죄의 힘보다 은혜의 힘이 훨씬 강하다.

(7) "하나님의 말씀을 받은 사람을 신이라 하셨거든"(요10:35)

이 구절대로라면 사람도 하나님이 될 수 있다는 말이 아닌가? 그러나 문맥을 살펴보면 시편 82:6의 인용으로 통치자나 재판관도 '신'들이라고 했는데 하나님의 아들이라고 한 말이 어찌 신성모독이 되겠느냐는 뜻이다.

(8) "나의 기뻐하는 금식은…"(사58:6)

이 구절은 하나님이 금식을 기뻐하신다는 의미로 흔히 사용되는데, 사실 맥락의 의미는 전혀 다르다. 하나님의 의도는 금식 자체에 초점이 있는 것이 아니라 3~7절에 있는 것처럼 이웃에게 선을 베푸는 것에 중점을 두고 있다.

(9) "나는 날마다 죽노라"(고전15:31)

이 구절은 날마다 우리 자아를 죽여 십자가에 넘기자는 뜻으로 흔히 사용된다. 그러나 문맥을 보면 29~34절과 함께 나는 매일 죽음의 위험 가운데 있다는 뜻이다. 즉 30절의 "때마다 위험을 무릅쓰리요"를 강하게 표현한 말씀이다.

(10) "내게 능력 주시는 자 안에서 내가 모든 것을 할 수 있느니라"(빌4:13)

이 말씀의 뜻은 우리가 원하는 것은 무엇이든지 성취할 수 있다는 도깨비 방망이와 같은 약속이 아니다. 오히려 가난하든 부하든 환경에 굴하지 않고 초월하는 힘을 예수님에게서 받는다는 의미이다.(민영진 지음, 『성경 바로 읽기』 참조)

특강 흠정역 성경(KJV)의 오류

　필자가 표준본문(TR)의 정통성을 발견하는 데 큰 도움을 주었던 것은 「말씀보존학회」가 출판한 책들을 통해서임을 부인할 수 없다. 더욱이 「말씀보존학회」는 로마가톨릭 교리의 거짓성과 프리메이슨의 음모를 적나라하게 파헤침으로, 한국교회가 진리와 거짓을 구분하는 데 지대한 공헌을 했다고 필자는 확신한다. 그런데 저들의 큰 잘못은 헬라어 '표준본문'에서 영어로 번역된 흠정역 성경(KJV)에 절대적 권위를 부여하며 숭배하고 있다는 것이다. 「말씀보존학회」는 흠정역 성경(KJV)이 영감으로 번역되고 섭리로 보존된 성경이라고 공공연하게 선전하고 있다. 다시 말해서 저들은 성령께서 흠정역 성경의 모든 번역 과정에 관여하여 주관하심으로 흠정역 성경에는 단 한 글자의 오류도 없다는 것이다.

　이처럼 「말씀보존학회」는 흠정역 성경의 무오성을 주장함으로 또 다른 무서운 교조주의의 바벨탑을 쌓아가고 있는 현실에 필자는 안타까운 마음을 금할 수 없다. 더욱이 흠정역 성경 외의 다른 모든 성경 번역은 마귀의 사주에 의한 것인 양 극단적인 과민반응을 보이고 있다. 전문가적인 입장에서 볼 때 흠정역 성경 역시 번역상의 많은 오류를 범했다는 사실을 저들은 모르고 있다. 표준본문에서 영어로 번역된 흠정역 성경은 1611년 당시 영어 번역가들의 신학적 미성숙으로 말미암아 여러 부분에서 오역(誤譯)을 하였다.

　흠정역 성경에서 우리가 발견할 수 있는 가장 치명적인 오역은 '음부'에 관한 것이다. 히브리어와 헬라어 원어 성경에 기록된 '음부'[陰府, 히브리어로 '스올'(sheol, 쉐올 לִשְׁאוֹל), 헬라어로 '하데스'(ᾅδης, Hades)]는 오늘날까지도 신학자들과 성경번역가들이 혼동을 일으키는 난해한 단어이다. 그 이유는 심도 깊은 신학공부 없이 음부에 대한 개념을 정의내리기 쉽지 않기 때문이다.

　사도신경과 아다나시우스 신경에서 '하데스'가 '지옥'으로 잘못 번역되는 바람에, 예수님이 죽으셔서 지옥이 아니라 음부에 내려가셨다고 성경은 분명히 가르치고 있음에도 불구하고(행 2:27, 31), 예수님이 '지옥에 내리사'(He descended into hell)로 잘못 번역하였다. 이로 말미암아 영어 사도신경을 한국어로 번역하는 과정에서 한국 신학자들은 예수님이 지옥에 내려가셨을 리가 없다고 생각하여 '지옥에 내리사' 부분을 삭제하고 말았다.

흠정역(1611년판 KJV)에는 구약성경에 65번 쓰인 '스올'을 역자의 주관에 따라 31번 '무덤'(grave)으로, 31번 '지옥'(hell)으로, 3번 '구덩이'(pit)로 번역하여 혼란을 가중시켰다. 그리고 또한 흠정역은 신약성경에 11번 쓰인 '하데스'를 10번 '지옥'으로, 1번 '무덤'으로 번역하였다. 그런데 '스올'이나 '하데스'를 '무덤'이나 '지옥' 혹은 '구덩이'로 번역해야 할 아무런 신학적 근거가 없는데도 역자의 선입관이 무서운 착각을 야기시켰다. 그래서 20세기에 들어와 '음부'에 대해 더 많은 신학적 연구가 이루어지면서 이러한 번역들이 문맥과 맞지 않게 되자, 미국표준역본(ASV)과 개정표준역본(RSV)은 원어의 음역을 따서 '스올'(Sheol)과 '하데스'(Hades)로 번역하였다. 이런 측면에서 한글 개역성경이 '스올'과 '하데스'를 '무덤'이나 '지옥'으로 번역하지 않고 '음부'라는 적절한 용어를 창출해 낸 것은 역자의 영적 분별력이 걸출했다고 필자는 생각한다. '음부'에 대해서는 제 9권의 종말론에서 깊이 다룰 것이다.

또한 흠정역 성경은 전도서 3:21을 다음과 같이 번역하였다:
"<u>사람의 영</u>은 위로 올라가고 <u>짐승의 영</u>은 땅 아래로 내려가는 것을 누가 알랴?"
(Who knoweth <u>the spirit of man</u> that goeth upward, and <u>the spirit of the beast</u> that goeth downward to the earth? *KJV譯*)

표준본문에 보면, '사람의 영'과 '짐승의 영'에서 '영'(靈)은 동일한 히브리어 단어 '루아흐'(חור)가 사용되었다. '루아흐'의 일차적 의미는 '영'이다. 그래서「말씀보존학회」는 한글개역성경이 본문을 잘못 번역하였다고 맹비난을 퍼부었다. 왜냐하면 한글개역성경이 '사람의 영'을 '인생의 혼'으로, '짐승의 영'을 '짐승의 혼'으로 번역했기 때문이다. 그러면「말씀보존학회」의 주장은 옳은가? 짐승에게 영이 있는가? 신학에 문외한인 사람이라도 짐승은 인격적 존재가 아니기 때문에 '혼'은 있지만 '영'을 소유하고 있지 않다는 것을 알고 있다. 그래서 영을 지칭하는 히브리어 '루아흐'의 1차적 의미가 '영'이라 하여 '짐승의 영'이라 번역하면 안 된다. 루아흐는 문맥에 따라 '영'(창6:3;겔18:31;욥32:8,18, '心靈'; 사26:9, '靈魂'; 슥4:6, '神'), '마음'(창26:35;왕상21:5;슥6:8; 삿15:19, '정신'; 전3:21, '혼'), '호흡'(욥7:7;전3:19;사33:11; 창6:17,22, '氣息'; 욥27:3, '氣運, 혹은 '숨결'; 욥9:18, '숨'; 겔37:5, '生氣', 겔37:5; 민16:22, '生命'), '바람'(창8:1;왕상18:45;욥30:22;시11:6;전2:26) 등으로 다양하게 번역할 수 있다.

그래서 필자는 본문을 "<u>사람의 영혼</u>은 위로 올라가고 <u>짐승의 혼</u>은 땅 아래로 내려가는 것을 누가 알랴"로 번역하는 것이 가장 정확하다고 생각한다. 욥기 12:10이 이런 필자의 견해를 뒷받침해 주고 있다: "<u>생물들의 혼</u>과 <u>인생들의 영</u>이 다 그의 손에 있느니라"

본문의 '생물들의 혼'에서 '혼'은 히브리어로 '네페쉬'(שׁפנ, soul)를, '인생의 영'에서 '영'은 히브리어로 '루아흐'(חור, spirit)를 사용하였다. 그런데 흠정역 성경은 본문을 "모든 생물의 목숨과 온 인류의 호흡이 다 그의 손에 있느니라"(In whose hand is the soul of every living thing, and the breath of all mankind. KJV譯)고 번역하여 오히려 히브리어 원문의 뜻을 희석시키고 있다. 물론 본문에서 '네페쉬'를 목숨으로, '루아흐'를 호흡이라 번역했다고 하여 틀린 번역이 아님을 밝혀둔다:

시편 146:4에 "그 호흡(루아흐 חור)이 끊어지면 흙으로 돌아가서 당일에 그 도모가 소멸하리로다"

이처럼 원어는 다양한 의미를 지니기 때문에 문맥에 따라 융통성 있게 번역하지 않으면 번역상 큰 오류에 빠지기 쉽다. 오류가 전혀 없는 완벽한 번역이란 이 땅에 존재하지 않는다. 오류를 덜 범한 적절한 번역만 존재할 뿐이다. 그래서 필자는 다양한 여러 성경 번역을 대조해 가며 적절한 의미를 찾아보는 것이 오류를 줄일 수 있는 가장 좋은 성경 연구 방법이라고 생각한다.

참고 문헌

- Barackman, Floyd H. *Practical Christian Theology*. Grand Rapids: Kregel Publications, 1992.
- Elwell, Walter A. ed. *Evangelical Dictionary of Theology*. Grand Rapids: Baker Books, 1984.
- Erickson, Millard J. *Christian Theology*. Grand Rapids, Michigan: Baker Book House, 1985.
- Eusebius, *The History of The Church*. New York: Dorset Press, 1965.
- Flew, Antony. *New Essays in Philosophical Theology*. New York: Macmillan, 1955.
- Geisler, Norman L. *Baker Encyclopedia of Christian Apologetics*. Grand Rapids: Baker Books, 1999.
- Hanegraaff, Hank. *Christianity in Crisis*. Eugen, Oregon: Harvest House Publishers, 1993.
- Hanke, Howard A. *The Thompson Chain-Reference Bible Survey*. Waco, Texas: Word Books Publisher, 1981.
- Kumar, Steve. *Christianity for Skeptics*. Peabody, Massachusetts: Hendrickson Publishers, 1987.
- Naugle David K. *Worldview: The History of a Concept*. Grand Rapids, Michigan: William b. Eerdmans Publishing Company, 2002.
- Packer, J. I. *Knowing God*. Downers Grove, Illinois: Intervarsity Press, 1973.
- Tenney, Merrill C. *The Zondervan Pictorial Encyclopedia of the Bible*. Vols. 5, Grand Rapids, Michigan: Zondervan Publishing House, 1975.
- *The Complete Biblical Library*. 16 Vols., Springfield, Missouri: R. R. Donnelley and sons Company, 1986.
- Wells, David F. *No Place For Truth*. Grand Rapids, Michigan: William B. Eerdmans Publishing Company, 1993.

- 『블랙홀 우주』, (서울: 계몽사, 1997).
- 구영재 지음, 『에큐메니즘의 이상과 우상』, (서울 :안티오크, 1995).
- 김동문 지음, 『이슬람 신화 깨기, 무슬림 바로보기』, (서울: 홍성사, 2005).
- 다니엘 L. 밀리오리 지음, 『기독교 조직신학 개론』, (서울: 한국장로교출판사, 1994).
- 데이브 헌트 외 지음, 『기독교 속의 미혹』, (서울: 포도원, 1991).
- 데이비드 필킨 지음, 『스트븐 호킹의 우주』, (서울: 도서출판 성우, 2001).
- 도널드 G. 블러쉬 지음, 『복음주의 신학의 정수(Ⅰ, Ⅱ)』, (서울: 한국장로교출판사, 1993).
- 도널드 그레이빌, 『돈, 교회, 권력, 그리고 하나님 나라』, (서울: 요단, 1999).
- 롤로 메이 지음, 『자아를 잃어버린 현대인』, (서울: 문예출판사, 1974).

- 리 스트로벨 지음, 『창조설계의 비밀』, (서울: 두란노, 2005).
- 민영진 지음, 『성경 바로 읽기』, (서울: 대한기독교서회, 1999).
- 방건웅 지음, 『신과학이 세상을 바꾼다』, (서울: 정신세계사, 1997).
- 빌퀴스 쉬이크, 『나는 감히 신을 아버지라 부르게 되었다』, (서울; 하늘기획, 1997).
- 사무엘 C. 깊, 정동수 외 역, 『알기 쉬운 성경의 역사』, (서울: 말씀과 만남, 1994).
- 성기호 엮음, 『이야기 신학』, (서울: 국민일보사, 1997).
- 세일 해리슨 지음, 이스라엘에 대한 성경의 예언과 성취, (서울: 국민일보사, 1993).
- 스테팬 에반스 지음, 한귀란 역, 『실존주의 철학 평가』, (서울: 기독교문서선교회, 1990)
- 스티븐 호킹 지음, 『그림으로 보는 시간의 역사』, (서울: 까치, 1997).
- 스티븐 호킹 지음, 『호두껍질 속의 우주』, (서울: 까치, 2001).
- 안유섭 지음, 『원어로 여는 성경』, (서울: 프리셉트, 1999).
- 안점식 지음, 『세계관과 영적 전쟁』, (서울: 죠이선교회출판부, 1995).
- 안점식 지음, 『세계관을 분별하라』, (서울: 죠이선교회출판부, 1998).
- 안환균 지음, 『변증의 달인』, (서울: 생명의말씀사, 2005).
- 앤드류 호체커・게리 스미스 편저, 『기독교 세계관』, 1,2권, (서울: 생명의말씀사, 1993).
- 어윈 루처 지음, 『성경을 믿어야 하는 일곱 가지 이유』, (서울: 프리셉트, 2000).
- 이국진 지음, 『예수는 있다』, (서울: 기독신문사, 2003).
- 이언 바버 지음, 『과학이 종교를 만날 때』, (서울: 김영사, 2002).
- 장경철 지음, 『하나님 공부하기』, (서울: 낮은울타리, 1998).
- 정진홍 지음, 『종교와 과학』, (서울: 아카넷, 2000).
- 제임스 글라크 지음, 『카오스』, (서울: 동문사, 1993).
- 조찬선 지음, 『기독교 죄악사』, 하권, (서울: 평단문화사, 2000).
- 존 그리빈 엮음, 최주연 옮김, 『과학의 역사』, I, II, (서울: 에코리브르, 2005).
- 존 제퍼슨 데이비스 지음, 『21세기 과학과 신앙』, (서울: 크리스천 헤럴드, 2004).
- 존 휘트콤 지음, 『성경적 창조론』, (서울: 생명의말씀사, 1993).
- 차일즈 I. 글릭스버그 지음, 『문학과 종교』, (서울: 성광문화사, 1981).
- 콜린 로넌 지음, 『우주의 역사』, (서울: 두산동아, 1995).
- 폴 데이비스 지음, 『현대 물리학이 발견한 창조주』, (서울: 정신세계사, 1998).
- 폴임 지음, 『한눈으로 보는 세계사 1000장면』, 제 3권, (서울: 우리문화사, 1996).
- 피터 존스 지음, 『교회와 사탄의 마지막 영적 전쟁』, (서울: 진흥, 2001).
- 한스 페터 뒤르 외 지음, 『신, 인간 그리고 과학』, (서울: 시유시, 2000).
- 한종수 지음, 『개역성경과 헬라어 표준원문 비교연구』, (서울: 기독교문서선교회, 1997).
- 헨리 디이슨 지음, 『조직신학 강론』, (서울: 생명의말씀사, 1975).

진리 탐구를 위한 도서 219선 목록

　진리 탐구를 위한 도서 219선 목록은 제가 읽어 본 많은 책들 가운데 영어책은 제외하고 성경진리를 일반학문 속에 응용하는 데 필요한 책들만을 선별하여 수록한 것입니다. 여기에 기독교 진리를 옹호하는 책들뿐 아니라 기독교 진리를 부정하는 책들도 수록한 이유는 적대 세력의 공격을 통하여 진리가 더욱 진리로서 빛을 발하기 때문입니다.

철학	고사카 슈헤이 지음, 『철학사 여행』, 사민서각, 1996년 미쿠리아 료이치, 『아주 쉽고도 재미있는 철학 이야기』, 청담문화사. 1998년 박건미 지음, 『철학 이야기 주머니』, 녹두, 1993년 스테팬 에반스 지음, 한귀란 역, 『실존주의 철학 평가』, 기독교문서선교회. 1990년 유슈타인 가이더 지음, 『소피의 세계』, 현암사. 1996년 이진경 지음, 『철학과 굴뚝청소부』, 새길, 1994년 장-프랑수아르벨 · 마티유 리카르 공저, 『승려와 철학자』, 창작시대, 1999년 채필근, 『철학과 종교의 대화』, 대한기독교서회. 1964년 한스 페터 뒤르 외 지음, 『신, 인간 그리고 과학』, 시유시. 2000년
과학	『블랙홀 우주』, 계몽사, 1997년 김제완 지음, 『겨우 존재하는 것들』, 사이언스북스, 1993년 김종배 지음, 『신비한 인체 창조섭리』, 국민일보사, 1993년 데이비드 필킨 지음, 『스티븐 호킹의 우주』, 도서출판 성우, 2001년 듀안 · 기쉬 지음, 『놀라운 창조 이야기』, 국민일보, 1993년

과학

라이너 쾨에테 지음, 『우리가 배운 과학은 과연 사실일까』, 대교베텔스만, 2006년
로버트 H. 마취 엮음, 『시인을 위한 물리학』, 한승, 1999년
루디 러커 지음, 『루디 러커의 4차원 여행』, 세종서적, 1996년
리 스트로벨 지음, 『창조설계의 비밀』, 두란노, 2005년
마이클 베히 지음, 『다윈의 블랙박스』, 풀빛, 2001년
방건웅 지음, 『신과학이 세상을 바꾼다』, 정신세계사, 1997년
브라이언 그린 지음, 『우주의 구조』, 승산, 2205년
사토 가쓰히코 감수, 『상대성이론』, 뉴턴코리아, 2006년
스티븐 호킹 지음, 『그림으로 보는 시간의 역사』, 까치, 1997년
스티븐 호킹 지음, 『호두껍질 속의 우주』, 까치, 2001년
와다 스미오 감수, 『양자론』, 뉴턴코리아, 2006년
이바스 피터슨 지음, 『현대 수학의 여행자』, 사이언스북스, 1998년
이언 바버 지음, 『과학이 종교를 만날 때』, 김영사, 2002년
이인식 지음, 『제 2의 창세기』, 김영사, 1999년
이재만 지음, 『창조 과학 콘서트』, 두란노, 2006년
이차크벤토프 지음, 『우주심과 정신물리학』, 정신세계사, 1998년
정진홍 지음, 『종교와 과학』, 아카넷, 2000년
제임스 글라크 지음, 『카오스』, 동문사, 1993년
조정일·손기철·성인화 지음, 『신비한 생물 창조섭리』, 국민일보사, 1994년
존 그리빈 엮음, 최주연 옮김, 『과학의 역사』, Ⅰ, Ⅱ, 에코리브르, 2005년
존 제퍼슨 데이비스 지음, 『21세기 과학과 신앙』, 크리스천 헤럴드, 2004년
존 호건 지음, 『과학의 종말』, 까치, 1997년
존 휘트콤 지음, 『성경적 창조론』, 생명의말씀사, 1993년
죤 클로바 몬스마 지음, 『자연과학을 통해 본 하나님』, 기독교문서선교회, 1990년
최달수 지음, 『몸, 그 생명의 신비』, 사계절, 1999년
콜린 로넌 지음, 『우주의 역사』, 두산동아, 1995년
폴 데이비스 지음, 『현대 물리학이 발견한 창조주』, 정신세계사, 1998년

문화

강영안 외 지음, 『대중문화, 더 이상 침묵할 수 없다』, 예영, 1998년
양명수 지음, 『기독교 사회 정의론』, 한국신학연구소, 1997년
통일윤리학회 편, 『21세기의 도전과 기독교 문화』, 예영, 1998년
차일즈 I. 글릭스버어그 지음, 『문학과 종교』, 성광문화사, 1981년
새뮤얼 헌팅턴 지음, 『문명의 충돌』, 김영사, 2001년
폴 마샬 지음, 『천국만이 내 집은 아닙니다』, IVP, 2000년

경제

김동호 지음, 『깨끗한 부자』, 규장, 2001년
김영봉 지음, 『바늘귀를 통과한 부자』, IVP, 2003년
대천덕 지음, 『토지와 경제 정의』, 홍성사, 2003년
로날드 사이더 지음, 『가난한 시대를 사는 부유한 그리스도인』, IVP, 1998년
룩 존슨 지음, 『소유와 분배』, 대장간, 1990년
서인석 지음, 『성서의 가난한 사람들』, 분도출판사, 1979년
손경구 지음, 『돈과 영적 성숙』, 두란노, 2003년
안병수 지음, 『과자, 내 아이를 해치는 달콤한 유혹』, 국일 미디어, 2005년
전강수·한동근 지음, 『토지를 중심으로 본 성경적 경제학』, CUP, 2000년
존 퍼킨스 지음, 『경제 저격수의 고백』, 황금가지, 2005년
피터 L. 번스타인 지음, 『황금의 지배』, 경영정신, 2001년
한스 페터 마르틴 외 지음, 『세계화의 덫』, 영림카디널, 1997년
헴미 요 지음, 『사람들은 지금 어디에서 무엇을 어떤 얼굴로 먹고 있을까?』, 삼신각, 1997년
황호찬 지음, 『돈, 그 끝없는 유혹』, IVP, 1996년

인간

M. 허시 골드버그 지음, 『탐욕에 관한 진실』, 중앙 M&B, 1997년
김삼웅 지음, 『역사를 움직인 위선자들』, 사람과 사람, 1996년
데버리 헤이든 지음, 이종길 옮김, 『매독』, 길산, 2004년
로저 트리그 지음, 『인간 본성에 관한 10가지 철학적 성찰』, 자작나무, 1996년
롤로 메이 지음, 『자아를 잃어버린 현대인』, 문예출판사, 1974년
앨런 피즈·바바라 피즈 지음, 『말을 듣지 않는 남자, 지도를 읽지 못하는 여자』, 가야넷, 2001년
이관직 지음, 『성경인물과 심리분석』, 한국목회상담연구소, 1999년
존 그레이 지음, 『화성에서 온 남자, 금성에서 온 여자』, 친구, 1996년
폴 존슨 지음, 『벌거벗은 지식인』, 을유문화사, 1999년
하인리히 창클 지음, 김현정 옮김, 『지식의 사기꾼』, 사아출판사, 2006년

역사

김경묵·우종익 편저, 『이야기 세계사(1,2)』, 청아출판사, 1995년
김기홍 지음, 『역사와 신앙』, 두란노서원, 1990년
김기홍 지음, 『이야기 교회사(상,하)』, 두란노, 1994년
김홍기 지음, 『세계 기독교의 역사 이야기』, 예루살렘, 1996년
리처드 솅크만 지음, 『세계사의 전설, 거짓말, 날조된 신화들』, 미래M&B, 2001년
안효선 지음, 『이야기로 엮은 선지서 강해』, 에스라서원, 1996년
에델 R. 넬슨 외 지음, 『고대 한자 속에 감추어진 창세기 이야기』, 예향, 1996년
에델 R. 넬슨 외 지음, 『한자에 담긴 창세기의 발견』, 미션하우스, 1991년

역사

윌리암 에스텝 엮음, 『재침례교도의 역사』, 요단출판사, 1986년
이종호 지음, 『세계를 속인 거짓말』, 뜨인돌, 2002년
조찬선 지음, 『기독교 죄악사』, 상·하권, 평단문화사, 2000년
한국기독교역사연구소 엮음, 『한국 기독교의 역사(Ⅰ, Ⅱ)』, 기독교문사, 1989년
현준만 엮음, 『이야기 세계사 여행(Ⅰ, Ⅱ)』, 실천문화사, 1994년

신학

글리슨 아처 지음, 『성경 난제 백과사전』, 생명의 말씀사, 1990년
김경섭 지음, 『원어로 여는 성경』, 프리셉트, 1999년
김광열 지음, 『구원과 성화』, 총신대학교출판부, 2000년
김원주 지음, 『성화에 대한 다섯 가지 견해』, IVP, 1991년
다니엘 L. 밀리오리 지음, 『기독교 조직신학 개론』, 한국장로교출판사, 1994년
데이비드 포슨 지음, 『한번 구원은 영원한 구원인가』, 모리아, 2000년
도날드 G. 블러쉬 지음, 『복음주의 신학의 정수(Ⅰ, Ⅱ)』, 한국장로교출판사, 1993년
릭 워렌 지음, 『목적이 이끄는 삶』, 디모데, 2003년
민영진 지음, 『성경 바로 읽기』, 대한기독교서회, 1999년
사무엘 C. 깊, 정동수 외 역, 『알기 쉬운 성경의 역사』, 말씀과 만남, 1994년.
성기호 엮음, 『이야기 신학』, 국민일보사, 1997년
안유섭 지음, 『원어로 여는 성경』, 프리셉트, 1999년
어윈 루처 지음, 『성경을 믿어야 하는 일곱 가지 이유』, 프리셉트, 2000년
오경준 지음, 『우리가 알고 있는 것들 성경에는 없다』, 홍성사, 2005년
오경준 지음, 『우리가 잘 모르는 것들 성경에는 있다』, 홍성사, 2003년
오덕호 지음, 『교회 주인은 사람이 아니다』, 규장, 2000년
이송관 외 지음, 『교회에서 쓰는 말 바로 알고 바로 쓰자』, 예찬사, 2000년
장경철 지음, 『하나님 공부하기』, 낮은울타리, 1998년
정장복 지음, 『그것은 이것입니다』, 예배와 설교 아카데미, 2000년
제럴드 보체르트 지음, 『확신과 경고』, 생명의말씀사, 1993.
최영철 신부 지음, 『십자가 신학』, 성바오로, 1996년
한종수 지음, 『개역성경과 헬라어 표준원문 비교연구』, 기독교문서선교회, 1997년
헨리 디이슨 지음, 『조직신학 강론』, 생명의말씀사, 1975년
현요한 지음, 『성령, 그 다양한 얼굴』, 장로회신학대학교출판부, 2002년

신앙

김남준 지음, 『마음 지킴』, 생명의말씀사, 2003년
김무정 지음, 『육이 죽어 영이 산 사람』, 국민일보, 2006년
니코스 카잔차키스 지음, 『성 프란시스』, 고려원, 1985년

| 신앙 | 박효진 지음,『하나님이 고치지 못할 사람은 없다』, 홍성사, 1997년
빌퀴스 쉬이크 지음,『나는 감히 신을 아버지라 부르게 되었다』, 하늘기획, 1990년
안응렬 지음,『하나님이시오 사람이신 그리스도의 시(1~10권)』, 크리스챤, 1990년
원종수 지음,『너는 내 것이라』, 국민일보, 1994년
윈 형제 지음,『하늘에 속한 사람』, 홍성사, 2004년
이기반 지음,『히말라야의 눈꽃』, 성광문화사, 1988년
이용규 지음,『내려놓음』, 규장, 2006년
정경주 지음,『하나님이 하셨어요』, 나침반, 2005년
주선태 지음,『아름다운 시작』, 아가페, 2002년
하워드 테일러 부부 지음,『허드슨 테일러의 생애』, 생명의말씀사, 1967년

| 고통 문제 | C. S. 루이스 지음,『고통의 문제』, 홍성사, 2002년
로널드 던 지음,『하나님이 침묵하실 때』, 생명의말씀사, 1998년
필립 얀시 지음,『하나님, 당신께 실망했습니다』, 좋은씨앗, 2000년

| 선교 | 곽명옥 지음,『일본 선교의 비밀을 벗긴다』, 베다니출판사, 1995년
김동문 지음,『이슬람 신화 깨기, 무슬림 바로 보기』, 홍성사, 2005년
돈 리차드슨 지음,『영원을 사모하는 마음』, 생명의말씀사, 1992년
폴 히버트 지음,『선교와 문화인류학』, 죠이선교회출판부, 1996년
필 파샬 지음, 이숙히 옮김,『십자가와 초승달』, 죠이선교회, 1995년

| 종교 다원 주의 | 고준환 지음,『성경엔 없다』, 불지사, 2001년
구영재 지음,『에큐메니즘의 이상과 우상』, 안티오크, 1995년
김경재 지음,『이름 없는 하느님』, 삼인, 2003년
류상태 지음,『한국교회는 예수를 배반했다』, 삼인, 2005년
모로하시 데츠지 지음,『공자·노자·석가』, 동아시아, 2001년
박영호 지음,『다석 유영모가 본 예수와 기독교』, 두레, 2001년
스티븐 P. 아펜젤러 하일러 지음, 김홍욱 옮김,『인도, 신과의 만남』, 다빈치, 2002년
오강남 지음,『예수가 외면한 그 한 가지 질문』, 현암사, 2002년
오강남 지음,『예수는 없다』, 현암사, 2001년
이국진 지음,『예수는 있다』, 기독신문사, 2003년
이정배 지음,『한국 개신교 전위 토착신학 연구』, 대한기독교서회, 2003년
조용남 지음,『예수의 샅바를 잡다』, 나무와숲, 2000년
현각 지음,『만행·하버드에서 화계사까지(1,2)』, 열림원, 1999년
현경 지음,『결국은 아름다움이 우리를 구원할거야(1,2)』, 열림원, 2002년

세계관의 대결

리처드 마우 지음, 『왜곡된 진리』, CUP, 1999년
신국원 지음, 『포스트모더니즘』, IVP, 2000년
안점식 지음, 『세계관과 영적 전쟁』, 죠이선교회출판부, 1995년
안점식 지음, 『세계관을 분별하라』, 죠이선교회출판부, 1998년
앤드류 호체커·게리 스미스 편저, 『기독교 세계관』, 1,2권, 생명의말씀사, 1993년
양승훈 지음, 『기독교적 세계관』, CUP, 1999년
이리유카바 최 지음, 『그림자 정부: 경제편』, 해냄, 2002년
이리유카바 최 지음, 『그림자 정부: 미래사회편』, 해냄, 2005년
이리유카바 최 지음, 『그림자 정부: 정치편』, 해냄, 1999년
이승구 지음, 『기독교 세계관이란 무엇인가?』, SFC, 2003년
제임스 사이어 지음, 『기독교 세계관과 현대사상』, IVP, 1985년
진 에드워드 비스 지음, 『현대사상과 문화의 이해』, 예영, 1998년
티모시 프리크·피터 갠디 지음, 『예수는 신화다』, 동아일보사, 2002년

영적 전쟁

구자원 지음, 『대적을 바로 알자』, Grace Publisher, 1999년
데이브 헌트 외 지음, 『기독교 속의 미혹』, 포도원, 1991년
딘 셔만 지음, 『영적 전쟁』, 예수전도단, 1999년
신디 제이콥스 지음, 『대적의 문을 취하라』, 죠이선교회출판부, 1999년
에드 머피 지음, 『영적 전쟁』, 두란노, 1992년
제시 펜 루이스 외 지음, 『성도들의 영적 전쟁』, 벧엘서원, 2003년
찰스 H. 크래프트 지음, 『사악한 영을 대적하라』, 은성, 1995년
피터 존스 지음, 『교회와 사탄의 마지막 영적 전쟁』, 진흥, 2001년
조한나 미켈슨 지음, 황규일 역, 『악의 미소』, 기독교문서선교회, 1999년

영계 체험

강흥수 지음, 『썬다~싱 전집』, 천광사, 1975년
마빈 포드 지음, 『죽음 저편』, 평화사, 1981년
스베덴보리 지음, 『순정 기독교(상,하)』, 예수인, 1995년
스베덴보리 지음, 『천계와 지옥(상,하)』, 예수인, 1998년
스웨덴 보그 지음, 『나는 영계를 보고 왔다』, 서음출판사, 1994년

기독교 변증

김성원 엮음, 『신은 허구의 존재인가』, 대한기독교서회, 2003년
리 스트로벨 지음, 『예수 사건』, 두란노, 2000년
리 스트로벨 지음, 『특종! 믿음 사건』, 두란노, 2001년
박아론 지음, 『기독교의 변증』, 기독교문서선교회, 1988년

기독교 변증	박영덕 지음, 『차마 신이 없다고 말하기 전에』, IVP, 1993년
	스티브 쿠마 지음, 『기독교 진리는 터무니없다?』, 나침반, 2002년
	안환균 지음, 『변증의 달인』, 생명의말씀사, 2005년
	어윈 루처 지음, 『다빈치 코드 깨기』, 규장, 2004년
	에드워드 존 카넬 지음, 『기독교 변증학 원론』, 성지출판사, 1999년
	이국진 지음, 『예수는 있다』, 기독신문사, 2003년
	이성주 지음, 『기독교 변증학』, 성지원, 2000년
	이순태 지음, 『예수는 신비다』, 예닮마음, 2003년
	정성욱 지음, 『티타임에 나누는 기독교 변증』, 홍성사, 2004년
	죠쉬 맥도웰 지음, 『기독교 변증』, I, II, 순출판사, 1993년
	클리프 넥틀 지음, 『이러한 질문에 답한다』, 아가페출판사, 1993년

영적 각성	김남준 지음, 『설교자는 불꽃처럼 타올라야한다』, 두란노, 1995년
	김남준 지음, 『하나님의 백성들은 불꽃처럼 살아야한다』, 두란노, 1996년
	류기종 지음, 『기독교 영성』, 열림, 1994년
	리처드 P. 하디 지음, 『無의 추구』, 분도출판사, 1986년
	마틴 로이드 존스 지음, 『부흥』, 생명의말씀사, 1988년
	송삼용 지음, 『위대한 설교자 조지 휘트필드』, 생명의말씀사, 1998년
	십자가의 성 요한 지음, 『깔멜의 산길』, 성 바오로 출판사, 1971년
	십자가의 성 요한 지음, 『어둔밤』, 바오로 딸, 1973년
	웨슬리 듀웰 지음, 『세계를 뒤바꾼 부흥의 불길』, 생명의말씀사, 1996년
	윙키 프래트니 지음, 『기독교 부흥운동사』, 나침반, 1997년
	이홍근 지음, 『영성 신학』, 분도출판사, 1987년
	익나티우스 브리안 카니노프 지음, 『그리스도를 본받아 사는 생활』, 은성, 1990년
	잔느 귀용 엮음, 『영혼의 폭포수』, 기독교문서선교회, 1992년
	주도홍 지음, 『독일의 경건주의』, CLC, 1991년

기타	장경철 지음, 『금방 까먹을 것은 읽지도 마라』, 낮은울타리, 1997년
	장경철 지음, 『책읽기의 즐거운 혁명』, 두란노, 1999년
	정용섭 지음, 『속 빈 설교 꽉 찬 설교』, 대한기독교서회, 2006년

바른 신학과 영적 성장 연구원

RIGHT THEOLOGY & SPIRITUAL GROWTH INSTITUTE

본 연구원의 창립 취지

세속주의와 종교다원주의 및 이단사설이 하나님의 교회를 배교로 몰아가는 이 어두운 시대에 하나님은 예수님만을 구주로 섬기고 성경을 하나님의 말씀으로 믿는 하나님의 종들을 불러 모아 마지막 때의 사명을 감당할 수 있도록 훈련시키려 하십니다. 이러한 하나님의 뜻에 부응하고자 하나님이 정하신 때에 우리는「바른 신학과 영적 성장 연구원」을 창립하게 되었습니다. 본 연구원은 '바른 신학'과 '영적 성장'을 두 축으로 하고 있습니다. '바른 신학' 없이 '영적 성장'은 왜곡되기 쉽고, '영적 성장' 없이 '바른 신학'은 무력합니다. '바른 신학'에 근거하지 않는 '영적 성장'의 갈망은 우리를 신비주의에 빠지게 만들며, '영적 성장'을 추구하지 않는 '바른 신학'은 우리를 율법주의의 덫에 걸리게 만듭니다. 마지막 때인 오늘날 하나님의 사역자들이 영적 전쟁에서 승리하기 위해 '바른 신학'과 '영적 성장'으로 무장하는 것이 그 어느 시대보다 시급합니다. 이제 우리는 하나님의 뜻 안에서 이 새로운 영성운동에 귀하가 동참하도록 예수 그리스도의 이름으로 초청합니다.

본 연구원의 목표

1. 바른 신학에 의한 올바른 성경 해석
2. 성화된 인격을 통해 생활 신앙 구현
3. 마지막 때의 사명자들을 양육 파송
4. 성령의 권능 힘입어 영적 전쟁 승리

집회 진행표

AM 11:00 ~ 11:50 영어 성경 연구 (강호웅 교수 담당)
PM 12:00 ~ 1:30   바른 신학 연구 (백기찬 목사 담당)
PM 1:30 ~ 2:00   Break Time (간식과 친교 및 휴식)
PM 2:00 ~ 3:20   바른 신학 연구 (백기찬 목사 담당)
PM 3:30 ~ 5:00   영적 성장 연구 (송이지 목사 담당)